生态环境产教融合系列教材

绿色销售管理案例教程

赵 佳 主 编

中国环境出版集团·北京

图书在版编目（CIP）数据

绿色销售管理案例教程 / 赵佳主编. -- 北京 ：中国环境出版集团，2025. 9. -- ISBN 978-7-5111-6283-0

Ⅰ. F713.3

中国国家版本馆 CIP 数据核字第 2025GT4194 号

责任编辑　董蓓蓓
封面设计　宋　瑞

出版发行　中国环境出版集团
（100062　北京市东城区广渠门内大街 16 号）
网　　址：http://www.cesp.com.cn
电子邮箱：bjgl@cesp.com.cn
联系电话：010-67112765（编辑管理部）
010-67113412（第二分社）
发行热线：010-67125803，010-67113405（传真）

印　　刷　北京鑫益晖印刷有限公司
经　　销　各地新华书店
版　　次　2025 年 9 月第 1 版
印　　次　2025 年 9 月第 1 次印刷
开　　本　787×1092　1/16
印　　张　11
字　　数　275 千字
定　　价　49.00 元

生态环境产教融合系列教材编委会

《绿色销售管理案例教程》编委会

主　　编：赵　佳

副 主 编：侯秀芳　刘雪飞　张效宾　尉春艳

于明鑫　安礼杰

生态环境产教融合系列教材

总　序

培养大批应用型人才是贯彻落实党中央、国务院关于教育综合改革决策部署的必要之举，产教融合是高等学校培养应用型人才的必由之路。2017 年，国务院办公厅印发《关于深化产教融合的若干意见》（国办发〔2017〕95 号），明确要求深化职业教育、高等教育等改革，发挥企业重要主体作用，促进人才培养供给侧和产业需求侧结构与要素全方位融合，培养大批高素质创新人才和技术技能人才。深入推进产教融合在解决教育链与产业链脱节问题，将最新理论和技术落实落地，打破产业发展瓶颈，提升高校应用型人才培养质量等方面具有重要意义。

教材作为知识的载体，体现了人才培养目标的要求，是开展教学的基本工具，更是人才培养质量的重要保证。面对应用型人才培养的要求，教材改革迫在眉睫。目前在应用型人才培养过程中普遍缺乏合适的教材，往往借用原有的普通本科教材，其教学要求、教学内容和教学模式，都不适用于强调实践能力的应用型人才培养，难以实现应用型人才的培养目标；有些应用型教材地域性过于明显，或不成体系，限制了学生对行业整体性的了解。因此，面对行业产业需求，将专业教育链与对应的产业链有机衔接，编写兼具适用性和实用性的应用型系列教材非常迫切，并具有重要的现实意义。

党的二十大提出建设人与自然和谐共生的现代化。2023 年 12 月中共中央、国务院印发《关于全面推进美丽中国建设的意见》，明确了要加快形成以实现人与自然和谐共生现代化为导向的美丽中国建设新格局。贯彻落实习近平生态文明思想，加快形成绿色低碳生产生活方式，把建设美丽中国转化为社会行为自觉，已成为新时代发展的必然趋势。高等学校是人才培养、文化传承的重要阵地，在美丽中国建设中，要承担起培养生态文明建设人才、传播习近平生态文明思想、提高全民生态文明素质的重任。面对生态文明建设的新形势和美丽中国建设的明确要求，培养适应生态文明建设需要的应用型、复合型、创新型人才非常迫切。因为生态环境问题的交叉性、系统性和复杂性，在各行各业、生产生活各领域都存在生态环境问题，所以生态环境问题的解决不是某一个行业的事情。这样就使生态环境人才的培养具有两方面特点：一方面具有鲜明的应用型特点，要能够解决各行各业、各个领域的环境问题；另一方面具有交叉复合型特点，培养生态环境人才不仅仅是生态环境类专业独有的任务。因此，高等学校要站在将生态文明建设纳入“五位一体”总体布局的高度，将专业人才培养链与行业产业的生态环境需求有机衔接，培养生态文明建设需要的应用型人才。所以，开发针对各行各业生态环境问题的产教融合系列教材迫在眉睫。

河北环境工程学院前身是中国环境管理干部学院，由中国环保事业的奠基者曲格平先生创建，是中国最早开展环境教育的高校之一。建校 40 余年来，学校历经环保干部轮训、环保局长岗位培训、成人高等教育、高职教育、本科教育，为环保事业源源不断地输送了大批中坚和骨干力量。学校在我国环保事业发展的各个阶段都发挥了重要作用，其发展历程见证了中国环境保护事业的发展历程，长期以来被誉为环保系统的“黄埔军校”。近几年，学校坚持应用型办学定位，以绿色低碳高质量发展需求为导向，优化学科专业结构，建设与行业产业需求有机衔接的专业集群；以产教融合为人才培养主要路径，建立产教融合协同育人的有效机制；以培养高素质应用型人才为根本目标，建立“跨学科交叉、校政企共育共管、多元协同促教”的应用型人才培养模式，改革课程体系和教育教学方法。其中，以课程建设为突破口，以产教融合应用型教材开发为抓手，针对生态环境类专业，梳理生态环保行业的需求，校企合作编写应用型教材；针对非生态环境类专业，梳理其对应的行业产业相应的绿色低碳发展需求，跨学科、跨行业校企合作开发相关教材。通过几年的实践探索，校企合作开发了这套生态环境产教融合系列教材，以期解决高等学校生态环境应用型人才培养缺乏适用教材的问题。

本系列教材以习近平生态文明思想为指导，坚持绿色低碳发展理念，覆盖多学科门类和行业产业领域，具有鲜明的生态环境特色。系列教材中的环境类专业课程教材，直接与生态环境保护产业链相关领域结合，培养服务生态环保行业的应用型人才；系列教材中的非环境类专业课程教材，针对其行业产业链中存在的生态环境相关问题，有针对性地将绿色低碳理念融入教材教学内容，奠定学生坚实的生态文明职业素养。在具体的教材建设环节，成立了由高校“双师型”教师及行业企业一线具有丰富生产经验的专家组成的教材编写组，充分发挥校企合作双主体优势，立足于企业现实岗位中的具体工作过程，采取案例式、任务式、项目式教学设计模式，将企业先进的生产技术、管理理念和课程思政等教育元素融入教材，真正实现教材内容与企业具体岗位的需要全面融合，全方位保证了教材的适应性。本系列教材填补了全国生态环境产教融合应用型系列教材的空白，可供各普通本科院校、职业院校的生态环境类专业学生使用；同时，对非生态环境类专业但开设与生态环境相关课程的，也可选取系列教材中相关的教材使用。

前　言

销售作为企业实现利润目标与价值创造的核心环节，始终是驱动企业发展的关键力量。在市场竞争日益激烈且消费者需求不断升级的背景下，销售活动已不再局限于传统意义上的产品推广与交易促成，而是需要站在市场战略的高度，以全局性、前瞻性的视野进行精心布局与科学实施。特别是在全球范围内环保意识觉醒与绿色经济蓬勃发展的当下，绿色销售管理作为绿色经济体系中的关键一环，正日益凸显其对于企业可持续发展、满足消费者绿色消费诉求以及推动社会整体绿色转型的重要战略价值。

为精准对接应用型本科教学需求、助力企业开展针对性培训，并满足市场营销从业人员深入理解绿色销售管理核心理念与操作实践的迫切需要，教材编写团队秉持创新理念，将学科专业教育精髓与绿色发展理念深度融合，精心策划并编写了《绿色销售管理案例教程》这一特色鲜明的项目式教材。在编写过程中，团队广泛收集并深入研究了国内外绿色销售管理领域的最新学术成果与实践案例，力求在教材内容中融入前沿理论，确保教材既具有深厚的学术底蕴，又具鲜明的时代特征。同时，为增强教材的实践指导性与可操作性，编写团队精心挑选了大量具有代表性的实际案例，并设计了与之紧密结合的实训任务，旨在通过案例分析、讨论与实训操作，帮助读者深入理解绿色销售管理的核心理念，掌握其实施方法与技巧。

本教材结构清晰，内容丰富，共划分为四个核心项目，分别围绕绿色销售规划管理、绿色销售人员管理、绿色销售货品管理以及绿色客户管理四大关键领域展开系统阐述。每个项目从理论阐述、案例分析、实训操作等多个维度进行深入剖析，力求使读者获得全面、深入的学习体验。其特色主要体现在以下几个方面:

首先，本教材将环境保护与可持续发展理念贯穿始终，作为核心理念加以强调。通过深入剖析绿色销售管理在促进企业绿色转型、实现经济与环境效益双赢方面的独特作用，引导读者深刻认识到绿色销售管理对于企业长远发展的重要意义，并激发其在实践中积极践行绿色销售理念的热情。

其次，本教材实现了跨学科的深度融合。它不仅涵盖了市场营销学的核心知识，还巧妙融入了环境伦理学、管理学等多学科的理论与方法。这种跨学科的融合不仅丰富了教材的内容体系，还拓宽了读者的学术视野，有助于读者从多个角度全面、深入地理解绿色销售管理的核心理念与操作方法，提升其在复杂多变的市场环境中应对挑战的能力。

再次，本教材注重实践导向，强调学以致用。通过引入大量真实、生动的案例，并设计一系列具有针对性的实训任务，引导读者在案例分析、讨论与实训操作中深化对绿色销售管理理念的理解，掌握其实施技巧与方法。这种实践导向的教学方式不仅提高了读者的学习兴趣与参与度，还有效提升了其解决实际问题的能力，为其未来的职业发展奠定了坚实基础。

最后，本教材在编写过程中充分遵循产教融合的思路，积极联合院校专业教师、校企（地）单位专家共同参与编写工作。这种编写模式不仅确保了教材内容的实用性与针对性，还便于后续开展案例教学及为企业培养、输送具备高素质与专业技能的绿色销售管理人才。通过产教融合，教材实现了理论与实践的紧密结合，为培养符合市场需求的专业人才提供了有力支撑。

本教材由河北环境工程学院赵佳担任主编，由河北环境工程学院侯秀芳、河北环境工程学院刘雪飞、河北环境工程学院张效宾、河北环境工程学院尉春艳、广东工业大学于明鑫、江苏信安国际教育咨询有限公司安礼杰任副主编。

本教材的顺利出版，离不开多方的鼎力支持与无私奉献。特别感谢韩国信韩大学教授金永吉、泰山学院副教授孔令明、赤峰盛奥商贸有限公司王永佩等专家的悉心指导与大力协助。衷心感谢中国环境出版集团在出版过程中提供的宝贵支持与专业保障。在本书的编写过程中，我们参考和引用了大量文献和书籍，在此向原作者致以诚挚的谢意。

尽管编者团队倾尽全力，力求精益求精，但受限于编者水平及编写时间，书中难免存在疏漏或不足之处。恳请广大读者不吝赐教，提出宝贵意见与批评指正，以期今后不断完善。

编　者

2025 年 6 月

目　录

项目一　绿色销售规划管理

任务一　了解绿色销售管理

案例导入　国美："以旧换新+家电下乡"引领绿色家电消费潮

国美深耕零售业 36 年，始终与时代同频共振，积极践行社会责任。作为零售业骨干力量，"真快乐" App 和国美电器积极响应政府号召，发挥其行业影响力和自身线上、线下平台联动优势，推出"家电下乡"和"以旧换新"践行"惠民生，促消费"活动，满足广大消费者更高需求，推动家电消费焕新升级，为绿色环保和经济发展尽一份力。

今年"6·18"大促期间，"买家电到国美，全网真低价"活动在国美的线上、线下双平台同步展开，其中，广州地区推出家电消费补贴活动，直接按照销售价格的 15%进行补贴，每人累计最高 2 000 元；济南地区联合当地政府共同推进"绿色消费公约我先行"，组织"绿色家电进万家"行动，活动期间落地门店销售额超 350 万元，同比增长 2%：湖北国美通过营造丰富的体验场景，加大绿色节能补贴，联动地方媒体，仅"6·18"活动当天，合计销售额达到 1 057 万元，实现了更多的销售转化。

进入 8 月，国美在全国相继开启"以旧换新""8·18 嗨购节"等活动，联合浙江、陕西、广西等地政府和各大厂商，推出"直播换新""惠民换新""千万消费补贴、致敬抗疫工作者"等十余场专项补贴活动，覆盖了空调、彩电、冰箱、洗衣机、烟机、灶具、热水器等大多数家电品类，家电单台每满 2 000 元补贴 200 元、每满 4 000 元补贴 400 元、每满 6 000 元补贴 600 元，最高补贴 800 元。活动期间，消费者可到"小美""帮客代客"领券或"真快乐" App "以旧换新"专题页领券。

国美还在全国开展"百城千乡万户家电惠民收旧焕新潮活动"。8 月 1—30 日，国美共计以旧换新 18 012 单，换新率达到 66%，以旧换新单数环比 7 月增长 594%，收旧单数环比 7 月增长 149%，活动带动销售 1.24 亿元。今年下半年，国美还将计划让 1.8 万名外宣人员进驻 3 万个社区，通过社区收旧、下乡收旧的形式收旧 120 万单，同时发展收旧推手 10 万人，通过以旧换新将存量转化为增量，带动更多销售。国美始终坚守"国美、家美、生活美"的经营初心，通过与各地政府、各大协会和品牌厂商通力合作，不断满足广大消费者的需求，推动家电消费焕新升级，为绿色环保和经济发展尽一份力。

资料来源：《2022 年 CCFA 促进绿色低碳消费实践案例集》，http: //www. ccfa.org.cn/portal/cn/ xiangxi.jsp？ id=444028&type=10004。

教师启发：在技术进步的推动下，销售模式正在发生根本性的改变，不仅包括销售方式的改变，也包括销售员角色的改变。

课前讨论：

1. 该案例反映了绿色销售管理的哪些内容？
2. 通过以上案例，请说出绿色销售管理与营销管理的区别与联系。

知识便签

一、绿色销售管理的概念

销售是连接企业与客户的桥梁，销售活动是企业价值链活动的重要一环，是创造企业利润的关键环节。对销售活动的管理，不仅是对销售战略的实施和对销售实施情况的监控，也是一项系统工程，需要专业人员进行系统科学的控制。绿色销售管理是指将环保和可持续发展的理念融入销售管理的各个环节，通过有效的销售策略和管理方法，推动绿色消费，减少资源消耗和环境污染，同时实现企业的经济效益和社会效益。通过实施绿色销售管理，可以实现提高企业的环保形象和声誉，增强企业的竞争力；扩大绿色产品的销售市场份额，增加企业的销售收入；节约资源，减少环境污染，实现企业的可持续发展；促进绿色消费，引导消费者形成环保意识和绿色生活方式等目标。

二、绿色销售管理流程

绿色销售管理是一个综合性的体系，旨在实现经济效益与环境保护的双赢。绿色销售管理贯穿绿色销售战略从制定到执行的方方面面。从实操的层面来看，绿色销售管理工作需要以客户为中心，实施四个步骤：绿色销售规划管理、绿色销售人员管理、绿色销售货品管理、绿色客户管理，这四步构成绿色销售管理的流程，是一个循环往复、不断完善的过程。

（一）绿色销售规划管理

绿色销售管理的第一个环节是制定绿色销售规划。绿色销售规划主要包括制订绿色销售计划、划分绿色销售区域、建立绿色销售渠道和设计绿色促销方案。

1. 制订绿色销售计划

绿色销售计划是绿色销售管理的基石。制订绿色销售计划之前需要深入了解企业的整体经营战略、绿色营销战略和绿色销售战略的关系，并熟悉绿色销售管理流程。在全面分析市场环境和竞争状况及消费者环保需求的基础上，制订绿色销售计划需要考虑多个影响因素，重点进行销售预测、确定销售目标和编制销售预算，从而制定绿色销售战略，以确保完成绿色销售计划。

2. 划分绿色销售区域

绿色销售计划的实施需通过精耕细作区域市场来实现。企业通常将整体市场划分为多个绿色细分市场，通过评估每个细分市场的环保需求潜力、绿色消费趋势以及企业自身的绿色优势，选择目标市场，明确企业在绿色竞争中的定位及销售战略。每个销售区域可视为一个绿色细分市场，需设定并达成相应的绿色销售目标。如何科学划分绿色销售区域、制定区域绿色开发策略以及有效控制销售人员和销售费用，是每位销售经理在推进绿色销售计划时必须重点考虑的关键问题。

3．建立绿色销售渠道

有了计划，确定了目标市场，那如何把产品送到消费者或经销商手中呢？这就需要建立绿色销售渠道。直接销售还是间接销售，如何设计渠道的长度、宽度和广度，选择什么样的渠道模式，如何整合渠道，是本部分需要解决的问题。在分销渠道和中间商的选择上，企业应优先选择具有环保意识和绿色销售能力的合作伙伴，确保绿色产品销售过程符合环保要求。同时，建立稳定的绿色供应链，确保原材料和零部件的来源可靠、环保。

4．设计绿色促销方案

在销售过程中，迫于竞争压力，企业一般需要进行促销才能使销售工作变得更有效率。促销实质上是一种沟通活动。促销在把产品及相关信息传递给目标顾客的同时，试图在特定目标顾客中唤起沟通者预期的意念，从而对目标顾客的行为和态度产生有效的影响。绿色企业应采用绿色原则进行销售促进活动，确保促销过程绿色化。同时，积极倡导绿色消费意识，通过举办绿色知识讲座、发布绿色消费指南等方式，提高消费者对绿色消费的认识和重视程度。

（二）绿色销售人员管理

有了绿色销售规划，就需要有人去执行。所以，绿色销售管理的第二个环节是组建绿色销售团队。绿色销售团队的素质和能力影响绿色销售规划的实施效果，决定销售业绩的好坏。组建绿色销售团队的过程包括绿色销售组织设计、绿色销售人员的选拔与培训、建立绿色销售激励机制、建立绿色销售人员考评与薪酬机制。

1．绿色销售组织设计

绿色销售组织设计是企业为实现绿色销售计划而构建的组织架构与管理机制，旨在通过科学配置资源和人员，推动环保产品或服务的市场推广，同时践行可持续发展理念。设计一个高效的绿色销售组织需综合考虑企业绿色战略、市场需求、团队协作以及环境保护目标，确保销售活动既能达成经济效益，又能体现环境责任。通过科学的绿色销售组织设计，企业能够高效整合资源，构建专业化的绿色销售团队，推动环保产品与服务的市场渗透，同时树立绿色品牌形象，实现经济效益与环境效益的双赢。

2．绿色销售人员的选拔与培训

业务的竞争说到底是人才的竞争，销售人才的竞争尤为激烈。大企业一般设有人力资源部，负责人员的招聘和培训等，把人力资源当作一项重要资产来管理。有的企业设有专门的培训中心或培训学校，专门负责本公司人员的培训。有的企业负责人在招聘环节直接负责销售人员的最终面试，可见其重视程度。企业想方设法选拔出业务能力强、素质高的人充实到销售部门。但顶尖销售人员毕竟很少，培训销售人员因此成为一门有技巧的学问。为了提升销售人员的绿色销售意识和能力，企业需要定期举办绿色销售培训和教育活动。这些培训可以涵盖绿色产品知识、绿色销售技巧、环保法规等内容，帮助销售人员更好地推广绿色产品。

3. 建立绿色销售激励机制

没有激励，人就不会将潜能发挥到极致。绝大多数销售人员需要激励，良好的激励能使销售人员保持高昂的斗志和良好的精神状态，更充分地发挥潜力，把销售工作做得更好。企业可以通过环境激励、目标激励、物质激励和精神激励等方式来提高销售人员的工作积极性。为了鼓励销售人员积极推广绿色产品，企业应设立绿色销售奖金等激励机制，对完成绿色产品销售任务的销售人员给予奖励。此外，还可以举办绿色销售竞赛等活动，激发销售人员的积极性和创造力。

4. 建立绿色销售人员考评与薪酬机制

销售人员关心考评是否科学，薪酬是否合理。要评估销售人员的绩效，一定要有合理的标准。绩效标准不能一概而论，管理人员应充分了解整个市场的潜力和每一位销售人员在工作环境和销售能力上的差异。绩效标准应与销售额、利润额和企业目标相一致。如何进行销售人员的业绩考评，选择何种薪酬制度能更好地调动销售人员的积极性，是本部分要解决的问题。

（三）绿色销售货品管理

销售达成后，货品管理不容忽视。订货和发货流程是否通畅会影响产品能否及时准确地到达目标客户手中；退货制度是否健全会影响目标客户对企业的满意度和忠诚度；终端陈列效果会直接影响商品能否有效吸引消费者；窜货对制造商和经销商都是致命的。所以，企业必须把绿色销售货品管理当作一项非常重要的任务。绿色销售货品管理是将环境保护与可持续发展理念融入销售后货品管理流程的一种管理模式，旨在通过优化订货、发货、退货、陈列及防窜货等环节，减少资源浪费和负面环境影响，同时提升客户满意度与忠诚度。

（四）绿色客户管理

1. 绿色客户关系管理

要维系客户关系，首先应建立客户关系管理（customer relationship management，CRM）系统，建立客户数据库，通过客户数据分析和客户价值挖掘提升客户满意度和忠诚度。通过对客户进行科学有效的分析与管理，销售人员可以了解客户整体的购买状况及其发展动态，对市场需求状况做出正确的判断并采取相应的对策，真正实现以客户为中心的经营理念，提高企业销售业绩。

绿色客户关系管理通过构建环保导向的客户关系管理系统，优化客户数据库管理，结合数据分析和客户价值挖掘，提升客户满意度与忠诚度。销售人员利用 CRM 系统，分析客户的购买行为、环保偏好及动态趋势，精准推送可持续产品或服务，减少资源浪费。通过数字化工具，取代传统纸质流程，降低碳足迹，实现以客户为中心的同时践行绿色经营理念，最终提升企业销售业绩并增强品牌环保形象。

2. 绿色客户信用管理

随着市场经济的发展，市场竞争日益加剧。企业为了扩大市场份额、增加销售量，越来越多地采用赊销方式，赊销逐步成为许多行业的惯例和企业竞争的重要手段。加强客户信用管理是企业的当务之急。企业必须建立科学的信用管理机制，对客户信用状况进行跟踪和分析，制定客户信用政策规范赊销行为。

在绿色客户管理中，客户信用管理不仅关注赊销风险控制，还需融入绿色标准。企业通过科学的信用管理机制，跟踪和分析客户的信用状况及环保行为（如是否支持绿色产品、是否履行环保承诺）。制定绿色信用政策，优先为环保意识强的客户提供灵活的赊销条件，规范赊销行为的同时激励绿色消费。这种策略既能扩大市场份额，又能通过绿色信用评估降低资源浪费和不良环境影响，提升企业的市场竞争力。

3. 绿色营销与客户教育

绿色营销与客户教育是推动可持续发展的重要环节，通过低碳高效的传播方式和环保理念的深度融入，增强客户对绿色产品的认同与支持。企业利用绿色 CRM 系统精准识别客户需求，采用电子邮件、社交媒体等绿色渠道推广环保产品，取代高耗能的传统广告形式，显著减少资源浪费。同时，通过透明的信息披露和互动式教育，向客户传递可持续发展理念，鼓励参与产品回收、绿色消费或环保支持活动，如积分奖励机制引导客户选择低碳服务。这种策略不仅提升客户对企业社会责任的信任，还通过价值共创培养长期忠诚度，从而实现品牌形象优化与生态效益的有机结合。

案例分析　瑜大公子：以环保为主题的直播带货

2020 年 12 月 5 日，遥望网络旗下头部带货达人瑜大公子现身三亚亚特兰蒂斯酒店，开启了一场特别的“海底直播”。直播一开场，瑜大公子便宣布本次直播将从每一笔成交订单中拨取 0.1 元作为公益基金，捐赠给蓝丝带海洋保护协会用于海洋垃圾处理及教育宣传。蓝丝带海洋保护协会秘书长蒲冰梅也空降直播间，宣传海洋垃圾危害及海洋保护知识，与瑜大公子共同向公众呼吁关注海洋生态保护。直播现场，蒲冰梅秘书长代表蓝丝带海洋保护协会，为瑜大公子授予“海洋倡议大使”称号，并为其颁发证书。这场别开生面的公益活动，以环保为主题，以直播为形式，架起了直播带货与环保公益的桥梁，为海洋生态保护、公众环保意识提高做出了贡献。

海洋是人类赖以生存的基础，而世界工业化的高速发展和人类一些不正确的生活习惯，正在给海洋生态带来严重的污染和破坏，如何有效减少海洋塑料垃圾排放也成了当今几大环保议题之一。在直播间里，蒲冰梅向大家介绍了海洋污染的现状及危害。全球每年至少有 800 万 t 塑料垃圾流入海洋，每分钟就有一卡车垃圾倒入海中，而降解塑料垃圾需要几十年甚至数百年的时间。比如一次性塑料袋需要 20 年才能降解，塑料瓶需要 450 年才能降解。在这期间，海洋生物受到垃圾危害，又通过食物链回归到我们人类的身体中。所以，保护海洋就是保护我们自己。针对塑料垃圾对于海洋生物以及人类的危害，瑜大公子也分享了自身体验。他提到，三亚是全国首个世界自然基金会“净塑城市”。在这次三亚之旅中，瑜大公子与团队成员自带洗漱用品，减少一次性用品的消耗，并在直播中呼吁粉丝在超市购物时自带环保袋，可回收物品再利用，力所能及地为环保做出贡献。同时，瑜大公子也向蓝丝带海洋保护协会以及粉丝承诺，本场直播的每一笔成交订单都将捐赠 0.1 元作为海洋保护基金，用实际行动来影响粉丝和身边的每一个人加入海洋保护之中。

值得一提的是，在这场以海洋环保为主题的直播中，遥望网络在选品上也有所侧重，特意上架了电动牙刷品类，以此倡议直播间观众在旅行和商务途中能够自带牙刷，不使用酒店一次性用具，减少塑料垃圾的产生。在这场遥望网络携手蓝丝带海洋保护协会的公益直播中，通过贴合海洋环境的直播间布置、海洋保护知识的科普和互动交流，更广泛地传播了海洋保护知识和理念，提升了公众对海洋生态保护的关注度和参与度。与此同时，双方的合作也将带货直播的公益力量带进环保领域，为“带货直播+公益”开创了新的道路。

资料来源：王建明，陈凯，盛光华，等. 绿色销售：价值视角. 北京：清华大学出版社，2023。

问题讨论：根据上述案例试分析销售管理未来会如何发展？

任务二 制订销售计划

案例导入 淘宝“双 12”首次推出“绿色采购会场”

淘宝在开启线上绿色会场的同时，也开拓了线上数字绿色产业市场。继天猫“双 11”上线首个“绿色会场”后，淘宝“双 12”首次推出“绿色采购会场”。该会场主要面向中小微企业，为其提供环保设备、绿色包装、清洁能源等绿色低碳设备与原料。在 2021 年淘宝“双 12”首次推出的“绿色采购会场”中，“绿色包装”领域成绩突出。

“仅在 2021 年‘双 11 绿色优惠’期间，可降解包装产品的销售额就较平日增长了 100 倍”，淘宝企业服务负责人张瑞介绍道，“近期，我们引入大批原材料、生产设备领域的新卖家，正在逐步推动可降解包装全产业链的电商化。”另外，为推进线上绿色产业快速发展，淘宝在“双 12”期间再次推出绿色优惠活动，即用户在淘宝绿色采购会场下单时，可使用“满 199 减 25”的折扣，并享受 38 天账期、最高 500 万元额度的赊账服务。2021 年初迄今，中科•瓯华、海正生物、万华、利欣特等 10 余家企业纷纷入驻淘宝。虽然它们中的部分企业已是行业领航者，但仍缺乏线上运营经验。为此，淘宝提供了开店指导、代运营支持、流量支持等一系列扶持举措。淘宝店“中科•瓯华降解包装生产基地”主营可降解食品袋。其店铺负责人郭苏起初仅是抱着科普、培育客户的心态，但在开店不到一年的时间内，其月均销售额达二三十万元，而且前段时间竟在淘宝接到了百万元大单。随着国家梯度型实现全面禁塑，未来几年内，中小微企业对可降解材料的需求将越来越大。中科•瓯华总经理助理吴东认为，“现阶段加入淘宝，有助于我们提前与中小微企业建立联系和信任感”。“海正生物材料”店铺赶在淘宝“双 12”之前开张，目前已上线两款聚乳酸树脂产品，可制成吸管、纸杯、包装盒等产品，在使用后可实现完全降解。

在淘宝“双 12”相关负责人看来，在推动全社会的绿色低碳发展过程中，绿色消费理念与绿色供给一样重要：“如果说‘双 11’的会场主打的是绿色消费力，‘双 12’绿色采购会场主打的则是绿色生产力，这有利于进一步提升绿色产品展现水平，更好对接供需，推动绿色低碳的生产生活方式。”在数字时代，绿色产业市场的空间潜力无限，为全社会绿色化提供了新的驱动力！

资料来源：淘宝“双 12”首推绿色采购会场　一站购齐环保材料、设备，https: //new.qq.com/rain/a/20211209A05HVS00。

教师启发：市场瞬息万变，面对难以把握的市场，企业需要提高自身的计划性，将企业的运营过程置于周密的计划管理之下。计划是管理的起点，没有完善的计划，管理工作就无从谈起。企业无论大小，都需要制订销售计划。

课前讨论：上述案例中的绿色销售计划哪些方面做得比较好？哪些方面尚待进一步完善？

知识便签

一、绿色销售计划

（一）绿色销售计划的概念

绿色销售计划是企业在分析历史销售数据、现有销售合同及市场环境的基础上，融入环保与可持续发展理念，制订出的针对部门或个人的、涵盖任意时间范围的销售指标（数量或金额）计划。该计划以实现市场需求与环境保护的双重目标为核心，指导企业的生产作业计划、采购计划、资金筹措计划及其他相关安排，通过推广和销售环保产品或服务，推动可持续发展。

制订绿色销售计划时，企业需深入了解市场趋势、消费者环保需求及绿色技术发展，确保销售策略与企业的绿色营销战略保持一致。仅凭环保产品本身的优势难以实现销售指标的快速增长，因此企业还需开展一系列有计划的绿色促销活动，例如环保认证宣传、可持续消费教育及绿色品牌推广，以增强市场竞争力。这些活动要求企业在计划编制中精准融入环保理念，优化资源配置，并快速响应市场变化。

绿色销售计划的实施效果直接影响企业在市场中的绿色形象与竞争地位。一份科学合理的绿色销售计划不仅能提升销售业绩，还能强化企业的社会责任形象，树立可持续发展的品牌声誉，从而在市场竞争中占据优势。

（二）绿色销售计划的内容

提前做好销售计划是非常重要的，合理地按照计划来实现销售业绩，实施起来非常方便。一份合理的绿色销售计划包括以下几个方面。

1．市场分析

了解消费者对绿色产品的需求和偏好，分析竞争对手的绿色产品策略，对产品的卖点、消费群体、销售成绩等进行定位。

2．销售方式

找出适合自己产品的销售模式和方法。设计并实施有效的绿色营销活动，提高产品的市场知名度和美誉度。

3．客户管理

为已开发的客户提供服务，促使他们提高消费；对潜在客户进行跟进，并建立和维护良好的客户关系，通过宣传和反馈机制提高客户的环保意识与满意度。

4．销售任务

制定合理的销售任务，销售的主要目的是提高销售量。努力利用各种方法完成既定的任务，才是计划的目的所在。任务完成了，要总结出好的方法和模式；任务完不成，也要总结存在的问题和困难。例如，建立绿色产品销售数据统计和分析机制，定期对绿色产品的销售情况进行总结和分析，以便更好地调整和优化销售策略。通过对销售数据进行分析，企业可以了解绿色产品的市场接受度、消费者需求等信息，为未来的产品开发和市场推广提供有力支持。

5．考核时间

考核时间是确保销售计划与绿色目标有效执行的关键环节，需与年度销售计划、季度销售计划和月度销售计划相对应，灵活设置考核周期，以评估绿色货品管理在环境、经济、客户满意度和品牌形象等方面的成效。考核时间需根据市场变化和企业需求保持灵活性。例如，在促销旺季（如“双 11”或节假日），可增加临时考核点，评估绿色物流和退货处理的高峰期表现。此外，考核结果应与员工激励和客户沟通挂钩，如对达成绿色目标的团队给予奖励，或向客户展示考核成果（如年度减碳报告），增强客户的品牌信任感。通过定期回顾考核数据，企业可持续改进绿色货品管理策略，例如优化数字化工具或升级可循环包装技术，确保环境效益和经济效益的长期平衡。

6．总结

定期评估绿色销售计划的实施效果，调整策略以持续改进。定期评估绿色销售计划的实施效果是依据年度、季度和月度多层次数据分析，识别绿色货品管理的成效与改进空间，并通过针对性策略调整和闭环管理实现持续优化。这一过程不仅可降低不良环境影响、提升经济效益，还可提升客户满意度和品牌形象，为企业的可持续发展提供有力支持。

（三）绿色销售计划的作用

1．提高销售工作的效率

无论是销售经理，还是普通销售人员，日常工作都很琐碎。因此，全面提高销售管理工作的效率需要有一个切实可行的销售工作计划。制订计划很重要，好的计划必须具有可执行性。一般不要订太长时间的计划，否则就成了规划。计划要划分得很细，具体到每个销售人员。计划不要超出自己的能力范围。

2．提高最终实现销售目标的可能性

一个好的销售计划不仅能富有成效地保证一个企业的销售工作顺利进行，而且对每一位员工都是一种鼓舞与鞭策。为了实现销售目标和企业的发展蓝图，追求未来美好的前景，每一位员工都会忘我工作。一个好的销售计划凝聚着每一位员工的智慧，体现着每一位员工的价值，代表着每一位员工的切身利益，因此他们会以更强的责任感，发挥最大的才智。

3．有利于做好企业的预算和成本控制工作

从企业的整体管理来看，企业的各项工作都是围绕着预算工作展开的，当然销售管理工作也不会例外。销售预算做得科学与否，关键要看销售计划做得是否准确，销售计划制订得越准确，预算工作就会做得越科学。而预算工作做得好坏会直接影响企业成本控制。

4．促进可持续发展

绿色销售计划不仅关注短期的销售增长，更强调长期的环境保护和可持续发展。通过实施绿色销售计划，企业可以确保在生产和销售过程中减少对环境的负面影响，同时推动整个行业乃至社会的可持续发展。

5．降低环境风险和经济风险

通过绿色销售计划，企业可以主动采取措施减少生产和销售过程中对环境的负面影响，从而降低环境污染等问题引发的环境风险和经济风险。这有助于保障企业的稳健经营和可持续发展。

6．履行社会责任

绿色销售计划体现了企业的社会责任。企业不仅要追求经济效益，还要关注社会效益和环境效益。通过实施绿色销售计划，企业可以积极履行社会责任，为社会和环境的可持续发展做出贡献。

二、绿色销售目标

（一）绿色销售目标的内容

绿色销售目标是指企业在推广和销售环保产品以及服务的过程中，希望达到的具体成果。这些目标不仅包括经济效益，还包括环境效益和社会效益。绿色销售目标的设定极为重要，因为绿色销售目标设定后，企业所投入的资源，如执行策略的资源、广告及促销费用、雇用的营销及推销人员、采用的营销渠道及所要生产的产品、设定的库存等，都是为了实现该目标而服务的。

（二）绿色销售目标制定的程序

1．评估所处市场环境

开展绿色市场环境评估是科学制定绿色销售目标的关键前提。企业需全面、深入地剖析所处行业的绿色发展态势，包括绿色政策导向、行业绿色技术革新趋势等；同时，密切关注竞争对手在绿色产品研发、绿色营销策略等方面的动态；更要精准审视自身绿色产品在市场中的定位、竞争优势与劣势。通过对行业绿色环境、竞争对手绿色举措以及自身绿色产品市场处境的综合考量与评估，为绿色销售目标的合理设定筑牢根基。

2．参考往年销售数据

往年销售数据是年度决策的重要因素之一。应尽量多参考几年的销售数据，而不能单看最近一年的销售数据。数据是参考依据，不是直接定目标的基数，参考数据的目的是结合所处市场环境，找出销售的走势。销售走势并非简单的直线，它与所处环境紧密相连。

3．做好基层人员调研

为确保年度目标的制定符合绿色发展理念并贴近市场实际，总部人员需在目标设定前深入开展基层调研，选择若干具有代表性的市场进行详尽考察。调研应以绿色消费趋势为核心，综合考虑区域分布、市场成熟度、市场容量、基层人员绿色意识与能力等因素。调研的方式除了对分公司人员和代理商进行访谈外，还要敢于走到终端最低层，与零售商和消费者直接沟通，通过多层次、多渠道的调研方式，直接获取一手数据，为预测下一年度绿色产品销售状况提供可靠依据。

4．分解年度销售目标

为确保年度销售目标与绿色发展理念一致，总部应在制定总体目标前，要求各分公司上报基于本地绿色消费趋势的销售计划，结合市场调研数据确定总体绿色销售目标。目标制定后，需按分公司、月度及绿色产品类别进行分解，充分考虑区域市场成熟度、季节性消费习惯及供应链能力等因素，并通过动态调整确保目标合理。分解过程同时是对总体目标可行性的校验，若发现目标不切实际，可反向修订，例如下调高成本地区的目标并优化物流方案。实施中通过数据监控、激励机制和定期复盘，确保绿色销售目标有效落地。例如，某品牌通过分解目标推动可降解餐具销售，配合“世界环境日”促销活动，实现销量与环保形象的双提升。

5．配套整体实施方案

没有整体推广方案做保障的年度销售目标只能是画饼充饥。只有具体的广告计划、促销计划、新品开发计划、营销政策、管理制度等实施措施与目标配合，才能确保销售目标的完成，销售人员和代理商才会信心十足。

6．建立评估与反馈机制

建立定期评估绿色销售目标实现情况的机制，以便及时发现问题并采取措施进行调整。鼓励员工提出反馈和建议，以便不断完善绿色销售目标和实施计划。

7．进行持续改进与优化

在实现绿色销售目标的过程中，不断总结经验教训，优化策略和方法。关注市场变化和新技术发展，及时调整绿色销售目标和实施计划。

三、绿色销售预测

（一）绿色销售预测的概念

绿色销售预测是指在对现有的和过去的销售资料进行调查的基础上，提出市场供求矛盾变化的规律及影响市场供求关系的各类错综复杂的因素，运用逻辑推理、统计分析、数学模型等科学方法，对企业绿色产品在未来一定时期内可能的销售量及其变化趋势进行测算、分析、预见和推断。这一过程需考虑政策法规、消费者环保意识及技术进步等复杂因素。完善的绿色销售预测能够为企业确定绿色发展目标、做出生产经营决策提供科学依据，以实现发展生产、满足需求、提高企业经济效益与环境效益的目的。

（二）绿色销售预测的影响因素

1．不可控因素

（1）市场需求

市场需求是外界因素中最重要的一项，经济发展形势、流行趋势、消费者生活习惯的转变等都会引起需求量的变化。因此，企业应该密切关注该行业相关市场动态，提前对市场形势进行分析预测，以掌握市场需求的动向。绿色产品的市场需求直接影响销售预测的准确性。消费者对环保产品（如可降解包装、低碳家电）的接受度、购买意愿及支付溢价的倾向是关键因素。

（2）政治环境

政策的变化往往会对销售产生较大的影响。例如，2008 年 6 月起禁止超市免费发放塑料袋的规定，就使得塑料袋生产厂家调整销售预测，甚至调整生产结构，以适应政策变化引起的市场变化。

（3）经济环境

绿色产品的销售收入深受经济变动的影响，尤其是近年来，全球经济面临石油价格波动、通货膨胀加剧、股市震荡、汇率变化等挑战。这些国内外经济因素不仅直接影响企业的销售表现，而且关乎其可持续发展与生存能力。因此，企业必须准确研判绿色经济形势，采取灵活的绿色策略以适应经济环境的新变化，确保绿色产品在复杂市场中的竞争力。

（4）行业竞争环境

企业的销售是整个行业销售的一部分，销售额的高低直接受业内竞争者的影响。新竞争者的出现、竞争对手采取了新的竞争战略等，都会对行业格局产生一定的影响，自然也会对企业的销售产生一定的影响。

2. 可控因素

（1）产品策略

企业的绿色产品种类、质量、价格等将直接影响绿色销售预测。企业需要不断研发和创新绿色产品，以满足市场的需求。

（2）营销策略

企业的绿色营销策略（如广告宣传、促销活动等），将影响消费者对绿色产品的认知和购买意愿。企业需要制定有效的绿色营销策略，提高消费者对绿色产品的认知度和购买意愿。

（3）销售团队

销售团队的绿色意识、专业技能、市场适应能力及管理激励直接影响绿色销售效果。企业需通过系统化培训、数字化赋能和激励机制，全面提升团队素质。

（4）供应链管理

供应链的绿色化程度直接影响绿色销售预测的准确性和企业的可持续发展能力。企业需通过优化供应链管理，提升绿色化水平，确保原材料采购、生产、运输和回收等环节符合环保标准，从而提升绿色产品的市场竞争力、绿色销售效果及品牌环保形象。

（三）绿色销售预测的程序

1. 确定预测目标

进行销售预测之前，首先要明确预测的目标。具体来讲，就是指销售预测的具体对象的项目和指标。其次还要分析销售预测的时间性、准确性要求，划分商品、地区范围等。对市场经济活动可以从不同的目标出发进行销售预测，目标不同，需要的资料、采取的销售预测方法也就不同。有了明确的销售预测目标，根据目标需要收集资料，确定进程和范围。

2. 广泛收集数据和资料进行初步预测

充分收集市场信息资料是进行销售预测的前提，因此，选择并且确定了市场预测目标以后，要广泛系统地收集与本次预测有关的各方面数据和资料。收集资料是进行销售预测工作的重要环节。按照要求，凡是影响市场供求的资料都应尽可能收集。资料收集得越广泛、越全面，销售预测的准确程度就越高。收集的市场资料可分为历史资料和现实资料两类。历史资料主要包括历年的社会经济统计资料、业务活动资料和市场研究信息资料；现实资料主要包括目前的社会经济和市场发展动态，生产、流通形势，消费者需求变化等。

3. 选择预测方法

常用的方法是先将收集到的资料列出表格，制成图形，以便直观地进行对比分析，观察市场活动规律。分析判断的内容还应包括寻找影响因素与市场预测对象之间的相互关系，分析预测期市场供求关系，分析判断当前的消费需求及其变化以及消费心理的变化趋势等。

在分析判断过程中，要考虑具体采用哪一种预测方法进行正式预测。销售预测有很多方法，要根据预测的目的和掌握的资料来决定选择哪一种。各种销售预测方法有不同的特点，适用于不同的市场情况。一般而言，掌握的资料少、时间紧、预测的准确程度要求低，可选用定性预测方法；掌握的资料丰富、时间充裕，则可以选用定量预测方法。在预测过程中，应尽可能选用几种不同的预测方法，以便比较验证结果。

4. 根据可控因素、不可控因素对预测进行调整

可控因素主要考虑的问题包括有无新产品推出、价格是否发生变化、促销活动会产生什么影响、销售渠道有无变化、整个营销战略是否有变化等。不可控因素主要考虑的问题包括是否出现新的政策法规对销售产生影响、经济形势有什么变化、是否有新的竞争对手加入、竞争者的营销策略有什么变化等。

5. 建立模型进行预测

销售预测是运用定性分析和定量测算的方法进行的市场研究活动，在预测过程中，这两方面不可偏废。一些定性预测方法，经过简单的运算，可以直接得到预测结果。定量预测方法要应用数学模型进行演算、预测，预测中要建立数学模型，即用数学方程式构成市场经济变量之间的函数关系，抽象地描述经济活动中各种经济过程、经济现象的相互联系，然后输入已掌握的信息资料，运用数学求解的方法，得出初步的预测结果。

6. 评价结果，编写报告

通过计算得到的预测结果是初步的结果，这一结果还要加以多方面的评价和检验，才能最终使用。检验初步结果，通常有理论检验、资料检验以及专家检验。理论检验是运用经济学、市场学的理论知识，采用逻辑分析的方法，检验预测结果的可靠程度。资料检验是重新验证、核对预测所依赖的数据，将新补充的数据和预测初步结果与历史数据进行对比分析，检查初步结果是否合乎事物发展逻辑，符合市场发展情况。专家检验是邀请有关方面专家，对初步预测结果作出检验、评价，综合专家意见，对预测结果进行全面论证。

对销售预测结果进行检验之后，就可以着手编写预测报告了。与调查报告相似，销售预测报告也分为一般性报告和专门性报告，每次根据不同的要求，编写不同类型的报告。一般性报告的对象是各级管理人员、决策人员，其目的是提供预测结果和市场活动建议。这类报告要求将预测结果简单、明确地反映出来，对预测过程和结果作扼要的解释性说明和简单论证。专门性报告的对象是市场研究人员和对预测技术方法比较了解的管理、决策、咨询人员，这类报告要求详尽，要对预测目标、预测方法、预测资料来源、预测过程作出详细说明，阐明对市场的分析和对市场运行规律的认识，还应包括预测检验过程、计算过程，并且需要从多方面论证预测结果的可靠性，最后附有必要的资料处理说明、预测计算公式等。这两类预测报告都可以附有必要的预测图表，以便直观形象地反映预测结果。

7．事后跟踪、检查和修正

完成销售预测报告并不是销售预测活动的终结，还要对预测结果进行追踪调查。销售预测结果是一种有科学根据的假设，这种假设毕竟仍要由市场发展的实际过程来验证，因此，要考察销售预测结果的准确性和误差，并分析总结原因，以便取得销售预测经验，不断提高销售预测水平。实际销售预测过程中，根据不同的情况，程序也可能有所变化，顺序有所调整，每个程序之中还可能派生出若干个子程序。但是预测中都应该包括这些基本过程，这样才能获得相应的预测结果。

检查和修正主要考虑的问题包括：销售预测值与实际销售情况是否存在较大差异，为什么会出现这种差异，是否需要对销售预测进行调整修正。

（四）销售预测的方法

销售预测的方法有多种，既可以通过统计方法来进行，也可以凭直觉或经验来估算。一般来讲，销售预测方法分为调查方法和数理方法两种。

调查方法包括购买者意向调查法、销售人员综合意见法、高级管理人员估计法和专家意见法。

数理方法包括市场试验法、时间数列分析法、回归分析法、趋势外推法、模拟分析法等。

其中购买者意向调查法即根据购买者的意见来进行销售预测的方法。许多企业在对产品的市场总体无法把握的情况下采用这一方法往往能达到很好的效果。

四、绿色销售预算

绿色销售预算旨在为绿色销售目标提供财务支持，确保资源合理分配，同时兼顾经济效益与环境效益。企业需基于绿色理念，综合考虑市场需求、供应链成本、营销活动及团队能力等因素，科学编制绿色销售预算，以提升绿色产品的市场竞争力并实现可持续发展目标。

（一）绿色销售预算的作用

制定绿色销售预算的目的是引导销售人员从单纯追求销量转向注重费用控制、利润提升以及环境效益的实现。通过科学的预算管理，销售团队能够在销售绿色产品时，优化资源配置，降低碳足迹，同时提升经济效益与环境效益价值。绿色销售预算对销售活动起到计划、协调和控制的作用，确保绿色销售目标与企业可持续发展战略一致。

1．计划作用

销售预算是销售管理过程中主要的计划和控制工具。它对销售计划中不同项目的费用提供具体的数字化的指导，使销售人员可以在一定的销售费用内实现销售目标，从而保证利润目标的实现。但是如果环境有了变化，就需要销售经理调整预算以争取各种机会，保证企业长期目标的实现。

2．协调作用

销售预算是销售管理过程中的一个主要协调管理工具。销售经理利用销售预算可以协调各个方面的活动。销售活动需要费用，而费用又是有限的，因此为了合理使用有限的费用，需要协调各部门活动，使有限的费用发挥最大的作用，赚取最大的利润。

3．控制作用

提高利润率的关键在于对销售费用的控制。销售预算总是与销售量配额一起使用，其目的是用来控制销售人员的费用水平。销售预算可以增加销售人员的责任感。销售目标与销售费用的对照可以衡量销售任务完成的质量，有助于销售经理评价销售计划的优、缺点以及识别问题，进而采取正确的行动。

（二）绿色销售预算的编制过程

绿色销售预算的编制有两种主要方式：自上而下和自下而上，旨在确保预算既符合企业绿色发展战略，又贴近市场实际。自上而下制定销售预算时，管理层根据企业可持续发展目标和绿色销售预测，采用科学的预算制定方法拟定总体预算，并分配至各相关部门。各部门根据分配的绿色预算目标，制订详细的实施计划，如绿色营销活动或低碳供应链优化。自下而上制定销售预算时，销售人员一般会参考上一年度的绿色销售预算和当年的绿色销售定额，结合本地市场特点，编制初步预算，提交给销售经理。销售经理汇总后逐级上报，最终形成企业的整体绿色销售预算。两种方式各有优劣，预算结果也会有一定的差距，因此实践中往往把它们结合起来运用，具体流程如下。

1．确定销售工作范围

基于既定的绿色销售目标，销售经理需率先规划达成目标所需采取的一系列绿色举措。这涵盖绿色产品的开发策略，确保产品从设计到生产都符合环保标准；制定契合绿色消费理念的定价策略，平衡产品价值与消费者接受度；选择恰当的绿色沟通形式，如通过环保主题活动、线上绿色社区等渠道传递产品绿色信息；策划具有吸引力的绿色促销活动，鼓励消费者选择绿色产品；开展针对销售团队的绿色培训，提升其对绿色产品知识、绿色销售技巧的掌握程度，从而全方位推动绿色销售目标的实现。

2．确定成本

根据上一步骤中确定的销售活动，企业可以计算出其固定成本和变动成本。固定成本包括员工工资、销售办公费用、培训师工资、展销费用、保险费、固定税费、固定交通费用、固定娱乐费用、折旧费用等；变动成本通常包括提成和奖金、邮寄费、运输费、部分税费（如增值税）、其他交通费、广告费和促销费等。

3．进行本量利分析

盈亏平衡点是本量利分析法中最重要的概念，它表示企业收入弥补成本（包括固定成本和变动成本）的最低销售量，只有销售额高于盈亏平衡点时企业才有利可图。因此，销售经理需要通过本量利分析来调控成本，同时明确各种销售活动对成本、利润的影响。

4．向管理层提交预算

将设计好的预算表在规定时间内直接提交给负责预算管理的管理人员，确认预算表提交成功以后，等待管理人员做进一步批示。

5．预算调整

管理层根据企业发展的战略和销售规划来决定上述提交的销售预算是否需要调整，以保证预算与企业目标的一致性。

6．分配并执行预算

将经过管理层核准的销售预算分配下去，除特殊情况，个人和单位都要严格按照预算来进行销售活动，预算对企业的销售活动有着重要的控制作用。

（三）确定销售预算的方法

在编制销售预算时，采用何种方法应根据企业的历史、产品的特点、营销组合的方式和市场的开发程度等多方面因素加以确定。各企业采用的预算编制方法各不相同，常用的方法有如下几种。

1．最大费用法

最大费用法是在企业总费用中减去其他部门的费用，余下的全部作为销售预算。这种方法的缺点在于费用偏差太大，在不同的计划年度中，销售预算也不同，不利于销售经理稳步开展工作。

2．销售百分比法

用上年的费用与销售的百分比，结合预算年度的预测销售量来确定销售预算。另外还可以把近年来的费用与销售的百分比进行加权平均，以其结果来制定预算年度的销售预算。这种方法适于销售市场比较成熟的企业，缺点是会使销售经理注重短期目标，而忽视对企业具有长期意义的人才的培养。

3．同等竞争法

同等竞争法是以行业内主要竞争对手的销售费用为基础来制定的销售预算。同意用这种方法的销售经理都认为销售成果取决于竞争实力，用这种方法必须对行业及竞争对手有充分的了解，并及时得到大量的行业及竞争对手的资料，但通常情况下，得到的资料往往反映的是以往年度的市场及竞争状况。用这种方法分配销售预算，有时不能达到同等竞争的目的。

4．边际收益法

这里的边际收益指每增加一名销售人员所获得的效益。由于销售潜力是有限的，随着销售人员的增加，人均收益会越来越少，而每名销售人员的费用是大致不变的，因此，存在一个临界点，超过此临界点，再增加销售人员，费用反而比收益大。边际收益法要求销售人员的边际收益大于零。边际收益法也有一个很大的缺点，即在销售水平、竞争状况和市场其他因素变化的情况下，确定销售人员的边际收益是很困难的。

5．零基预算法

在一个预算期内每项活动都从零开始，销售经理提出销售活动必需的费用，并且对这些活动进行投入产出分析，优先选择那些对组织目标贡献大的活动。这样反复分析，直到把所有的活动按贡献大小进行排序，然后将费用按照这个序列进行分配。这样有时贡献小的项目可能得不到费用。另外，使用这种方法需经过反复论证才能确定所需的预算。

6. 目标任务法

目标任务法是销售经理根据由预测得到的目标，确定实现该目标必须完成的任务，并估算这些任务的成本，然后对照企业利润目标来审查这些成本是否合理的一种方法。如果成本过高，销售经理就应该调整目标或者换一种实现目标的方式，重复这个过程直到管理层对目标、实现方式及成本满意。

目标任务法十分有用，很多企业都采用目标任务法或其演变形式，以有效地分配实现目标的任务。这种方法要求数据资料充分，因此工作量较大，但直观易懂。

7. 投入产出法

投入产出法是对目标任务法的改进。目标任务法是一定时间内费用与销售量的比值。但有时有些销售费用投入后，其产生的效果在当期显示不出来，因此无法真实反映本期销售费用和销售量的比率。投入产出法不强调时间性，而是强调投入与产出的实际关系，因此一定程度上克服了目标任务法的缺点。

（四）销售预算控制

销售预算不仅是销售计划的重要组成部分，而且是确保销售活动有计划且顺利展开的基础，对销售预算进行控制是十分必要的。销售预算控制主要包括销售收入预算控制、直接材料采购预算控制、直接人工预算控制、制造费用预算控制、单位生产成本预算控制、推销及管理费用预算控制等。

编制销售预算实际上就是控制过程的第一步，也就是拟定标准。由于预算以数量化的方式来表明管理工作的标准，本身具有可考核性，因而有利于根据标准来评定工作成效。找出偏差是控制过程的第二步，采取纠正措施消除偏差是控制过程的第三步。

编制预算能使确定目标和拟定标准的计划工作得到改进。但预算的最大价值还在于它对改进协调和控制的贡献。同时，由于对预期结果的偏离将更容易被查明和评定，销售预算也为控制销售工作中的纠正措施奠定了基础。所以它可以实现更好的计划和协调，并为销售控制提供基础，这正是编制销售预算的基本目的。

案例分析 吉利：2025 年挑战销量 365 万辆，智能电动汽车占比超三成

2021 年上半年，吉利汽车实现营业收入 450.32 亿元，同比增长 22%；实现公司股权持有人应占溢利 23.81 亿元，同比增加 4%。

在业绩发布会上，吉利汽车集团 CEO 淦家阅公布了吉利汽车的五年发展计划：到 2025 年，市占率稳居中国品牌第一，实现年销量 365 万辆，其中智能电动汽车占比达 30%以上。极氪汽车到 2025 年在高端电动汽车市场占有率居全球前三，销量达到 65 万辆。不过以目前吉利汽车的销售数据来看，不仅与 2025 年的目标仍有距离，要完成今年的销售目标也并非易事。2021 年上半年，吉利汽车共售出 63.02 万辆（包括领克品牌汽车销量在内），同比增长 19%，但这一业绩也仅完成了 2021 年全年 153 万辆销量目标的 41%左右。根据中国汽车工业协会的资料，上半年吉利汽车位列中国品牌汽车销量第四。对此吉利汽车解

释称，主要是由于公司的新车型集中在下半年问世，上半年欠缺新产品，对期内的销售表现造成一定限制。

相较国内市场，吉利汽车的销量在海外市场增速迅猛。2021 年上半年，吉利出口销量为 5.34 万辆，同比增长 173%。出口销售量占总销量的比例为 8.5%，而去年同期仅有 3.7%。其中吉利博越及缤越为出口的主要车型，占出口总销量的 82%。

吉利汽车表示，公司通过 24 家销售代理及 233 个销售及服务网点向 25 个国家出口产品。亚洲、东欧及中东的发展中国家为公司最主要的出口市场。除了自中国出口的汽车之外，公司还通过合约生产安排及合营生产厂房等方式，与当地企业合作组装生产部分外销车型。此外，在新能源领域，吉利汽车也积极布局。2021 年上半年，吉利汽车纯电动车和插电混动车型销量同比提升 189%。公司于 2021 年 3 月成立了极氪智能科技控股有限公司，聚焦包括研发、采购、销售极氪品牌智能汽车在内的电动出行相关产品，以此参与智能电动车市场的竞争。

资料来源：吉利 2025 年挑战销量 365 万辆，智能电动汽车占比超三成_腾讯新闻，https: //new.qq.com/rain/a/20210819A06AJ000。

问题讨论：

1. 吉利汽车从哪些角度进行了销售计划的编制？销售目标和定额是什么？
2. 从绿色销售计划管理的角度，你认为吉利汽车仍有哪些需要改进或注意的地方？

任务三　划分绿色销售区域

案例导入　中冶交通：绿色发展道路上的区域市场开发与布局

中冶交通建设集团有限公司（以下简称中冶交通）是中国冶金科工集团有限公司（以下简称中冶集团）的全资子公司。中冶集团是全球最大最强的冶金建设承包商和冶金企业运营服务商之一，是中国基本建设的主力军，在 2016 年世界 500 强排名中居第 290 位，在 ENR（美国《工程新闻记录》）发布的 2020 年“全球承包商 250 强”排名中居第 8 位。作为中冶集团“四梁八柱”综合业务体系中交通市政基础设施板块的旗舰企业，中冶交通是集投融资、建设、运营管理于一体的大型公路和城市基础设施建设总承包商。

作为一家传统冶金企业，中冶集团已经成功实现转型，立志“做冶金建设国家队、基本建设主力军、新兴产业领跑者”。中冶集团长期坚持走高技术高质量的绿色发展之路，为企业发展设立新的定位，全力打造以工程承包、房地产开发、装备制造和资源开发四大行业板块为“梁”，以新能源、矿山建设与矿产绿色开发、冶金工程、高端房建、中高端地产、交通市政基础设施、核心技术装备与中冶钢构、环境工程与特色主题工程八大支柱业务为“柱”的“四梁八柱”业务体系。

在新兴产业领域，中冶集团凭借 70 年的技术积淀，大举向环境与新能源、城市地下综合管廊、大型主题公园建设、海绵城市、智慧城市、美丽乡村、规划与咨询等领域发力，全力抢抓新兴产业市场机遇，抢占制高点，做新兴产业的领跑者。

中冶集团坚持走绿色发展道路，成功设计了中国第一座垃圾焚烧发电站，在水环境治理和水生态修复上拥有独具特色的“核心技术、高端人才、核心装备制造、生产运营、资本运作”等全产业链一体化能力。2021 年，为顺应市场需求，中冶交通对 6 家区域分公司、办事处进行了整合合并，并新成立了专业电务分公司，区域公司江苏分公司、黑龙江分公司以及山东办事处，区域市场开发布局越发完善。中冶交通重视属地化营销战略，不断利用目前在建项目巩固与拓展地方市场，以“双统筹”夺取“双胜利”，加快重点项目建设，加快扎根地方市场，展现公司坚定不移推动高质量发展的决心。得益于“快准狠”精准跟踪定位的业务布局，中冶交通中标了多个重大项目。中标后，中冶交通针对各地区“高大综新”项目设立了“十大重点项目”跟踪机制。市场开发部通过对各级市场营销单位上报的跟踪项目进行快速综合研判，并上报公司让决策层筛选出具有区域影响力、经济效益良好、风险可控的项目进行重点跟踪并实施“精准”营销。同时，“十大重点项目”实行三级管理机制，主管公司市场营销的领导作为项目的总负责人，监督并“狠抓”项目跟踪的总体进展情况，市场开发部或投融资管理部负责人作为总部负责人，协调项目跟踪并协助解决项目跟踪过程中出现的各类问题，各子分公司作为项目具体落实单位负责项目的推进工作。

资料来源：中冶集团：坚持走高技术高质量的绿色发展之路，http: //www.china.com.cn/opinion/think/2018-08/27/content_60524257.htm。

李先国，杨晶，宋明蕊. 销售管理. 北京：中国人民大学出版社，2022.

教师启发：企业销售目标主要是通过划分销售区域及实现区域目标的方式来实现的，因为建立销售区域能确保潜在市场的适当覆盖，改善客户关系，降低销售成本，同时能够有效控制和评价销售队伍，提高销售人员的士气和效率，提升经营效果。

课前讨论：中冶交通是如何划分销售区域的？又是如何进行市场开发与布局的？

知识便签

一、绿色销售区域概述

（一）绿色销售区域的含义

绿色销售区域是指为实现可持续发展目标而定义的“绿色顾客群”，也称绿色区域市场或绿色销售辖区。它是在特定时间内分配给销售人员、销售部门、经销商或分销商的一组现有及潜在的顾客群体，这些群体对绿色产品（如可降解包装、低碳家电或可持续服饰）有较高需求或购买潜力。企业通过将总体市场划分为多个绿色细分市场，评估各细分市场的环保消费潜力及企业自身绿色优势，选择目标绿色市场并制定相应的市场目标，以推动绿色销售和环境效益的实现。

（二）绿色销售区域的作用

绿色销售区域的划分明确了每个绿色顾客群的直接“绩效所有者”和“绩效责任者”，

通过科学分配和管理绿色销售区域，企业能够鼓舞销售团队士气，规范对环保消费者的服务质量，促进绿色销售业绩的评估与控制，并显著提升区域绿色销售绩效。绿色销售区域以可持续消费需求为核心，聚焦于环保意识强的顾客群，助力企业实现经济效益与环境效益的双赢。

1．合理划分销售区域，有助于合理分配销售资源

通过科学的区域划分，企业能够精准把握不同区域市场的绿色消费潜力与需求特征，进而合理调配人力、物力、财力等销售资源。这不仅有助于企业更好地覆盖市场，还能确保资源向绿色消费需求旺盛的区域倾斜，为企业在绿色市场中获取最大利益奠定坚实基础，推动企业绿色销售战略的稳步实施。

2．明确划分市场责任，有利于市场的开发与管理

每一个销售区域都有专人负责，可以更好地了解每位客户的绿色消费需求，每名销售人员对特定的销售区域权责一致、目标明确，可以提高销售人员的责任感。并且销售人员可以根据本区域实际情况和区域目标要求，选择适合本区域市场的管理工具，致力于开发“自己的”绿色区域市场，改进市场管理工作，提高工作效率，为企业创造更大效益。而且明确的市场“责任人”制度和长期、稳定的合作关系，使销售人员更容易在客户中建立信任。对销售人员的信任是客户建立产品信任、品牌信任和产品忠诚的基础。因此，良好的、相对稳定的区域设计有助于销售人员与客户之间建立长期稳定的关系，实现企业、客户、销售人员三方共赢。

3．明确划分“绩效”责任，有助于提高销售队伍的士气

在绿色销售区域划分的基础上，明确销售队伍对所在区域全体客户负责的任务，确定每名销售人员的绿色销售范围，能够有效避免企业内部销售人员之间的客户争夺战，使销售区域成为销售人员获取绿色销售绩效的主战场。同时使销售人员了解自己的业绩贡献对企业的绩效价值，能够激发销售人员的主人翁意识。明确的区域划分体现了权责一致的原则，当付出与回报机制明确时，能够鼓舞销售人员努力提高业绩。

4．明确区分管理责任，有助于改善绿色客户关系

相对稳定的绿色销售区域划分和销售队伍，为销售人员与客户建立长期合作与互信关系提供了有力保障。这种稳定的合作关系有望提高企业的绿色商誉，为提高绿色销售绩效创造了良好的市场基础。销售人员与客户在长期合作中相互了解、相互信任，能够更好地满足客户的绿色需求，提升客户满意度，进而促进企业绿色销售业务的持续发展。

5．明确核算责任，有利于降低营销费用

每一个绿色销售区域都由指定的销售人员负责，销售责任、服务责任明确，通常企业也对销售区域实行费用包干或费用独立核算，销售人员产生的每一分费用都是“自己的钱”，销售人员会主动设计、选择合理的访问路线，合理利用销售资源，即为了保护销售绩效且保证必要的销售访问活动，尽可能避免对客户进行不必要的重复访问或采用不恰当的访问方法，从而降低销售成本。

6．明确归口责任，有效改善销售业绩评价与控制效果

明确的销售区域归口管理责任，使企业可以按照区域进行各种数据资料的汇集与分析，通过不同区域数据的对比，明确每名销售人员的个人业绩并进行成本分析和控制，横向的比较分析可以帮助销售经理、总经理掌握每名销售人员的工作状态与投入情况，及时掌握可能存在的问题，发现某些区域突出表现背后的经验，为科学规划销售队伍、管理销售队伍和提高销售绩效提供支持。

（三）绿色销售区域的划分

一个绿色销售区域，可被视作一个特定的细分市场，或是多个依据一定原则组合而成的细分市场集合。优质的绿色销售区域，由一群具备支付能力且乐意为绿色产品或服务买单的消费者构成。企业在进行绿色销售区域设计时，核心要点在于精准把握目标顾客群体。

对很多企业来说，直接以行政区划地图为蓝本，按照地理界线来划分“绿色顾客群”，进而确定绿色销售区域，是一种简便且成本低廉的方法。这种划分方式便于企业进行日常管理和明确管理责任，在市场情况相对简单、需求较为同质化时，不失为一种有效的选择。然而，在面对相对复杂的绿色市场，或是企业有着更为精细化的绿色销售区域管理目标时，仅依靠地理界线划分就难以满足需求了。此时，企业需要采用更多元、更科学的划分方法。以下是一些企业在绿色销售区域划分中常用的方法。

1．按地区划分

依据行政区域或地标界线来划分不同销售区域是划定销售区域最普遍的方法，该方法简单、费用低廉。

2．按产品划分

当企业的产品技术复杂或销售工作中对技术要求较高时，可以根据产品的特定使用者即客户类型来培养、选拔具有不同技术背景的专门技术型销售人员来服务有特定要求的客户群体。

3．按客户划分

即依据客户的规模和购买力划分。该方法是基于潜在大客户的销售区域最好由销售专家来管理的思路，认为他们才具有达成大宗生意的能力。那些具有猎取技能，但欠缺大笔买卖经验的销售代表可以负责中小型企业所在的销售区域，合理调配销售资源。

4．按行业划分

如果企业向不同的行业销售不同的产品，则最好根据行业的类别来划分销售区域。其优点是提高了销售团队的生产力和工作效率，同时使销售人员能够全力投入区域销售活动，熟谙某一行业；缺点是可能发生派多名销售人员访问同一城市不同行业客户，造成销售费用较高的问题。

5．综合划分

即应用两个或两个以上原则进行综合性的划分。该方法对销售区域的划分更细致，或更切合企业销售资源状况或客户的不同需求。

企业可以依据企业销售资源及发展状况选择不同的划分方法，各企业对“绿色顾客群”的分配各有高招，适合自己的就是最好的方法。既然销售区域是“绿色顾客群”，也就是说销售区域具有动态性的特点，那么销售区域的划分就不是一成不变的。企业可以依据自身的需要及“绿色顾客群”等各方面因素的变化进行动态的销售区域调整，保证企业销售目标的实现。

二、绿色销售区域的设计

（一）设计绿色销售区域的原则

绿色销售区域设计的目标是使所有区域的销售潜力和销售人员的工作负荷都相等。不过，这只是一种理想的状态，在现实中很难达到。但这并不意味着绿色销售区域的设计没有原则可循。在实践中，绿色销售区域的设计应遵循以下五项原则。

1．公平性原则

绿色销售区域设计的首要原则是公平合理、机会均等。这一原则主要体现在两个方面：所有绿色销售区域应具有大致相同的市场潜力；所有绿色销售区域的工作量应大致相等。只有当市场潜力相同时，不同区域销售人员的业绩才有可比性；所有区域的工作量大致相等可避免苦乐不均，减少区域优劣之争，提高销售队伍的士气。

2．可行性原则

绿色销售区域设计的可行性原则要求：其一，绿色销售区域市场有一定的潜力，销售经理了解市场潜力在哪里、有多大，如何才能使市场潜力变成销售需求，实现销售收入；其二，绿色销售区域的市场涵盖率要高，销售经理明确与客户联系的方式，并与企业的每一位潜在客户保持联系；其三，绿色销售区域的目标具有可行性，销售人员通过努力可以在一定时间内实现该目标。

3．挑战性原则

绿色销售区域的设置要具有挑战性，使销售人员有足够的工作量，同时保证每个绿色销售区域有足够的销售潜力，以使销售人员通过努力工作能取得合理的收入。

4．具体化原则

绿色销售区域的目标应尽量数字化，做到明确且容易理解。销售经理一定要让销售人员确切地知道自己要达到的目标，并且尽量把每位销售人员的目标数字化。

5．绿色化原则

在绿色销售区域的设计、建设和运营过程中，应尽量减少对环境的负面影响，如减少碳排放、节约水资源、降低能耗等。采用模块化设计思想，使绿色销售区域能够根据市场需求和产品变化进行灵活调整。考虑到未来的发展趋势和技术革新，设计应具有一定的前瞻性和可扩展性。

（二）绿色销售区域设计的程序

绿色销售区域设计是绿色销售管理的重点和难点，绿色销售管理的一个重要任务就是绿色销售区域的设计。销售经理要力求使所有绿色销售区域的销售潜量均等，以便销售人员能有效地发挥潜力，提高销售业务。当区域潜量均等时，易于对销售人员进行比较，评价每位销售人员的工作。当所有的区域具有相同的工作负荷时，就要把管理的重点放在提高销售队伍的士气和减少销售人员之间的冲突上。虽然销售经理应该考虑到特定区域市场的反应以及销售人员访问频率对市场的影响，但是设计的关键是平衡所有影响绿色销售区域的各种因素。绿色销售区域设计的主要过程包括以下几个步骤（图 1-1）。

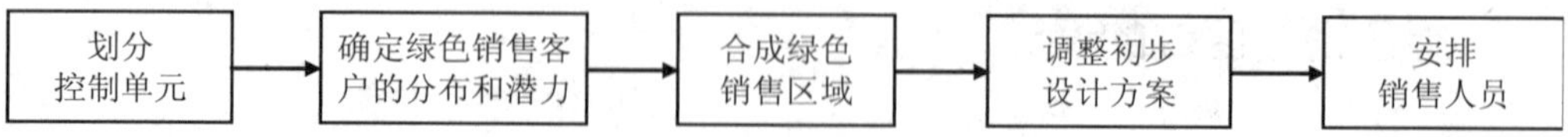

图 1-1 绿色销售区域设计的程序

1．划分控制单元

首先将整个目标市场划分为若干个控制单元，划分基本原则就是适中。其主要原因有两个：第一，如果控制单元过大，有可能将市场潜力小的地区包含到市场潜力大的地区中去，造成控制单元内市场潜力分布不均匀，反之亦然；第二，便于灵活调整初步分配方案，如果控制单元过大，就不容易调整均衡；如果控制单元过小，则会无谓地增加工作量。

划分控制单元的目的是按照一定标准将它们组合成绿色销售区域。一般可以选择省、市、县等行政区域或邮政编码区域作为控制单元。划分控制单元时常用的两个标准是现有客户数和潜在客户数。根据现有客户数可以很好地估计目前的工作量，根据潜在客户数可以获得预测值。这一工作应由营销调研部门负责。由于实际销售额不能很好地反映工作量及市场潜力，因此一般不作为划分标准。此外，区域面积、工作量等也可以作为划分标准。企业还可以根据自己的实际情况设计划分控制单元的标准。

2．明确绿色销售客户的分布和潜力

在完成绿色销售控制单元的选定后，管理层需在所选定的控制单元内，精准定位现有绿色客户与潜在绿色客户的分布状况，并深入评估其发展潜力。对于现有绿色客户的识别，可借助过往绿色销售记录来梳理。这些记录详细记载了客户的购买行为、偏好以及消费频率等信息，有助于企业清晰了解现有客户群体在绿色产品或服务方面的需求特点。而潜在绿色客户的识别，则需借助外部渠道。例如，从国家机关或相关机构获取环保政策导向下的新兴企业名单、绿色产业扶持对象等信息；通过杂志、报纸、电视等媒体，关注环保专题报道、绿色生活倡导栏目等，从中挖掘对绿色产品或服务有潜在需求的个人或企业；借助信用评级机构，筛选出具有良好信用且业务方向与绿色产业相关的潜在客户。

在成功识别客户后，管理层需进一步评估企业期望从每位客户那里获取的潜在绿色业务量。这需要综合考虑客户的行业属性、规模大小、发展前景以及其对绿色产品或服务的接受程度等多方面因素。随后，依据可获得的潜在绿色利润对客户进行分类，如将客户分为高潜力高利润、高潜力低利润、低潜力高利润、低潜力低利润等不同类别。

这种基于客户潜在绿色利润的分类方式，能够为企业确定绿色销售区域提供极具价值的依据。

3．合成绿色销售区域

绿色销售区域设计的第三步是将邻近的控制单元组合成绿色销售区域。在这一过程中，设计者必须牢记划分标准。如果以客户数量为标准，在将邻近的控制单元组合成绿色销售区域时，一定要考虑各区域之间客户数量的平衡。

依照划分标准将每一个控制单元都纳入相应绿色销售区域之后，就完成了绿色销售区域的初步设计。在初步设计完成后，各个绿色销售区域依据某一划分标准已经达到了平衡。但一般而言，这种基于一个标准的平衡还不够理想，需要在兼顾其他标准的基础上进一步调整，以达到更高要求。例如，初步设计的绿色销售区域具有大致相等的客户数，可是各绿色销售区域的面积却相差很大，销售经理希望各区域在客户数大致相等的同时面积也大致相当，以平衡各区域的工作量。为此，他可以将客户规模最大的绿色销售区域中的一个面积较大、客户较少的控制单元划分到一个面积较小的区域，以达到新的平衡。如果面积大的区域正好与面积小的区域相邻，而且符合条件的客户正好处于两区域的交界处，新的平衡就很容易实现；否则，可能要同时调整好几个区域才能实现。

要协调各个区域的销售量，首先要做工作量分析，其中客户分析是基础。销售经理即使不能对所有客户逐一进行分析，也至少要对大客户进行分析，根据分析结果将客户分类排序，以此制定有差别的客户政策。除了总销售潜力标准外，也可以采用其他标准进行客户分类，只要这些标准能够准确反映工作量与销售成果之间的关系就可以。各类客户数量统计出来之后，按照企业客户政策规定的各类客户的访问频率以及每次访问的时间，可计算出整个绿色销售区域的工作量。

4．调整初步设计方案

要保证市场潜力和工作量两个指标在所有绿色销售区域的均衡，还应对初步设计方案进行调整。虽然调整有一定的难度，但通过努力至少可以使修正后的方案优于初次设计方案。比较常用的有两种方法：一种方法是改变不同区域的客户访问频率，即通过修改工作量的办法来达到平衡，因为市场潜力已经达到平衡了；另一种方法是用试错法连续调整各个绿色销售区域的控制单元以求得两个变量同时平衡。如果还要兼顾更多标准，调整过程就更加复杂了。这种情况下一般采用“渐进法”，即先将标准排出优先次序，如先满足工作量大致相等的要求，再考虑客户数或地理面积的平衡；然后遵循上述步骤设计满足工作量平衡要求的初步方案，再用反复试错的方法满足第二标准和第三标准的要求，逐步接近目标。

5．安排绿色销售人员

在实际绿色销售场景中，销售人员的能力与工作效率参差不齐。完成前期各项规划后，最后关键一步便是将销售人员合理分配到特定的绿色销售区域，充分发挥他们的优势，助力企业达成最优绿色销售业绩。

然而，在实际操作过程中，这一环节往往会面临诸多难题。绿色销售区域与销售队伍的构建并非一蹴而就，绿色销售区域与销售队伍是伴随着企业的成长历程逐步发展、扩张形成的。

假设企业已拥有一支稳定的绿色销售队伍，且每位销售人员都在各自的绿色销售区域深耕多年。此时若要重新设计和分配绿色销售区域，一旦新旧方案存在较大差异，即便新方案在理论上科学合理，实施时也极有可能遭遇巨大阻力。因为销售人员长期在熟悉的区域工作，已经建立了稳定的客户关系、熟悉当地市场环境，突然的变动可能会让他们感到不安，影响工作积极性与效率。

还有一种情况出现在企业初创阶段。此时虽不存在新旧方案交替的问题，但由于缺乏可靠的绿色销售数据资料，如不同区域绿色消费需求、客户购买偏好、市场竞争态势等关键信息，企业难以设计出精准的绿色销售区域分配方案。没有数据支撑，分配方案可能无法贴合实际情况，导致销售人员难以有效开展工作，影响绿色销售目标的实现。

因此，在安排绿色销售人员时，企业需充分考虑各种现实因素，权衡利弊，制定出既符合企业绿色发展战略，又能被销售人员接受和有效执行的分配方案。

三、绿色销售区域的管理

（一）销售定额管理

1．销售定额的概念

所谓销售定额，是指为一个销售单位所确定的销售目标。销售单位可以指某个销售人员、某个销售区域、某个销售分支机构、某个地区以及某个代理分销商等。例如，某销售区域某销售人员在一定时期内，计划要完成的销售目标就是销售定额。虽然销售定额要以销售潜量为基础，但它并不代表销售潜量。销售潜量反映的是企业在某一销售区域内理想状态下的销售（或服务）数量。但是结果不总是像理想预料的那样，有时可能因销售区域不好划定，销售人员不好安排，以及销售人员的特点（如年龄、经验、精力）以及物质条件的差别等，造成销售区域中销售定额的差异。同样，销售定额也不能等同于销售预测。销售预测是指企业假定在某种销售努力下所完成的销售估计，一般是根据产品线、客户线和销售区域等因素进行综合考虑的。可以说，好的销售预测是制订销售计划最有力的依据。然而，销售定额的作用不能等同于销售计划，当一位销售人员的销售额超过预测标准时，企业并不会对他进行奖励，而当销售人员的销售额超过其定额时，企业才会给予奖励。这说明，销售定额是管理的手段，而不是工具，它是用于激励销售人员、提高销售业绩的重要手段。销售定额的取值介于销售潜量和销售预测之间。

销售定额在某个特定期间，可以用金额或者商品数量来表示，销售经理可以用金额或商品数量来为企业的销售人员确定某个季度或某年的销售定额。在用产品或客户作为目标时，一定要将定额具体化。产品定额要反映产品线中各个项目的获利性；客户定额则要反映为特定客户服务的相对效果。

制订销售定额计划需要对各种类型的定额进行决策，同时要确定各种定额的相对重要性和每位销售人员或者销售单位所应完成的目标水平。

2．制定销售定额的目的

（1）激励销售人员

首先，销售定额可用于对销售人员进行有效的诱导。最基本的方法就是为销售人员确定一个具有挑战性的目标。一个清楚明晰的目标比一个不清晰的目标更能激励销售人员的积极性。其次，通过定额来影响销售人员的动机。竞赛是许多企业激励计划中的重要组成部分。竞赛的关键就是谁能做得最好，谁就会得到奖励。然而由于销售能力、区域潜量和工作负荷的不同，销售人员获胜的可能性也不同。因此，最好的做法是，企业所设计的计划能使所有销售人员都有获胜的机会。销售定额可以根据销售区域和人员的差别制定一个通用的标准，以便销售人员都有相对平等的机会。最后，在大多数企业的薪酬计划中，定额是一个有效的诱导因素。它可以采用佣金或奖金的形式，也可以采用与薪金挂钩的形式。在这种情况下，销售人员所得与销售量成正比关系，或者在超额完成定额后，以额外的奖励作为激励。因此，对于销售人员或者销售部门来说，这类计划直接和销售定额有联系。当以薪金作为薪酬时，可采用薪金和所完成的定额水平相挂钩的形式作为激励销售人员的诱导因素。

（2）评价销售业绩

定额为销售人员或销售单位进行业绩评价提供了一个组合标准，它能够使管理人员有重点地找出问题以及评价那些业绩突出的销售人员或销售单位。没有定额的销售人员在工作中会感到无所适从，以至于出现效果不佳等情况。为了保证评价业绩的合理性，企业必须深入调查，全面考虑产品、客户、竞争程度等不同要素，以便制定一个考核业绩的定量标准。

（3）控制销售力量

企业制定的销售定额，不仅要有利于评价销售人员的最终业绩，还要有利于控制销售人员的工作过程。销售人员必须参加各种不同的销售活动，包括访问新客户、拜访老客户、出售产品、参加会议等。销售定额要有利于企业监控销售人员是否达到预期目的。如果没有达到，企业就要及早采取措施，而不是等到出现大问题时才开始行动。

3．合理的销售定额的特点

一个有效的定额意味着销售人员经过努力是可以达到的，而且定额计划是易于理解和完整的。过于复杂和难以理解的定额计划，往往会在销售人员之间引起猜忌和疑问，因而不能有效地激励销售人员。一旦销售人员了解了销售定额是如何制定的，就更有利于完成定额。当销售人员发现所估计的市场潜量能够转化为销售目标时，就会乐于接受这些销售定额。另外，还需要销售人员充分理解所定定额的内容。

销售定额的完整性是指在制定定额时，要考虑各种行为标准。如果销售定额仅考虑销售量和销售利润，销售人员就不会重视新客户的发展。实际上，销售量和销售利润的指标是与销售人员识别和挖掘新客户相关联的。企业必须根据预测的上限和下限进行综合考虑，下限预测的结果可来自各区域经理对客户的分析，上限预测可按产品管理的需要来设计，只有这样，所制定的销售定额才是比较完整的。

4．销售定额的制定

销售定额的制定通常包括三个步骤：选择销售定额的类型、决定每种销售定额的相对重要性、决定每种销售定额类型的水平。

（1）选择销售定额的类型

①销售量。销售量和市场潜量直接相关，其可信度较高，易于被销售人员理解。销售量定额一般用金额、商品数量来表示。用金额表示时，可以在不同的商品之间进行比较，有助于销售人员从事系列商品的销售。如果销售人员具有价格决定权，用金额表示还能使销售经理清楚地觉察利润变化的情况。对于同一商品销售量的分析，有必要考虑价格对于销售额变化的影响。

②活动定额。销售活动定额主要是为了确定销售人员工作努力的程度。实际工作中，有些活动，如给准客户发出信函、进行产品展示和安排展览会等，可能不会马上产生销售效果，但是，这些活动对于未来的销售业绩具有一定的影响。如果所有的定额体系只以销售额或销售量为依据，销售人员就不会积极地从事上述活动，销售经理就可能对一些活动失去控制。采用活动定额就能弥补这种缺陷。

③财务定额。财务定额可用于对销售人员的销售成本和利润进行判断。销售人员往往把重点放在易于出售的商品或易于打交道的客户上。然而这些产品可能利润水平很低。有了财务定额，可以促使销售人员把工作重点集中在那些能够带来更多利润的产品和客户

上。财务定额往往是以销售费用、毛利率或者净利润来表示的。当产品进入成熟期，财务定额就具有实用价值。在市场扩展很困难的情况下，成本控制、提高销售利润率将成为关键的突破口。

要想提高销售利润率，控制现场销售费用是一种重要手段。销售费用定额一般是以销售费用占销售额的百分比来界定的。虽然销售费用定额在理论上能使销售人员认识到自己在降低成本和控制费用方面的责任，但在实际操作时，仍然存在许多困难，这就迫使一部分销售人员采取其他方式，如原先计划每个季度对客户进行 4 次访问，而今考虑到经费不足，实际只进行两次访问，这就有可能失去挖掘大笔业务的机会。

如果各产品的毛利率差别很大，那么毛利率定额就很重要。这种定额可以使销售人员将注意力集中在那些高收益的商品项目上。然而，毛利率定额在某些时候，也会带来管理上的困难。一些企业并不会将其生产成本告诉销售人员。这样，毛利率定额在利润结果上就有很大的失真性，也可能不会产生应有的激励效果。

净利润定额和最高管理层的主要目标直接相关，净利润定额比毛利率定额更为重要，尤其是当产品进入成熟期时，竞争加剧，费用上升，净利润指标就成为取胜的关键。净利润定额会随着时间的变化而变化，而且其制定需要大量信息，决策成本较高。

（2）决定每种销售定额的相对重要性

每种定额体系都有其优、缺点，在不同的情况下，其优、缺点也有所不同，有些定额从静态来看是合理的，但从动态来看又显不足。例如，销售量定额在一个稳定的市场状态下是一个有效的定额指标，但从动态情况来看，它又忽略了新客户和新产品的开发。由于不同的销售人员在不同的标准上会有不同表现，因此，销售经理可以采用一套组合定额标准来管理销售人员。依据重点的相对性，对不同的定额予以不同的权重，采用线性组合的方法来衡量每位销售人员的总体业绩。权重的具体确定可由销售经理自己判断，或者由企业管理层根据长期目标进行客观分析后做出。线性组合最突出的特点，就是考虑了不同权重以及销售区域或顾客的区别，用一个总体业绩定额来表示。它易于被销售人员理解，并能进行综合对比分析。

（3）决定每种销售定额类型的水平

销售定额制定的最后一个步骤是决定每种定额类型的水平。在确定每种定额水平时必须综合平衡区域市场潜量、对销售人员的激励及企业的长期目标等因素。

①销售量定额的确定。销售量定额的适用性最广，但应用时常犯的一个错误，就是只根据以往的统计数据来进行平滑预测，而忽视了区域内的结构变化、快速发展、竞争状况等因素。这样做会大大挫伤销售人员的积极性。

②活动定额的确定。活动定额受到区域大小、客户数量、销售人员期望等因素的影响。这些因素决定着销售人员在一定期间内对客户的访问次数、服务次数以及展示产品的次数等。活动定额的决策来自区域内的销售人员与销售经理的讨论、销售人员的报告及市场营销调研。

销售人员与销售经理的讨论应以过去的经验为基础，围绕关键客户和客户的需求来展开。依据销售人员的报告，可以分析以往销售人员产品展示的时间以及今后所需要展示的时间。同样，企业可以依赖市场营销调研来确定活动定额水平，通过对以往和未来资料进行全面的综合分析，来确定访问客户的最佳次数。

③财务定额的确定。财务定额可以反映合理的财务目标。毛利率定额和净利润定额可以根据区域内所有销售产品加权平均值来确定。销售费用定额可以根据上一年度的销售费用同销售额的比率来确定。这样就得出各个区域的财务定额，并汇总成整个企业的财务目标。虽然一些企业倾向于以销售区域的历史数据为目标，但必须考虑区域内的特殊情况。

（二）销售区域时间管理

销售区域是分配给销售人员的责任区域。销售区域的时间管理就是销售人员如何支配时间，在区域内履行推销和访问客户的责任。设计销售区域就是为了销售经理和销售人员更好地利用时间进行销售。销售人员每天有很多事要做，包括电话沟通、拜访客户、处理合同和报告、为顾客提供售后服务以及接待客户等，这些工作杂乱并且费时，一不小心就会陷入混乱。在这种情况下，时间管理对销售人员来说是十分必要的。销售经理也需要了解这些工作所花费的时间，帮助销售人员做好工作计划，合理安排下属的工作，使销售人员的工作时间能够最有效地运用到销售工作中。

具体来说，销售区域的时间管理主要包括确定拜访频率和制订拜访计划两个方面的内容。

1．确定拜访频率

拜访频率不是越高越好，因为采购客户的工作一般都比较忙，过于频繁的拜访可能会浪费他们的时间，影响他们的工作，甚至引起他们的反感。拜访频率也不是越低越好，过少的接触会让客户觉得被忽略，给竞争对手乘虚而入的机会。所以，在确定拜访频率时需要考虑下列因素。

（1）客户的重要程度

对企业销售有着重要影响的客户，企业应该随时保持与他们的联系，经常了解双方合作的情况和客户反馈，尽量满足客户要求；对其他的小客户，频率不需要很高，尤其是对大量小客户，企业可以采用集中拜访的方法，邀请他们参加客户活动等，从而保持与他们的联系。

（2）与客户的熟识程度

双方熟识、关系稳固的客户，电话联系就能够解决工作上的问题，不仅节省双方的时间，也可以节约销售人员的交通费用。但是当面拜访也是一个必不可少的环节，销售人员可以与熟识的客户协商定期进行当面拜访，以维护相互之间的感情。

（3）客户的订货周期

订货周期的不同影响企业的拜访频率，首先，销售人员要对客户所在行业的情况有所了解，对其产品的周期性有比较全面的了解；其次，销售人员要与客户建立良好的关系，对客户的生产经营活动有一定的了解，从而可以判断客户什么时候会订货等。

2．制订拜访计划

（1）制订每日、每周、每月拜访计划和完成情况表

月计划是确定本月需要拜访的客户；周计划较为具体，需要确定拜访各个客户的具体时间和地点，并做好约客户、安排食宿等活动；日计划是在前一天晚上做出的，销售人员已经确定好第二天即将拜访的客户以及见面的时间和地点，并准备销售演示用的相关材料。计划完成情况表一方面可以作为销售人员的工作记录，另一方面还可以使销售人员掌

握进度，及时调整销售计划。

（2）建立销售频度模型

销售人员已经确定了拜访频率，由此可以得出拜访次数、销售时限和间隔时间等，根据这些因素可以建立销售频度模型。频度模型是销售人员制订销售计划的重要参考，甚至可以作为销售人员工作的标准程序。

（3）运用时间管理的一般理论

时间管理理论提倡把事件按照是否紧急和是否重要分成四种类型：紧急而又重要、紧急但不重要、重要但不紧急、不重要又不紧急，这也正是四种事件的处理顺序。另外，时间管理还提倡用零散时间处理非重要事件，尽量留出大块时间处理重要的事件。这些理论对销售过程中的时间管理都是十分有用的。

（4）充分利用现代信息技术

现代信息技术体现在时间管理的每一个细节，利用计算机制订销售拜访计划，可以节省时间，并且有利于前后期的比较分析；客户购买潜力和需求分析、行业内的最新动态，都离不开网络这个最快、最全的信息渠道；销售频度模型的确定、销售路线模型和销售目标的确定等，都可以借助计算机进行系统分析，提高数字和模型的科学性和准确性。

此外，销售经理要指导销售人员安排销售拜访的日程和制订在销售区域里的行动计划。日程安排是指确定访问客户、洽谈生意的固定时间。行程安排是在区域内工作时采用的工作路线。一些销售组织喜欢为他们的销售人员设计一个在区域内工作的正式路线。在这种情况下，管理部门必须设计出对企业和销售人员而言可行、灵活、有利又能令顾客满意的销售拜访计划。

案例分析　融创：中国绿色建筑，一路向西，七大区域调整为九大区域

作为美好城市共建者，融创中国控股有限公司（以下简称融创）始终坚持可持续的健康产品营造理念，创新引领高品质生活方式，为提升城市人居水平提供助力，走出自身的绿色发展之路。融创积极践行绿色环保理念，致力于发展绿色建筑，公司目前主流建筑产品设计均达到中国绿色建筑评价标识一星级设计要求，公司位于上海、重庆、合肥、郑州、无锡等地的多个项目已获得绿色建筑二星、三星等级标识。

2022 年 2 月 10 日，融创宣布调整区域组织架构，由此前的七大区域调整为九大区域。新成立西北区域，管理陕西、山西、甘肃、宁夏四省（区）；原西南区域拆分为成渝区域、云贵区域，分别管理四川及重庆、云南及贵州；广西并入华南区域。调整后，融创的九大区域分别为华南、成渝、云贵、东南、上海、华北、北京、华中和西北。对于此次调整的目的，融创方面向《时代周报》记者表示，公司为顺应行业和外部市场环境变化，更好支持下阶段“聚焦深耕核心城市、控制规模、提高综合经营竞争能力”的发展目标，安排此次构架调整。

同时，融创方面还表示，调整后的区域组织架构，更有利于减小管理跨度、减少管理层级、提高管理效率，提高综合经营管理能力。在区域管理半径优化的同时，9 个区域将在现有的城市布局基础上，进一步聚焦深耕市场空间大、更加匹配公司发展战略的核心城

市，加强公司在行业的综合竞争力。

此次调整，新增设的西北区域无疑是变动最大之处，现管辖区域陕西、甘肃、宁夏等省（区）原划归为华北区域，山西省原划归为北京区域，而此番将西北几大“重镇”单独划分出来，并非没有先兆。

2021 年 6 月，融创与甘肃省兰州市签署了战略协议，双方将在会议会展及城市综合服务、康养度假、投资运营、项目开发等领域开展深度合作，践行“十四五”规划，共建美好兰州，加快推动兰州市经济社会高质量发展、以新的姿态向现代化中心城市迈进。而融创进驻兰州的第一个项目——“兰州 · 融创城”于 2019 年销售突破 20 亿元，成为当年兰州的明星项目。

除甘肃外，陕西也是本次调整架构中最引人注目的区域。融创 2021 年中期报告显示，西安的土地储备在西部城市中位列第 3，可销售建筑面积为 1 326.81 亿 m^2，权益储地面积为 648.81 万 m^2。中指院数据显示，2021 年，融创为西安的销售冠军，销售额达 189.8 亿元，比第二名高出 65.8 亿元，销售面积为 115.1 万 m^2。而 2021 年西安商品住宅销售金额 TOP5 中，融创有 2 个项目上榜，融创奥城以销售金额 73.5 亿元夺得榜首。

另外，融创在山西的表现也较好。仅太原一城，2021 年的销售额就达 76.3 亿元，位列太原房企销售业绩 TOP4，销售面积为 64.9 万 m^2。

知名地产分析师严跃进对《时代周报》记者分析，融创此次调整，目的不是增加管理区域的数量，而是缩小管理跨度和减少管理层级，这其实有助于提高管理效率。在当前企业面临经营压力的情况下，压缩管理成本、优化管理模式，是各类企业都会进行的，类似操作符合预期。“对于融创来说，积极调整组织架构具有积极意义，更好地促进了企业新一年业务的规范和效率的提高。从行业角度看，也值得学习。企业要基于市场行情变化和自身资源，优化管理模式，在降低成本的同时提高组织架构的灵活性，真正适应新市场、新挑战。后续预计其他房企也会有类似组织架构的调整，更多的做法是撤销一些非核心的区域或事业部，进而压缩和精简成本，真正助力企业朝着精干、高效的方向转变。”严跃进说。

融创 2021 年中期报告显示，其 2021 年上半年实现收入 958.2 亿元，同比增长约 23.9%；毛利润为 199.8 亿元，同比增长约 12.5%；核心净利润为 131.5 亿元，同比增长约 0.8%。

资料来源：一路向西！融创调整组织架构，七大区域调整为九大区域，https: //new.qq.com/rain/a/20220210A0BYQR00。

融创中国绿色建筑覆盖率 100%，https: //igreen.org/index.php？m=content&c=index&a=show&catid=15&id=13694。

问题讨论：

1. 你对融创调整销售区域架构有何看法？

2. 从销售区域的设计与管理角度，你认为融创基于哪些角度做出了调整销售区域架构的决策？

任务四 建立绿色销售渠道

案例导入 盒马鲜生：建设绿色农产品绿色销售渠道

盒马鲜生是阿里旗下的泛生鲜零售新物种，以线上线下融合和业态创新为主要经营特征。截至2018年3月，盒马在全国共有门店36家，覆盖北京、上海、深圳、杭州、苏州、宁波、成都、福州、贵阳等9个城市。2018年3月28日，盒马鲜生与13家全国性地产商签订新零售战略合作协议，作为零售新业态盘活商业地产价值的重要尝试。就经营模式而言，盒马鲜生区别于传统生鲜零售渠道和纯线上生鲜电商；盒马鲜生采用“门店（超市+餐饮）+线上模式”，通过打通线上线下及业态创新融合，为消费者提供即时便捷、高品质、场景化的泛生鲜消费解决方案。以下分别从消费需求视角与零售行业视角，对盒马鲜生提供的解决方案与经营模式重塑进行分析。

1. 目标客户：25～35岁的互联网用户，集中在女性。

2. 客户特点：对商品的新鲜度和品质是第一要求，对服务看得很重。对价格的敏感度反而不高，所以盒马鲜生不提倡价格战。

3. 核心资源优势。

（1）降低价格。源头直采，由于没有了中间环节，所以商品在保证新鲜度的前提下也降低了价格。

（2）降低毛利率。传统超市销售海鲜通常损耗很大，将损耗这部分的毛利放在定价里，一般定价要高50%。盒马鲜生源头直采以后，把这部分比例去除掉，可以更好地让利给消费者。

（3）提高新鲜度。源头直采可使价格降低，还能够保持新鲜度（无论牛奶、海鲜还是蔬菜，足够新鲜是它们的核心价值）。

（4）保鲜包装。盒马鲜生利用贴体技术的包装让商品能足够新鲜。

（5）物流配送。基于超市做3公里物流配送，可以用常温配送替代冷链物流，成本可控。

（6）共担仓储成本。盒马鲜生在全国已经开了13家店，电商与线下零售可以共担物流仓储成本，线上订单增大之后，只需根据订单量增加电动车、保温箱、配送员即可。

盒马的新物流，从源头基地到门店，中间当然也会有DC大仓。但在商品的物流状态中，门店前的商品，都是以整个托盘的集约模式，用大卡货车集中配送到门店。

由此可以带来一些关于“绿农”平台的经营方式的构想，搭建B2B平台，成熟的农产品采用直接在平台上卖给消费者的绿色扁平化渠道，避免了中间商赚取差价，极大地降低了成本，也极大节省了农产品从田间到餐桌的时间，从而极大保证了农产品的新鲜度，价格和新鲜度势必会是极大的优势，结合推荐算法，“绿农”是非常方便的平台。

资料来源：杨旻旻，梁宁，王亚娟．绿色营销实务．北京：化学工业出版社，2021.

教师启发：绝大多数制造商并不将其产品直接出售给最终用户，而是通过一些中间商构成的分销渠道系统实现与最终用户的交易。企业生产出的产品只有通过这样的市场营销渠道经过一定的实体分销过程，才能在适当的时间、地点，以适当的价格供应给广大用户，满足市场需求，实现企业的市场营销目标。因此，销售渠道建设是销售管理中的一个重要方面。

课前讨论：根据上述案例分析盒马鲜生是如何从循环经济、生态消费、销售渠道等方面构建自身竞争优势的？

知识便签

一、销售渠道

（一）销售渠道的概念

销售渠道是指产品从生产者向消费者转移所经过的通道或途径，它是由一系列相互依赖的组织机构组成的商业机构。即产品由生产者到用户的流通过程中所经历的各个环节连接起来形成的通道。销售渠道的起点是生产者，终点是用户，中间环节包括各种批发商、零售商、商业服务机构。

（二）销售渠道的类型

依据企业生产的商品的用途，可将市场分为工业品（生产资料）市场和消费品（日用或耐用的生活用品）市场。与此相应，销售渠道有工业品销售渠道和消费品销售渠道两种类型。

1．工业品销售渠道

工业品销售渠道一般不设零售环节，其主要形式有以下几种。

（1）生产者→用户。由生产者直接将产品供应给工业品用户，这是最常见的分销形式，在销售渠道中占有重要位置。

（2）生产者→工业品批发商→用户。工业品由批发商转移给用户，这是生产小型工业品及附属设备的企业常用的销售渠道。

（3）生产者→代理商→用户。由代理商代表生产企业向用户推销商品，这是没有销售部门或销售能力较弱的企业通常采用的销售渠道。

（4）生产者→代理商→批发商→用户。由代理商和批发商推销商品，这是需求量小且需要储存服务的企业较乐于接受的形式。

在上述四种形式中，前两种形式在我国企业中普遍被采用，第3种形式主要存在于国际市场营销活动中。

2．消费品销售渠道

消费品销售渠道主要形式有以下几种。

（1）生产者→消费者。由生产者直接销售给消费者，这是最简单、最短的销售渠道，主要适用于生产批量小、分散经营的手工业品和农副产品。

（2）生产者→零售商→消费者。由生产企业直接向零售商店供货，或企业自己建立零售商店，将商品出售给消费者，这是单环节的销售渠道。

（3）生产者→批发商→零售商→消费者。生产者向批发商供货，经过各类批发机构将商品转移给零售商，最后销售给消费者，这是双环节的销售渠道，为全国工商企业普遍采用。

（4）生产者→代理商→零售商→消费者。这种销售渠道不经过批发商，企业经代理商向零售商店供货，销售给消费者。

（5）生产者→代理商→批发商→零售商→消费者。这是三环节的销售渠道，也是企业进出口商品采用的销售渠道。

（三）销售渠道的成员

随着我国商业体制改革的深入和发展，目前国内的商品销售渠道的成员可分为以下几种类型：专门从事商品交换的商业企业，如国有商业企业、集体商业企业、销售合作社和个人商业企业等；工农业生产企业兼营的商业组织，如自产自销、前店后厂、农工商经济联合体等；农村集贸市场、城市农副产品市场以及各类专项商品批发市场；为商品买卖双方提供代购、代销、代储、代运等多项服务的贸易信托公司；在大市场设置的多职能、开放式的商品贸易中心。

（四）销售渠道的作用

在市场经济中，销售渠道既是生产者的排水渠，又是消费者的引水渠，它连接生产者、经营者和消费者，真正承担着社会再生产的蓄水池作用。合理选择销售渠道的实质是合理选择中间商，它对企业开展生产经营活动和发展市场经济具有十分重要的意义。

第一，合理的销售渠道有利于最有效地把各种商品提供给消费者，以满足其需求。专门从事商品流通的中间商最了解供需双方的需求，并能根据消费者需求的变化随时采购各种商品，从而较好地解决商品供求中的总量矛盾、结构矛盾、地区矛盾、时间矛盾，以满足不同地区、不同层次消费者的各种不同的需求。

第二，合理的销售渠道有利于生产企业降低营销费用，扩大销量，提高供给能力和经济效益。生产企业合理选择中间商，既可以压缩自己常设的销售机构，节约相应的销售费用，减少流动资金的占用，又可以定期、定量地将产品出售给中间商，减轻企业储存商品的负担，加速资金周转，集中有限的人力、物力和财力从事产品的生产。

第三，合理选择销售渠道有利于企业掌握市场供求信息，扩大服务项目，提高市场占有率。中间商凭借丰富的销售经验、设备优势以及对生产者和消费者的深入了解，既为生产企业制订计划、改进设计、提高产品质量提供可靠的信息，又通过为消费者提供各种服务，挖掘市场潜在购买力，提高产品的市场占有率，丰富和繁荣市场。

第四，合理选择销售渠道有利于有效地平衡供求关系，简化流通渠道，方便消费者购买。中间商作为销售渠道的主体，一头连接生产者，另一头连接消费者，其基本功能是在一定的时空范围内调节供需双方在商品数量、品种、等级、质量等方面的矛盾，即集中、平衡、扩散三大功能，对加速商品流通，缩短流通渠道，方便消费者购买，实现商品销售的及时性、地区性、扩散性，起着生产企业自销所无法起到的作用。当生产企业不通过中间商直接向消费者销售商品时，假定 4 个生产企业向 10 个消费者销售，则需要 40 个销售渠道。而经过中间商，则由中间商集中 4 家生产企业的商品，经过平衡，再向不同需求或不同层次的消费者扩散，同样的分销作用只用 14 条销售渠道就可实现，既大幅简化了分销路线，又较好地发挥了集中、平衡、扩散这三大功能。

二、绿色销售渠道建设

绿色销售渠道即绿色化的销售渠道，相较于传统销售渠道，绿色销售渠道的功能和流程都应该是绿色的，是具有可持续性的。绿色销售渠道主要聚焦于解决传统销售渠道中各个环节产生的大量废弃物问题。传统销售渠道在商品传递过程的每个环节都会产生大量废弃物。针对这些废弃物，传统渠道成员为了减少成本往往会采用最简单、成本投入最低的方式来处置或处理，通常会将各种废弃物直接抛弃到自然界中，甚至直接焚烧，这给生态环境的可持续发展带来较大的负面影响。

建设绿色销售渠道的过程并不复杂。其中关键的一点是，绿色销售渠道从价值链出发，设计出了一条逆向流回收处理渠道。简单来说，这是一条以废弃物为流转目标的渠道，不能即刻被生物降解的废弃物将经过它逆向流回商品所在的价值链中。在最终回到商品所在的价值链之前，废弃物中可以被自然界直接吸收利用的部分会直接回到生态圈中，另外大部分废弃物还需要经过一定的处理和改造，而其中对废弃物进行处理加工的系统被称为再生系统。在被收集、处理和再制造之后，会对环境造成负面影响的废弃物通过逆向流渠道再次成为生产中能使用的原材料。正是这样的逆向流渠道与传统的价值链相连接，传统的线性价值链转变成了可持续性的价值环（图 1-2、图 1-3），而绿色销售渠道就存在于这样的价值环中，具有了绿色可持续的性质。

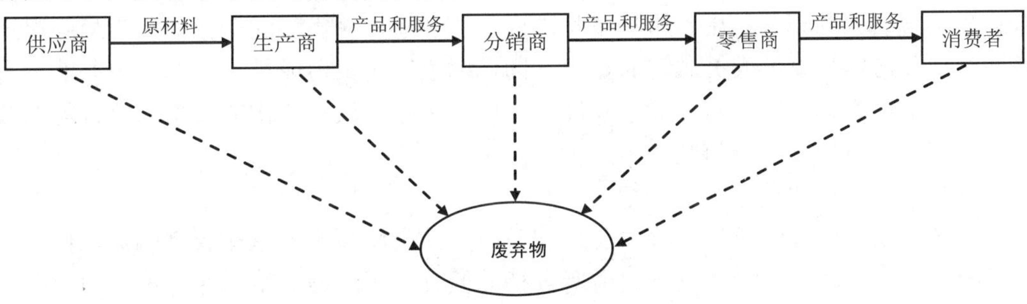

图 1-2　传统价值链

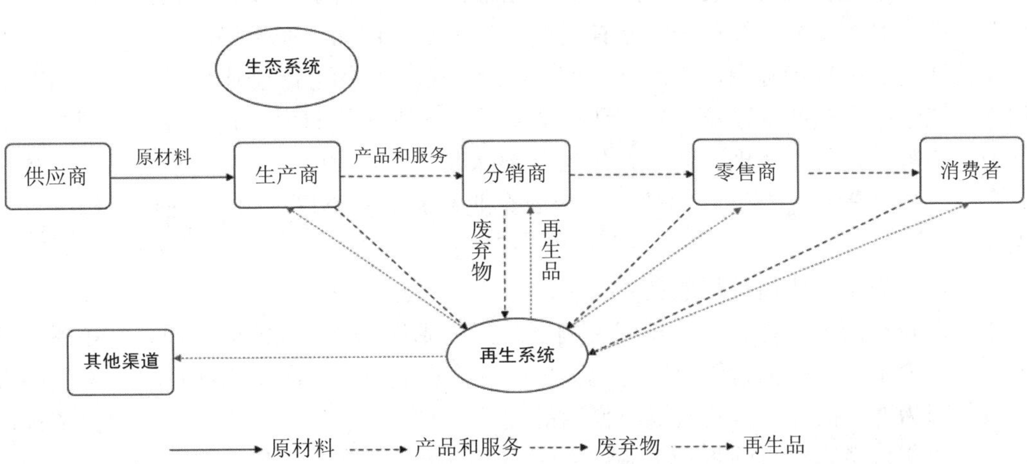

图 1-3　可持续性的价值环

在绿色销售渠道的建设过程中，一方面，渠道成员自身开始尽最大的努力来减少废弃物以及更多地回收再生资源。企业在生产时更多地开始尝试使用可回收材料，尽可能多地对产品或包装进行重复使用。例如，食品制造商雀巢公司计划实现包装材料 100%可回收再利用或可重复使用，通过自研奶粉罐回收机等手段，充分利用闲置包装材料资源进行再生产。此外，渠道成员之间也进一步加强合作。为了更好地完成由废弃物到再生资源的转变，渠道成员开始与专门从事材料回收再利用的相关企业进行合作，将其纳入传统的价值链中，帮助可持续价值链闭环的实现。例如，“爱回收”企业与多家合作伙伴联合，在消费者发布了想要回收的手机产品信息后，“爱回收”会在 10 分钟内把 30 余家回收企业的报价发送给用户，并提供上门取货、代付货款等服务，促进回收活动的进行。

三、绿色销售渠道管理

（一）绿色销售渠道成员关系策略

1. 绿色销售渠道成员关系构建

绿色销售渠道成员主要包括生产商、分销商、零售商、消费者以及能造福销售渠道的所有成员。绿色销售渠道成员关系的构建是打造销售渠道绿色、可持续性的关键。与传统的销售渠道成员关系类似，绿色销售渠道成员之间既相互依赖又彼此独立。在产品和服务的绿色价值生产和价值转移的过程中，渠道成员追求各自利润最大化，通过渠道成员之间的合作来实现资源的充分利用。那些在此过程中能创造显著优势的企业被称为最强渠道力量。同时，又与传统渠道成员之间的竞争不同，绿色销售渠道成员之间的竞争并非一定是零和博弈，渠道成员会以渠道的绿色发展为导向，构建开放且合作的新型绿色沟通与合作关系，共同打造可持续性价值链。

（1）与上游渠道成员关系的构建

在传统渠道中，渠道成员在追求各自利益时可能会将原有的承诺置之脑后，损害销售渠道的整体利益。然而，绿色销售渠道所宣扬的低碳、无污染等特点在无形之中提高了渠道成本，而成员之间的合作可以降低成本提高带来的冲击。因此，绿色销售渠道中各渠道成员之间的紧密配合尤为重要。为此，企业在进行绿色销售渠道成员的合作伙伴选择时会更加关注那些具有良好的绿色形象和信誉的渠道成员。例如，华为将可持续发展纳入供应商选择的认证和审核指标中，依据公众环境研究中心提供的全国企业环境表现数据库来调查供应商，进行供应商认证及选择，通过认证的供应商才能成为正式供应商。同时基于电子行业行为准则，与正式供应商签署包括劳工标准、安全健康、环境保护、商业道德、管理体系及供应商管理等要素在内的“供应商企业社会责任协议”，与供应商建构绿色合作关系。

（2）与下游渠道成员关系的构建

生产商建构的绿色理念也会试图影响下游渠道成员，即企业的分销商、零售商直到终端消费者。为了维护绿色销售渠道的整体性，企业也需要对下游渠道成员进行有效的管理和约束，因为在产品和服务的流通、使用的过程中同样会产生废弃物，这些废弃物都需要企业指导渠道成员进行再回收和再利用。例如，联想公司就一直致力于最大限度地控制产品生命周期的环境影响，加大对可再利用产品和配件的回收力度，并为消费者和客户提供全球范围内的资产回收服务。对回收的零部件进行无害化处理。通过这样的措施，消费者会逐渐养成绿色回收习惯。

2. 绿色销售渠道成员关系维护

当产品和服务沿着销售渠道流通时，增加利益相关者的组织透明度可以维护绿色销售渠道成员的稳定关系，表现为其供应商、分销商、投资者以及消费者都可以评估该产品和服务的相对可持续性。绿色销售渠道不只意味着产品和服务是绿色的，而是同时要求产品的生产、运输、销售过程符合环保标准。如果在供、销环节中某个渠道成员没有防治污染或控制污染源，就会对绿色销售渠道的可控性造成影响，绿色销售渠道成员之间稳定的绿色合作关系也会因此受到影响。因此，绿色销售渠道的透明度是维护渠道成员关系的关键。企业提高绿色销售渠道透明度的重要措施主要包括构建全渠道监管链和利用外部监督。

（1）构建全渠道监管链

由于存在信息不对称等问题，下游渠道成员无法获知产品或服务是否符合绿色标准，这会对绿色销售渠道的可控性造成一定的冲击。因此，构建依靠国家标准认证的全渠道监管链可以使零售商以及消费者便于检验产品或服务是否满足环境与社会管理方面的标准。提高绿色销售渠道透明度的一项重要措施就是建立产品或其组件的监管链。监管链是指对产品或其组件的运转与所有权变更从其现处位置追溯到源头出处的管理链。

例如，再生塑料也是影响绿色环境建设的重要因素。中国物资再生协会、华信创（北京）认证中心有限公司向国家认监委申报了“绿色再生塑料认证——产销监管链”这一再生资源行业的特色认证。该标准通过可追溯、环境保护、社会责任、再生标识和一般原则五大方面的要求对塑料再生造粒企业和塑料制品企业进行行业特色质量管理体系认证，旨在提升企业的产品竞争力，与国际高价采购再生塑料产品的国际体系接轨。

（2）利用外部监督

确保渠道透明度的另一种方法是利用外部监督，即让第三方机构根据企业自愿服从的标准来监督、记录企业的行为，并判断企业行为与标准的符合程度。外部监督能够为一些不具有国家标准监管链的企业提供有效的绿色监管，确保产品或服务符合绿色可持续的发展标准。例如，南京国环有机产品认证中心每年都会对茅台的高粱基地进行认证，为原料的健康、无污染提供了有效保障。

外部监督也可以来自国家第三方机构。例如，食品行业排放了全世界 1/3 的温室气体，并占用了地球上最大的清洁水供应量，为推进食品行业可持续发展、实现食品链透明，就需要进行信息披露以提高食品行业渠道的绿色透明度，隶属农业农村部的中国绿色食品发展中心是负责全国绿色食品开发和管理工作的专门机构，其承担无公害农产品、绿色食品、有机产品标志授权管理和产品质量跟踪检查，开展绿色食品、有机农产品和地理标志农产品生产基地创建、技术推广和宣传培训，协调指导名优农产品品牌培育、认定和推广等工作。

3. 绿色销售渠道成员关系发展

在渠道成员之间存在的互利互惠关系中，只有当渠道成员在其所在的岗位上均能获得满意的收益时，销售渠道才能得以稳定运行，渠道成员之间的关系才能得以更好地维系。而在绿色销售渠道成员关系已经建立的基础上，绿色产品销售渠道的容量会对绿色产品的流通和渠道成员的利益产生深刻影响。因此，绿色销售渠道成员关系发展的重点是扩大绿色销售渠道容量。

（1）扩大生产商的绿色生产能力

在扩大绿色销售渠道容量的过程中，首先面临着绿色原材料供应不足的问题。即受到技术条件、生产成本，以及产量水平的限制，供应商缺乏生产绿色原材料的能力和动力，导致能提供绿色原材料的供应商较少。因此扩大渠道供应商的可持续生产能力能有效扩大渠道的容量。市场收益是激励供应商生产绿色原材料的直接原因。一般而言，绿色原材料的生产过程较为复杂，相较于非绿色原材料，其成本往往较高，在这种情况下，制造商可以用高于非绿色原材料的价格向供应商收购绿色原材料，或者与绿色供应商达成长期收购协议，形成市场收益激励，从而激发供应商生产绿色原材料的动力。制造商还可以加强与供应商之间的合作，对其提供教育、管理、技术以及资金方面的支持，以保证绿色原材料的稳定供应。

（2）发展绿色销售渠道的人力资本

企业还可以通过在价值环上发展人力资本的方式来扩大可持续渠道容量，造福营管渠道中的每一位成员。发展人力资本主要包括对销售渠道的员工进行可持续发展理念、生产知识、技术能力等方面的教育培训以及增加对员工身心健康状况的关注等。对员工身心健康的关注可以使员工感到企业的关怀，强化员工工作的意愿和动机，进而提高员工的工作效率。而对员工进行可持续生产知识和技术的培训，可以提高绿色销售渠道中员工的工作技能，确保目标的完成，提高绿色销售渠道的竞争力。教育、培训以及关怀可以造福价值环上的每一位成员，进而创造更强的渠道关系。

（3）激发绿色销售渠道成员的绿色需求

扩大绿色销售渠道容量还可以通过激发渠道成员的绿色需求来实现。销售渠道成员自发形成的绿色需求，可以促进制造商主动进行绿色转型，直接影响整个销售渠道的绿色水平。目前销售渠道成员的环保意识、生态意识正逐渐增强，但渠道成员的绿色需求仍待激发和释放。绿色销售渠道成员的绿色需求主要受到其环保意识、经营成本及绿色产品可信度方面的影响，首先，制造商可以通过举办一系列可持续发展讲座或者教育培训、知识宣传等活动，强化销售渠道成员生态文明责任意识，培养绿色销售渠道成员的环保意识。其次，制造商还需要向绿色销售渠道成员提供管理和资金等方面的帮助，降低渠道成员经营绿色产品的成本和风险。最后，制造商可以公开绿色产品信息，增加绿色生产全过程透明度，让渠道成员充分掌握绿色产品信息，降低信息不对称成本，从而增强绿色产品合作意愿。

（二）销售渠道绿色化管理策略

1. 中间商的绿色化管理策略

中间商是绿色产品或服务从生产端到消费端的桥梁和纽带。由于中间商的存在，不仅减少了交易次数，提高了商品流通效率，而且能够调节生产与销售的矛盾，有效分担企业的营销职能，但是过多的中间商会增加产品或服务“负担”。有效的中间商绿色化管理策略对提高企业效益尤为重要。优化中间商的绿色化管理策略具体如下：

（1）减少中间商的环节和层次

在传统的销售渠道中，生产商提供的产品和服务通常需要经过两级以上的批发商、零售商等，产品和服务经过多个环节、多个层次才能最终到达消费者手中。大量中间商服务所带来的价值难以覆盖渠道带来的成本，因此造成资源的浪费。在加大销售渠道成本的同时，必然将销售成本转移给消费者，使消费者难以购买到物美价廉的产品，生产商的收入也会受到挤压。

为了解决长销售渠道造成的资源低效率，可以通过缩短和简化销售渠道的方式提高销售渠道效率，即通过“精兵简政”的方式促进销售渠道的绿色化。这种减少销售渠道成员的数量，或者弱化销售渠道中间商作用的过程通常被称为去中介化。

去中介化不仅有利于充分利用资源，节约人力、物力，同时会减少废弃物的产生，改善环境，有效推动销售渠道的绿色化。缩短销售渠道的一种有效方法是建设电子渠道。电子渠道是近年来迅速发展起来的一种自助式新型营销服务渠道。它以互联网技术和通信技术为支撑，将产品的销售与服务数字化，客户可以借助终端设备，自主订购产品、获取服务。电子渠道在满足客户实时服务需求的同时，降低了生产商的服务成本，大幅提高了销售渠道的工作效率。

绿色产品和服务相较于普通产品有价格劣势，因此采取减少中间商的环节和层次、减少中间商的价格“剥夺”，并减少中间环节产生的废弃物等措施来提高绿色产品和服务的价格相对优势和环境友好的绝对优势，符合企业绿色化销售渠道管理的“初心”，能够有效提高企业产品绿色化流通效率。

（2）强化零售商作用

零售商作为销售渠道的最终环节，在价值链中有着特殊的地位。零售环节连接着销售渠道的各位成员与消费者，具有独特的渠道话语权，在销售渠道绿色化过程中起着重要作用。零售商可以监督上游供应商的行为，敦促其停止供应生产环节中危害环境的商品和服务，也可以引导消费者购买绿色产品，并可以为消费者提供可回收物品的场所。

①零售商可以对上游供应商提出绿色诉求。从本质上讲，零售商是其上游所有渠道成员的顾客。作为“顾客”，零售商必须挑选能够有效满足自己顾客需求的产品与服务。零售商通过加大与上游供应商的绿色信息交流，以终端绿色销售指导上游供应商的绿色生产，促进上游供应商更加合理地配置资源，生产符合消费者需要的绿色产品并节约自身的绿色生产成本，这能够推动上游供应链生产绿色产品和服务，因此零售商在上游企业的绿色化转型中具有驱动作用。

②零售商可以向下游消费者传播绿色理念。零售商通过引导消费者购买行为可以有效地推动零售过程的绿色化，可以且能够通过各种营销方式来吸引消费者的注意力，例如通过制作展台、布景展示商品、为商品制作标牌、提供折扣等多种方式，将绿色产品和绿色消费理念传递给消费者，从而激发消费者对绿色产品的兴趣与购买欲望。零售商还可以把绿色价值和绿色生活方式传递给消费者，使消费者体验到绿色生活方式带来的幸福感与满足感，消费者对绿色产品的需求还可以推动零售商绿色化，从而进一步反向推动渠道的绿色化，即消费者绿色需求—零售商绿色化需求—分销商绿色化需求。

③零售商可以为可循环利用的物品提供回收场所。零售商作为连接消费者与销售渠道上游的中间环节，是消费者返还可循环再利用的废弃物的理想中介。零售商可以作为废弃物收集商，帮助回收消费者手中可循环再利用的废弃物，通过逆向流渠道将回收的废弃物转到再生系统，实现废弃物的循环利用。例如，零售商可在其营业场所设置相应的回收点，

回收消费者使用过的包装袋、塑料袋、纸箱等废弃物，引导消费者积极参与废弃物的回收利用。因零售商在销售渠道中具有重要话语权，可以充分发挥其“上传下达”的作用，使其承担更多的社会责任和环境责任来推动销售渠道的绿色化发展。

2．存储商的绿色化管理策略

加强销售渠道绿色化管理的另一个重要途径是产品和服务的存储绿色化管理。产品和服务的存储是销售渠道的重要功能，对销售渠道起着缓冲、调节和平衡的作用。相较于功能单一，现代化、社会化、环保化程度相对较低并且通常依赖非自动化存储系统的传统存储，绿色化的存储会使整个存储环节减少环境污染、避免货物损失、降低作业成本。在销售渠道的运行过程中，存储环节是否绿色化，直接关系销售渠道的绿色化水平。

（1）存储商储存设施及设备的绿色化管理

存储商的基础设施建设首先需要先进的绿色存储设计与规划，涉及仓库选址布局的绿色化、立体仓库设计绿色化、绿色仓库建筑材料绿色化等内容。存储商的基础设施建设还需要进行相应的环境影响评价，充分考虑仓库建设对所在地的环境影响。同时，存储商需要尽可能采用节能环保设备与技术来提升仓储的绿色化程度。节能环保的存储设备与技术，主要涉及屋顶实施光伏发电技术、冷库节能技术、智能穿梭车与密集型货架系统等节能环保的存储技术设备，对于打造绿色仓储、推动节能减排具有重要作用。例如，目前存储企业已经投入使用的分布式发电项目每天可发电 240 万 kW·h，大幅降低了存储的耗能，有利于推动储存行业的绿色化进程。

（2）存储商日常运营的绿色化管理

存储商需要将日常运营纳入绿色化建设进程，将整个更具可持续性的仓储环节融入绿色销售渠道，具体做法包括：提高仓储园区的场地利用效率，充分利用库区零空间与地下空间；给水系统实行分类分级管理，建立合理的非循环冷却水重复利用措施提高循环冷却水的利用效率；根据自然生态条件规划绿化区域，发挥降尘、减噪等功能；使用开放式的窗户，以提供新鲜空气，减少加热或制冷负荷；鼓励员工进行绿色通勤并为其提供便利条件。存储商的绿色化管理表现为具体日常活动的绿色化，以及更加琐碎化与碎片化，需要进行有效的管理将碎片化的日常活动进行整合，形成绿色化链式销售渠道。

（3）存储商的废弃物回收利用管理

在产品的生产、销售、使用等环节，会产生大量的废弃物，有些在存储过程中产生的基本或完全失去使用价值的废弃物，应根据实际情况进行收集、分类、包装、搬运、存储或销毁，完全丧失再利用价值的废弃物在进行处置时以净化加工、焚烧、掩埋等对环境无害的方式进行妥善处理，尽可能避免空气接触、环境破坏以及土地资源浪费。有些废弃物仍具有充分利用的价值，并且可以回收、循环使用，存储商则可以作为废弃物的提供者，将其通过逆向流渠道流回再生系统，重新投入价值链中的各个环节，推动资源的回收与利用。

3．运输商的绿色化管理策略

作为在销售渠道承担产品和服务空间转移的运输商，其绿色化也是销售渠道绿色化建设的重要组成部分。实现运输过程和方式的绿色化改进是实现销售渠道绿色化的关键环节。

（1）运输商货物运输业务的绿色化管理

运输工具的高空驶率、货物运输量不足、货物的迂回运输等问题不仅会造成运输资源的浪费，影响运输效率，也不利于节能减排。提高运输商的运输效率和绿色化管理策略如下：①运输商合理设置货物网点及配送中心以实现合理运输，通过减少货运总里程和车辆空驶率，加大货物运输批量，实现运输过程中的节能减排；②运输商还应积极调整自己的运输结构，不同的运输方式产生的温室气体不同，对环境的影响也不同，运输商应按照“宜水则水、宜陆则陆、宜空则空”的原则，推进铁路、公路、水路、空运等多方式联运，发挥每种运输的优势，降低运输过程中的资源浪费并推动运输中的节能减排。

（2）运输商货物运输装置的绿色化管理

随着现代交通工具的发展，内燃机驱动的汽车、火车等交通工具的广泛使用导致运输过程中产生了大量污染物并排入环境中，空气中的大部分一氧化碳、悬浮物质等污染物来源于人类的运输活动。控制交通运输装置造成的环境污染是运输绿色化管理的重要环节，运输商必须落实交通运输装备的废气净化、噪声消减、污水处理、垃圾回收等装置的安装要求，有效控制运输装置产生的排放和污染；运输商必须严格控制交通运输装备的污染物排放水平，淘汰超标排放的交通运输装备，特别是要加强对运输酸液、有毒类药品、油类、放射性物品等有毒有害物质交通运输装备的污染防治，防止运输过程中存在的安全隐患造成运输物品对环境的损害。

（3）运输商绿色交通运输工具的应用

为了减少货物运输过程中的碳排放，运输商一方面应推进以天然气等清洁能源为燃料的运输装备和机械设备的应用，使用高能效低排放的绿色低碳运输工具，在港口和机场服务、城市物流配送、邮政快递等领域优先使用新能源或清洁能源汽车；另一方面，运输商有义务及时淘汰、更新或改造高能耗、高排放的老旧交通运输工具，注重对交通运输工具的养护，减少能耗及污染物排放，来提高交通运输的工作效率和能效水平。

案例分析　立白：如何构建绿色全价值链？

“十四五”规划提出构建生态文明体系，推动经济社会发展全面绿色转型，对日化企业转型升级提出了更高要求。针对近年来日化企业出现的环境污染、产品质量等问题，立白集团通过打通绿色全价值链的关键环节，积极承担社会责任，发挥了龙头企业的表率作用，这也成为立白集团的制胜法宝。

2016 年 7 月 26 日，立白集团在北京水立方正式发布了“绿色健康战略”，这是日化行业首个绿色发展战略。多年来，立白集团的“绿色生活研究院”一直致力于洞察和满足消费者需求，深耕于健康产品的研发。立白集团从配方改良、原料选择、产品制造、运输存储、废弃物处理等价值链各个环节，减少对环境的影响。依托绿色价值链为消费者提供更健康、更优质、更环保的产品。

早期国内日化品牌普遍是不含酶制剂的产品，洗衣粉只注重基础的洗涤性能，化学结构较为简单，去污性能一般。而国外品牌早已大量应用了酶制剂。酶制剂对于国内日化企业来讲还是较为全新的领域，其稳定性、相容性以及跟踪检测等方面一直是困扰业界的技术难题。面对亟待解决的难题，2012 年立白集团首席科学家张利萍博士便开始积极寻求破局之道。通过招聘、培训双管齐下，带领团队迎难而上，对内持续研发，潜心钻研新技术、探索新方法，对外与全球最大的酶制剂公司——诺维信公司达成战略合作，共同建立集产、学、研于一体的创新网络，经过无数个日夜笃志研究，终于取得了丰硕的成果。添加酶的洗涤产品，不仅提高了产品的去污能力，保护织物原有色泽，而且更健康环保，也更适合低温洗涤、节水节能。立白集团还与华南理工大学签署合作协议，开展"高塔成型洗衣粉浓缩增效技术"研究。该项目通过建立喷粉塔，从技术上解决了如何利用现有高塔喷粉工艺实现浓缩粉生产的问题，避免了洗衣粉浓缩化生产装置重复建设。

立白集团在全球范围内，甄选天然原料供应商，严格把关原料生产过程，并按照对应原料技术标准实施原料准入验证，以确保原料品质及技术标准均符合要求，尽可能在生产过程中减少对环境的污染。

在产品原料方面，积极寻求使用可再生原料烷基糖苷（APG，由葡萄糖、脂肪醇等原料合成）。使用该原料生产的产品本身不仅无毒无害，没有刺激性，安全可靠，还可以 100% 生物降解。扩大烷基糖苷绿色原料在配方中的应用，全力推广绿色可再生原料的使用。据了解，立白集团旗下洗洁精产品全线使用了通过欧盟 ECOCERT 认证的烷基糖苷，且在全国率先完成洗洁精食品用全线切换，为消费者带来健康产品。

在包装材料方面，立白集团主动优化现有包装设计，寻求可再生或可生物降解的包装材料，并采用可回收利用的塑料材料。同时，优化纸箱结构，调整纸箱用纸成分，降低纸的使用量。针对复合型材料及其他非可回收性包装材料，积极甄选可回收性替代材料。目前，立白集团正在与陶氏公司等上游供应商合作研究开发可回收的软包装材料，以便最终实现全品类的塑料包装都是可回收的环保包装。

立白集团深度聚焦绿色制造过程，大力提倡节能生产、循环生产、安全生产和清洁生产，追求生产无污染，品质有保障，资源循环利用。同时，不断进行技术革新，致力于借助科技从源头节能减排，实现绿色智造。

减少排放物。升级废水、废气和固体废物处理系统，在生产过程中积极探索固体废物减量化技术，最终削减固体废物 30%以上；引进先进的生产设备进行污水处理，经处理的水部分投入生产线，部分用于改善厂区环境，如绿化带浇灌、"污水养鱼"等。同时，成立专门组织对污水进行全天候监测，实现排污合格率达 100%；改进静压雾化喷淋技术处理气态污染物，根据污染物不同特性，采取差异化的方法对其进行回收。

减少能源消耗。积极进行项目改造，降低电能、热能的使用。据统计，集团生产过程各类能耗均远低于国家和行业标准。进行大功率设备变频改造，优选节能设备，整体电能消耗较比之前降低 10%以上；采用热能回收再利用模式，控制热能流失，年节约标准煤超 3 000 t。

2021 年 1 月，广州市工业和信息化局公布了 2020 年广州市绿色制造体系建设示范项目名单，立白集团绿色设计产品占 75%。截至 2021 年 2 月，立白集团已拥有 94 项绿色设计产品，在未来立白集团也将继续坚持和贯彻执行绿色发展理念，全方位实施产品绿色化升级。

运输过程中产生的尾气、噪声，不仅会污染环境，而且会影响人类健康。如何减少运输过程带来的负面影响，打通绿色价值链的每一个环节，立白集团迎来了一次新的挑战。陈凯旋董事长带领物流团队决心探寻解决之道。立白集团需要更科学的仓储运输布局，更前沿的信息管理系统和更先进的运输设备。对此，立白集团通过专家组多方会谈，进行数次可行性研究，形成了一套独有的物流管理模式。

根据外部物流环境的变化及内部业务发展的需要，以更低的成本、更合理的库存水平、更好地满足客户需求为目标，结合行业内领先的网络布局软件，对集团物流网络进行优化；采用“厂仓一体”的规划布局，通过优化 WMS 存储逻辑及上下架策略，实现产成品库存投放的短链与减存；通过网络优化，将产品从工厂仓配送至直营仓、直营仓配送至卖场优化为从工厂仓、KA 大仓直接配送，整合物流资源，缩减运输环节；2019 年起，全面上线 TMS 系统，以 PDCA 串联订单交付，通过导入预约提货、提前备货、叫号进厂、月台分配、运营监控、动线优化、急单响应等功能模块，提高了仓配作业效能，减少了厂区内外车辆拥堵，实现了运输减排与仓库降耗，通过现场在途管控的集成和全节点可视化货物出库过程，对货物进行在途跟踪及历史轨迹查询等，实现物流全过程监控，提升安全管理水平。2019 年，立白集团凭借先进的绿色物流运营理念，卓越的节能减排意识和成效，以及对物流行业绿色发展的贡献，荣获第十七届“中国物流社会责任贡献奖”。

随着信息技术的高速发展，立白集团不断创新，借助新兴媒体进行营销。在绿色新产品推广过程中，由于其售价高于普通产品，消费者并不认可，销量不容乐观。营销部集思广益寻求解决方案，借助微信公众号等新媒体平台，开展互动营销和精准营销，传播品牌理念。通过线上“立乐家”平台，为大众树立绿色消费观，引导消费者购买绿色健康产品。此外，搭建 TMIC 创新平台、CMR 客服平台征求消费者意见，以积极主动的倾听和科学有效的互动，传递绿色理念，营造美好生活。通过入户调查、线下定点访问的方式了解消费者需求，开展绿色探秘行活动：邀请消费者参观立白集团工厂、绿色生活研究院，为消费者展示产品及研发流程。定期开设公益讲堂，通过入校授课的方式，为青少年普及洗衣护衣知识，并号召孩子们节约水资源。举办“一步一爱立白公益跑”活动并发布“HOME+”公益 App，一方面提高参与者环保意识，另一方面打破传统的捐款、捐物模式，以做健康管理的形式，为留守儿童提供帮助。在社区举办亲子手工节爱心义卖活动：号召小朋友们开动脑筋，对闲置物品进行改造，使其变废为宝，义卖所筹善款捐赠给山区留守儿童。

以强大的自主创新能力为坚实保障，立白集团创造了健康、安全的产品，通过线上互动营销和线下精准营销推广产品，并借助高效的物流系统将产品送到千家万户。如何提供高质量售后服务成为立白集团面临的又一挑战。立白集团制定规范的客户咨询投诉处理程序及《客户咨询投诉信息管理制度》，通过热线电话、线上客服系统等渠道与客户交流沟通，及时调查、处理客户反馈的涉及产品、服务的问题。据统计，立白每年接收顾客来电超 5 000 个，售后处理及时率高达 98%。

立白集团运用数智化技术连接采购、研发、制造、营销、物流、售后价值链的各环节，在提升效率的同时，精准洞察和满足消费者需求。“百尺竿头，更进一步”。眺望未来，在面临百年未有之大变局的当下，立白集团能否把握行业发展和消费升级趋势，秉承“绿色、环保”的核心发展理念，以绿色价值链为依托，肩负起时代赋予的社会责任，为消费者提供更多健康、安全的产品，时间将会给我们答案。

资料来源：根据马苓、王艺彬、王思琪的《互利共生：破解立白集团的绿色价值链之谜》（中国管理案例共享中心案例库，2021 年 7 月 16 日）相关内容整理改编。

问题讨论：

1. 立白集团的绿色销售渠道与价值链策略体现在哪些方面？是否还存在不足之处？
2. 你认为立白等日化品企业的绿色销售渠道与价值链策略未来如何进一步完善？

任务五　设计绿色促销方案

案例导入　王府井集团：发起绿动生活计划，促进绿色消费

2022 年 4 月 15 日至 5 月 8 日，由王府井集团发起，联合人民创意、中华环保联合会、绿色循环普惠专委会、京东科技等机构共同开展了“人民甄选·王府井聚国潮【绿动生活计划】”活动。截至活动结束，线上线下累计近 1 700 万人次参与本次活动。此外，活动多渠道倡导、传播绿色、健康生活理念，相关曝光总量超 7 550 万次，触达粉丝总计超 2 160 万人，活动搭建的“#绿动生活由你有我#”话题曝光总量超 620 万次。

王府井集团通过认购 761 t 企业用户践行绿色行为的自愿减排量（该减排量由绿普惠云提供量化和记录服务），用于抵消 2022 年 4 月 15 日至 5 月 8 日“人民甄选·王府井聚国潮【绿动生活计划】”线下消费者出行部分所产生的 761 t 二氧化碳当量温室气体排放，实现部分碳中和。这一成果，不仅实现了企业通过大型活动推动公众践行绿色消费和绿色低碳行动的目标，也为今后政府和企业开展大型活动自身实现碳中和提供了初步经验范式。

此次活动期间，王府井集团百货、奥莱、购物中心各业态门店结合活动主题，围绕“运动健康”“天然环保”等概念，开展了一系列线上线下联动的主题消费活动。

王府井集团联合娇韵诗品牌开展地球日系列主题活动——“空瓶回收”获品牌积分；宠粉多倍积分及独家赠礼，线上商城购买指定套组加赠环保礼品。

除此之外，还包括家居生活类品牌参与的针对倡导健康作息、生活用品循环利用、低碳科技等理念，结合品牌推出水杯、床品、节能家电等商品进行商品组合，并推出相应的营销活动，以及餐饮类品牌围绕“无糖 0 卡”“空盘行动”“小份餐”“外卖无餐具”等进行商品推荐，并推出相应的营销活动。

王府井集团也着手进一步践行“双碳”战略，持续推动绿色企业建设和绿色消费行动，从绿色建筑、节能环保、低碳消费等方面有所实践和突破。

资料来源：《2022 年 CCFA 促进绿色低碳消费实践案例集》发布，http: //www.ccfa.org.cn/portal/cn/xiangxi.jsp? id=444028&type=10004。

教师启发：促销决策是销售管理中最复杂、最富技巧、最具风险的环节，当然也是有才能的企业家大显身手的领域。每位企业家都可以在这一领域展示其独特个性，大胆创新，创造市场销售的奇迹。

课前讨论：王府井的绿色促销方式有哪些？其优势是什么？

知识便签

一、绿色促销

（一）绿色促销的概念

促销是指企业通过人员和非人员方式将所经营的产品或提供的服务信息传递给消费者，引起消费者兴趣，激发其购买欲望，影响和促进其产生购买行为的方法。

绿色促销策略有两方面的含义。一方面指绿色产品的促销，即通过绿色信息的传递，树立企业产品的绿色形象，使之与消费者的绿色需求相协调，吸引消费者，增强其市场竞争力，达到促进销售的目的；通过绿色信息的传递，增强消费者的偏爱，产生重复消费。另一方面指“绿色”的促销，在促销过程中注意环境保护，以“绿色”为指导原则，如在其促销活动中注意不污染环境，节约资源等。

常见的绿色促销方式包括：绿色人员推销、绿色广告促销、绿色公共关系和绿色销售促进等。

（二）绿色促销的功能

1. 告知功能

绿色促销能够把企业的产品、服务、价格等信息传递给目标受众，谋求消费者绿色需求与绿色产品协调并借以在消费者心目中树立企业及产品的绿色形象。

2. 说服功能

绿色促销的目的在于通过各种有效的方式，解除目标受众对企业产品或服务的疑虑，以产品的绿色、安全、生态等特征，说服目标受众坚定购买信心。

3. 反馈功能

绿色促销能够通过电子邮件、网络社区等方式及时地收集和汇总顾客的需求与意见，迅速地反馈给企业管理层，以便及时做出相应决策。

4. 创造需求

运作良好的绿色促销活动，不仅可以诱导顾客消费，而且可以创造顾客需求，发掘潜在的顾客，扩大产品或服务的销售量。

5. 稳定销售

企业通过适当的绿色促销活动，可以树立良好的产品形象和企业形象。这有可能改变顾客对企业产品或服务的认识，使更多的顾客形成对本企业产品或服务的偏爱，从而达到稳定销售的目的。

（三）绿色促销组合及其选择

绿色促销组合是指企业在促销活动中，将广告、销售促进、公共关系、营业推广等促销策略有机组合、综合运用，以实现更好的整体效果。

企业在选择促销方式进行促销组合时，应注意以下几点：第一，结合企业产品的特点选择恰当的绿色促销组合策略。第二，选择合适的服务提供商，提高促销资金的使用效果。第三，依据绿色促销的目标和对象选择合适的促销组合策略。第四，依据产品生命周期所处的阶段，选择适当的促销组合策略。

（四）绿色促销的实施

根据国内外促销的大量实践，绿色促销的实施程序由以下六个步骤组成（图 1-4）。

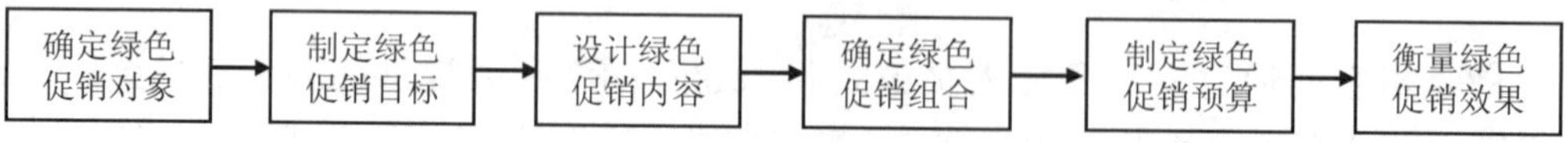

图 1-4　绿色促销的实施程序

1. 确定绿色促销对象

绿色促销对象是针对可能在市场上产生购买行为的消费者群体提出来的，主要包括三部分人员：产品的使用者、产品购买的决策者、产品购买的影响者。

2. 制定绿色促销目标

绿色产品或服务的营销策略以网络促销活动能带动产品或服务销售的扩大为前提。不同的绿色促销目标，意味着企业运用不同的促销手段，同时，促销目标制定的合理性与否直接关系着企业整体产品营销计划的成功与否。

3. 设计绿色促销内容

绿色促销的最终目标是引起消费者的购买。这个最终目标是要通过设计具体的信息内容来实现的。消费者的购买过程是一个复杂的、多阶段的过程，因此促销内容的设计，应当根据消费者目前所处的购买决策过程的不同阶段来确定。

4. 确定绿色促销组合

绿色促销组合包括四种组合方式，企业应当根据各种组合方式的特点，结合企业产品的特点、市场情况和顾客情况合理组合，以达到最佳促销效果。

5. 制定绿色促销预算

在促销方案实施之前，必须对该方案可能发生的各种成本费用进行相应预算，只有这样才能使有限的资金发挥尽可能好的效果，做到事半功倍。

6. 衡量绿色促销效果

绿色促销方案实施后，必须对已经执行的促销内容进行评价，衡量促销的实际效果是否达到了预期的促销目标，为做好促销活动的控制提供参考依据。

二、绿色广告策略

（一）绿色广告的概念

广告是为了某种特定的需要，通过一定形式的媒体公开，广泛地向公众传递企业或商品信息的宣传手段。此处一定形式的媒体指的是广告媒介形式，通常指平面广告、电波广告、互联网广告、户外广告。平面广告通常包括报纸、杂志等媒介；电波广告指的是电视、广播等媒介形式；互联网广告指的是 PC 互联网、App 移动客户端等媒介形式，户外广告通常指交通系统站牌、LED 大牌、车体车身广告、电梯内广告等媒介形式。

绿色广告是宣传绿色消费的锐利武器，是在保护人类生存环境的基础上销售产品的广告，其功能在于强化和提高人们的环保意识，使消费者将消费和生存危机联系起来，使消费者认识到错误的消费将影响人类的生存并最终有害于个体，这样消费者就会选择有利于个人健康和人类生态平衡的绿色产品。

广义上的绿色广告，其本质上是一种旨在改善人类活动与生物物理环境之间相互关系的广告传播过程，能够涵盖所有营利及非营利性传播者和受众，也能涵盖商业性和公益性的绿色广告。从狭义的角度来说绿色广告设计是环境、品牌与人的和谐传播，人与品牌的和谐，涉及人与品牌之间在保护生态环境、开发利用自然资源方面的公平性。

绿色广告指的是代言绿色产品，通过广告的主题、文案和产品形象体现绿色环保的经营理念和主流文化，引导消费者树立理性客观的消费观念的广告。绿色广告应有意识地建立正确的价值导向，而非通过制造"广告舆论"去操控消费者。

运用绿色广告可以迎合现代消费者的绿色消费心理，对绿色产品进行宣传，这样容易引起消费者的共鸣，从而达到促销的目的。目前在我国，绿色广告作为一种营销战略还需引起广大绿色产品生产经营者的普遍重视。因此，绿色产品企业应该利用各种广告媒体，推行和运用绿色广告，引导绿色消费。

（二）绿色广告的作用

1. 有利于塑造企业良好形象

绿色广告的创意在于突出产品的绿色要素，可以有效消除消费者的一些顾虑，并产生试一试的念头。绿色广告强调了不会对健康产生损害，如果产品效用好，消费者便会由产品的尝试者变成长久的用户。爱屋及乌，消费者对产品的喜爱也会变成对厂家的青睐。绿色广告旨在推介产品的绿色元素，这就有可能营造一种保护环境、保护生态的文化氛围，在这样的文化氛围里，消费者与生产者容易实现良好的沟通。人们在认同某一产品的同时，也会认同其企业形象，而企业形象一旦在消费者心里有了一定的地位，其产品也就不愁没有销路了。

2. 有利于传播环保观念

绿色广告，是一种"人类生态广告"。它重现宣传对象的生命意义、生存意义。绿色象征生命，绿色广告具有生命的色彩，这就是说，绿色广告不同于一般的广告，是站在维护人类生存利益的基点上推销产品的广告。由于绿色广告迎合现代消费者的绿色消费心理，对产品的宣传也容易引起现代消费者的共鸣。以往，我们看到一些广告，在介绍产品时也突出强调产品的天然性，或者强调产品对环境的保护性，这类广告应该说属于一种绿色广告，只是其理性说服力欠佳。一旦形成了"绿色广告"的概念，在宣传产品时多在"绿色"上通过多种方式进行全方位说明和传播，必然会引起消费者的更多关注。

3. 促进生产者和消费者及时沟通

绿色广告的制作，应充分考虑到广告的审美功能，使其成为一种悦人目、动人耳、快人心的艺术作品。其广告词可作为人们生活的调味剂，也可成为具有艺术生命力的精神产品，而绝不能造成新的环境污染（包括精神污染）。也就是说，绿色广告不仅要注意广告对象对环境的影响，也要注意自身对环境的影响。如果这两方面做到了，绿色广告就能真正担负起市场向导的作用，使生产者和消费者之间能进行及时沟通，达成两者之间的和谐发展。

（三）绿色营销广告策划

1. 广告目标确定

广告最终目标是通过宣传，在消费者心中提高企业及其产品的知名度，促使消费者在购买同类产品时，能指名购买，达到增加产品销量、提高市场占有率的目的。绿色广告将环境保护引入广告传播，从而使广告传播活动受到可持续发展的社会责任的约束。确定绿色广告传播的目标，一般包括：提高绿色产品知名度和美誉度，树立企业生态形象；传播绿色产品信息和绿色观念，引导绿色消费；增强产品竞争力，引导顾客理性购买等。绿色广告应以满足需求为出发点和归宿，既要满足现有与潜在的绿色需求，还要促进绿色消费意识的提高。绿色广告目标通常表现为以下四种类型。

（1）引导性广告目标

引导性广告目标是指通过增强消费者的环境保护观念，激发他们对自然的向往和渴望，同时引导他们形成高品质绿色生活方式，进而培育绿色消费意识，最终使消费者形成绿色消费习惯。

（2）通知性广告目标

通知性广告目标是指企业通过对产品的性能、特点和用途等的宣传介绍，提高消费者对产品的认识程度、理解度，以及对企业和品牌的记忆度，目的在于介绍新产品，开拓新市场，刺激消费者的购买需求。它适用于产品生命周期的介绍期（导入期）和成长期的前期。

（3）劝说性广告目标（竞争广告目标）

劝说性广告目标是指通过宣传企业产品较同类其他产品的优异之处，使消费者认知本企业产品能给他们带来的好处，从而增强对企业产品的偏爱度。目的在于加强产品宣传，创立企业产品品牌，树立企业形象和产品形象，培养消费者对本企业品牌的忠诚度，确定消费者的购买需求。它适用于产品生命周期的成长期后期和成熟期。

企业的绿色广告以产品特点为基点，建立绿色产品品牌并培养消费者对品牌的偏好；通过和竞争产品比较后，鼓励消费者转向绿色产品品牌；分析消费者对绿色产品属性的认知，说服消费者购买绿色产品，培养消费者对本企业的忠诚。

（4）提醒性广告目标

提醒性广告目标是指企业通过提醒性广告的形式，加深消费者对已有商品的认识，使现有消费者养成消费习惯，使潜在消费者产生兴趣和购买欲望，保持消费者对广告商品的好感、偏爱和信心，其目的在于巩固已有市场，满足消费者的购买需求。它适用于产品生命周期的成熟期后期和衰退期。

对于企业实施绿色广告来说，通过提炼产品绿色特征，提醒消费者购买绿色产品。通过立体全方位传播，提高企业品牌的知名度。对于潜在客户群体，要逐步获得消费者信任，使其最终认可企业的绿色品牌，并转为现实客户。

2. 广告受众定位

广告受众定位是确定企业的产品广告或形象广告被哪些人看，他们属于哪个群体、哪个区域等。如旅游信息广告是针对人们的外出旅游需求，提供交通、景点、旅游产品等信息服务，广告的受众应定位在旅游团体；职业信息服务广告是通过提供招聘和求职信息满足人们求职的需求，广告受众应定位在劳动力市场和人才市场。

随着绿色环保事业的不断发展，公众的绿色消费意识不断觉醒，越来越多的人对绿色消费持积极态度。绿色广告客体也通过实际的绿色消费行为切实参与到可持续发展的绿色循环中，成为倡导绿色低碳生活方式的实践者。绿色广告已逐渐让广告客体从原先的消费者、受众身份转变为参与者、生活者的角色，成为绿色消费的行动者，完成了从认知情感层面延伸到行为意向层面的过渡。在绿色广告的传播过程中既提升了广告客体的绿色消费意识，还营造了一种低碳生活、绿色环保的社会氛围。现在的绿色广告传播让每一位受众都能被绿色消费理念影响，使其成为低碳环保的践行者，每一位践行者又都有可能成为绿色产品的消费者。

3. 广告主题选择

广告主题是指网络广告的诉求点，即广告将对消费者产生的预期认识、情感和行为反应。广告的主题一般有以下三种形式。

（1）理性主题

理性主题指直接向目标顾客和受众诉诸某种行为的理性利益，或显示产品能满足人们的需求，以促使人们做出既定的行为反应。

（2）情感主题

情感主题指试图向目标顾客诉诸某种情感因素，以激起人们对某种产品的兴趣和购买欲望。

（3）道德主题

道德主题指以道义诉诸广告主题，使广告接收者从道德层面上分辨出什么是正确的或适宜的，进而规范其行为。

4. 广告创新创意

广告创新创意是指表现绿色广告主题的艺术构思。通过广告创意可将绿色广告主题的抽象观念转化为真实、具体的表现形式。

5. 广告费用预算

广告费用预算是指企业投入网络媒体广告活动的费用开支计划，它规定了计划期内从事广告活动所需的经费总额和开支范围。各个企业因其市场目标、销售任务、销售范围、销售对象的不同，其广告费用预算的分配标准也不一样。

①按广告的产品种类分配，在广告产品种类较少而分配地区又较多的情况下，企业一般按产品种类来分配广告预算。

②按广告的媒体分配，广告媒体费用一般占整个广告预算的70%～90%，因此按照广告媒体的不同来分配广告预算是企业最常用的方法。

③按广告的地区分配，如果企业产品种类较多而销售地区较集中，企业一般可以按网络广告的不同地区分配广告预算。

④按广告的时间分配，对于一些季节性强的产品和新上市的产品，企业可采用按广告的时间分配广告预算。

⑤按广告的功能分配，广告预算分为广告媒体费用、广告设计费用、广告制作费用、

广告调研费用等。

6. 广告信息设计

广告信息设计应既能体现出企业文化和产品的特点，又具体生动，具有吸引力。在设计网络广告信息时，应遵循以下原则。

（1）合法性原则

合法性原则是指网络广告的设计应遵守《中华人民共和国广告法》以及有关法规、规章和规定。广告设计合法性的具体要求有：广告信息必须真实；广告信息应有益于身心健康；广告不得贬低其他生产经营者的产品或服务等。

（2）新颖性原则

广告信息设计最基本的要求是能引起消费者的注意，而决定网络广告能否引起消费者注意的内核就是广告信息的新颖性。根据心理学理论，传统的东西已经产生心理疲劳，只有独特的、新颖的刺激才容易使人留下深刻的记忆。因此，广告信息设计应别具一格，具有思维的新颖性。

（3）系统性原则

广告信息设计应遵循系统性原则。首先，企业采用多种形式宣传同一产品或服务的网络广告在广告目标、广告策略、广告表现等方面必须协调一致；其次，进行广告信息设计时应保持品牌用词的一贯性，这样的系列网络广告才容易使网络广告受众产生沉稳、和谐与信任的感觉。

（4）适应性原则

一方面要求广告信息采用大众化语言，以贴近广告受众的需求；另一方面要求广告信息应与广告投放环境相适应，与广告投放栏目相关，这样才能吸引更多人来点击和浏览。

（5）简明性原则

广告信息不宜过分复杂，简单即是丰富，应留给网络广告受众以广阔的想象空间。若需要传递复杂的广告信息，可以通过网络广告的链接页面来实现。

三、绿色公关策略

（一）绿色公关的概念

绿色公关是指企业受生态环保与经济可持续发展观念影响，选择具有“绿色”特征的媒体开展传播活动，以绿色为特色塑造企业形象，赢得公众的信任与支持，给企业带来更多便利和竞争优势的一系列公关活动。

绿色公关是树立企业及产品绿色形象的重要途径。它能帮助企业更直接、更广泛地将绿色信息传到广告无法达到的细分市场，给企业带来竞争优势。绿色公关直接造“势”，间接造“市”，在培育消费者和潜在消费者的绿色消费意识、促进绿色产品的销售方面起着传统营销公关活动不可替代的作用。绿色公关对绿色营销的作用可从企业内部绿色公关、企业外部绿色公关以及完善企业绿色沟通网络等方面体现出来。

（二）绿色公关的方式

企业实施绿色公共关系策略可采取的形式有进行演讲、发放教材、建立信息服务机构、开展活动、提供绿色赞助、提供慈善赞助、举办主题活动、做本企业的绿色报告等，这样可以使企业树立良好的公众形象。

1．绿色宣传

向社会或目标公众传递企业的绿色理念以及企业“绿色”方面的业绩，增强公众对企业的信赖感并宣传企业绿色形象。现代媒体是信息传播的主要渠道，企业要获取信息靠媒体，而公众要了解企业更要靠媒体。绿色形象宣传是通过媒体传递绿色企业和产品信息，从而引起消费者对产品的需求及购买行为。

2．大众传媒

大众传播媒介具有公开、快速、科学色彩浓、娱乐价值高、社会权威性大、容易形成轰动效应的特点，能够使公众相信它所刊载、传播的内容。因此大众传媒（如电视、报纸、广播、网络、宣传手册等）宣传是企业公关宣传的首选媒介，应在各种媒体中重视对企业绿色经营理念和绿色消费概念的宣传，传播绿色语言、绿色生活风格和绿色心情等绿色信息，烘托强烈的绿色文化。

3．环保活动

参与、组织各种与绿色和环保有关的事务与活动，如绿色赞助活动、慈善活动等，扩大企业绿色形象的影响。在策划绿色公关活动时，首先，要注重主题鲜明和形式生动活泼。根据公众的兴趣和娱乐心理，策划出符合其心理需求、无明显商业色彩、强调绿色观念的活动。其次，要选择恰当时机。公众闲暇时间、重大社会纪念日、新产品或新服务项目推出之际、重要人物莅临企业之际、企业组织荣获重大荣誉之际等，往往是进行企业宣传的关键节点，利用这些时机开展成功的公关活动容易引起公众的注意，形成公共关系的轰动效应，从而获得良好的公共关系效果。最后，活动要形成系列。定期举办以“绿色”为中心、具有内在联系、开展时间稍长的公共关系活动，以形成公关活动的规模效应，产生良好的宣传效果。

4．沟通网络

企业的绿色沟通就是建立与政府、社区、消费者等各方面的良好关系，形成绿色通道。有了四通八达的绿色沟通网络，就能提高外界对企业的知名度、美誉度，扩大企业的社会影响力，使企业的绿色营销如虎添翼。

5．建立关系

政府对企业具有重要的影响力。政府的态度会影响社会舆论，从而影响和决定着企业的整个公共关系环境，以及所面临的挑战和机遇。因此，企业要加强与政府部门的绿色信息交流，积极主动地与政府有关部门及时沟通，主动参与环保活动，大力支持环保事业的发展，使企业赢得良好的信誉。

四、绿色销售促进策略

（一）绿色销售促进的概念

销售促进又称营业推广，绿色推广是指通过绿色营销人员的绿色推销和营业推广，在销售现场和推销实地，直接向消费者宣传绿色产品信息、推广绿色产品，讲解、示范产品的绿色功能，回答消费者的绿色咨询，宣讲绿色营销的各种环境现状和发展趋势，激发消费者的消费欲望。同时，通过试用、馈赠、优惠等策略，促成购买行为。

绿色销售促进是指企业运用各种短期诱导，通过产品的绿色和有机特点，来实现目标顾客对企业产品或服务的购买和使用的促销活动。绿色销售促进根据促销对象的不同，可分为两大类：一类是针对消费者的销售促进，包括折价促销、会员积点促销、赠品促销、抽奖促销等；另一类是针对中间商的销售促进，包括批量折扣、合作广告津贴、中间商销售竞赛、免费咨询服务等。

（二）绿色销售促进的功能

1. 沟通功能

企业通过各种销售促进方式，能够起到通知、提醒、刺激消费者的作用，使消费者尤其是潜在消费者了解更多的产品信息，达到与消费者沟通的目的。

2. 激励功能

企业运用销售促进手段，向消费者提供某些额外的利益，如样品的赠送、价格的让利等，可以有效地刺激消费者的试用和购买。

3. 协调功能

企业运用多种销售促进方式，如购买馈赠、价格折扣、批量折扣、经销竞赛等，既可以刺激消费者和中间商的购买，又可以协调企业与消费者、企业与中间商的关系，保持与消费者和中间商尤其是与中间商的稳定购销关系。

4. 竞争功能

企业通过销售促进方法，可以有效增强企业产品对消费者的吸引力，促使消费者增加购买数量和购买频率，从而可以有效地抵御和击败竞争对手。

（三）绿色销售促进的方式

1. 折价促销

折价促销是目前网上最常用的促销方式之一。许多网上商店除了显著地标明市场价格和在线价格的差距外，大大小小的折价促销活动更是层出不穷，有的甚至将打折商品汇总为站点的一个固定栏目，如当当网上书店设置的图书特卖场。

2. 捆绑促销

捆绑促销主要是指消费者在购买企业的核心产品时，可以相对便宜的价格购买其他相关产品。如某电商的在线捆绑促销活动，允许消费者在购买两份商品之后，只花一元便可在指定的商品中再选取另外一份。

3. 赠品促销

赠品促销一般是企业在新产品试用、对抗竞争品牌、开辟新市场时采用的一种促销方式。网上赠品促销可以提升企业品牌的知名度，可以起到很好的推广作用，通过设置获取赠品的资格附加条件，企业还能够及时收集到真实、详细的产品反馈信息。

4. 抽奖促销

抽奖促销已被很多网站广为采用，但随着各种名目的抽奖活动不断涌现，抽奖的真实性和公平性越来越受到消费者的质疑，因此，抽奖活动必须做到公正、简洁、有趣，并将抽奖进度向消费者及时通报。

5. 积分促销

积分促销是一项较长期的活动。积分的多少往往对应着不同等级的产品优惠政策或是价值不同的奖品，它有利于建立消费者对企业产品的好感、对企业站点的忠诚。获得积分的形式多样，可以是购买产品、提出产品改进意见、在企业论坛发表文章、正确回答与企业相关的问题等。

6. 在线交流促销

在线交流促销是指企业利用聊天室、即时通信类软件、企业论坛、留言等在线交流手段，组织消费者联谊活动或产品展销推广活动。如美国亚马逊公司在其网站下分门别类地开设聊天区，引导网民进行相关讨论，并适时推出对口图书，起到了很好的促销作用。

7. 联合促销

联合促销是指企业与非竞争性的企业或其他组织结成促销联盟，共享信息资源和宣传推广途径，增加与潜在消费者接触机会的促销方式。联合促销的产品或服务可以是互为补充的，可以起到相互提升自身价值的作用，进而获得良好的促销效果。

案例分析　星巴克：绿色促销，咖啡免费喝

在刚刚过去的地球日，星巴克有不俗的表现。2021 年 4 月 22 日地球日，“星巴克自带杯免费喝咖啡”话题一举冲上新媒体社交软件热搜话题，占领地球的吃货们终于完成了蓝图的第一步：在地球日，占领星巴克。地球日当天，每家星巴克前都大排长龙，大家带着自带杯，去星巴克喝一杯“地球日限定”免费咖啡。2021 年 4 月 22 日已经是第 52 个世界地球日了，从 2020 年的联合国大会中“碳中和”一词出圈，低碳环保势在必行。每个人都想尽自己所能，为这个地球做点什么。在全人类都越来越关注环境问题的大背景下，各大品牌纷纷推出其可持续发展战略，而星巴克凭什么出圈？让我们来看看星巴克到底做了什么。

我们带着这样的疑问，挖掘到了星巴克 GOODGOOD 星善食 TM 主义。GOODGOOD 星善食 TM 主义是 2020 年 4 月由星巴克发起的健康环保生活方式活动，活动主推的植物基膳食，不仅抓住无数消费者的胃，也引起了大家对环保生活的关注。

消费者们从最初的线上获取“免费咖啡”“薅星巴克的羊毛”等活动信息，到逐渐理解活动背后的含义，不仅反映了线上话题活动娱乐性、全民性的特质，而且使消费者与品牌一起践行环保。此次冲上热搜的自带杯，也并不是一个完全陌生的概念。许多千奇百怪的花式自带杯被网友“玩坏”，而星巴克的此次出圈，恰恰是官方巧妙借用“搞笑、调侃、找茬”的机会点，教育何为自带杯真正“玩法”——非一次性杯子“对地球好”，食品安全“对自己好”。以此为契机，星巴克通过带自带杯免费送咖啡的品牌行为将环保的概念更直接地与消费者进行了沟通。从线上的传播到线下的推进，星巴克与消费者共同完成减排 800 t CO_2 的挑战落地开花。更让消费者惊喜的是，他们从传统的参与方变成了活动中的主人公，更强的参与感和成就感也会激励他们在环保的道路上愈加笃定。

资料来源：根据麦迪逊邦《星巴克的绿色营销做对了吗？》（麦迪逊邦微信公众号，2021 年 4 月 30 日）相关资料整理。

问题讨论：星巴克促销与传统的促销有何不同？其优势是什么？

实训任务一　制定绿色销售规划

【任务目标】

掌握制定绿色销售规划的内容和方法，进行绿色销售区域设计，建立绿色销售渠道，完善绿色促销方案。

【任务内容】

1. 企业基本情况

秦皇岛小江蔬菜专业合作社位于河北省秦皇岛市，2011 年 1 月成立，成员 113 户，主要从事生姜、洋葱、大蒜、萝卜等的种植、收购、清洗加工、贮藏、销售等。合作社占地面积 570 余亩，建有“两区一园”，即占地 2 800 m^2 的多条集清洗加工流水线和包装于一体的生产加工区，1.9 万 m^3 的高标准蔬菜冷藏保鲜区，530 余亩的绿色蔬菜种植示范基地。经过 10 年拼搏奋斗，合作社带领成员走出了一条具有小江蔬菜专业合作社特色的跨越式发展道路。

合作社设立财务部、供应部、市场部、仓储部、行政部、加工部、农业发展部等七大部门，完善种植、采购、清洗加工、预冷、低温分拣、冷藏保鲜、配送等流程，分工明确，职责清晰。健全成员大会、理事会、监事会“三会”制度，规范财务管理，配备专职会计人员，根据《农民专业合作社财务会计制度（试行）》的规定，严格执行会计科目，规范会计账簿登记，依托用友软件设置电子版和纸质会计账本，及时按照要求编制会计报表，准确及时核算合作社与成员之间的交易量、合作社的盈余及盈余分配，促进合作社规范管理、快速发展。

为了更好地发挥对成员和农户的带动示范作用，合作社在蔬菜种植示范基地推广“五新”技术。一是创新经营模式。实施“统一物资投入、统一生产标准、统一技术规程、统一产品质量、统一品牌销售”的“五统一”管理。二是推广新品种。推广高产、优质蔬菜新品种，如“北京世农”等杂交新品种。先后与中国农业科学院、河北科技师范学院、国家和省蔬菜体系创新团队等建立长期合作关系，积极引进、转化最新的农业科技成果。三是控制农药和化肥的使用。增施羊粪、有机硅肥、生物菌剂等，添加有机质，实现土壤改良修复，化肥使用量减少 50%以上；进行病虫害科学防控，农药减量 35%以上。四是应用推广微滴灌技术。引进先进设施装备，应用自动化给肥水微滴灌技术，实现节约用水 50%以上。五是自主研发升级改造丸粒播种机、开沟覆膜一体机等 25 套设施。目前已在河北省省内大面积推广应用，进一步增强了作业机械化水平。“五新”技术的推广，节约了资源，降低了成本，生姜、胡萝卜的亩产量提高了 2 000 多斤，每亩地增收四五千元。

合作社把经营、供给绿色蔬菜作为发展目标。一是严把种植关。合作社严格按照蔬菜栽培的操作规程和标准进行操作，做好各项农事活动记录。二是把好收储关。在周边 11 个省（市）设有供应基地，合作社定期派专业人员在收储环节加强指导。三是把好加工、分拣关。在清洗加工过程中，严格执行操作规程和产品质量标准，由专职人员负责挑选分级和定量包装，再进行低温冷藏保鲜。四是建立产品检测体系、质量追溯体系。2013 年，合作社办理了蔬菜商品条形编码，蔬菜有了自己的"身份证"；投资 10 万元购置了蔬菜产品农残检测设备，配备专职检测人员，实行批批检测；2018 年，合作社生姜、胡萝卜两种产品通过了国家绿色食品认证。"小江菜社"品牌先后被评为"秦皇岛知名商标""河北省著名商标""中国蔬菜百强品牌""全国百佳农产品品牌"；2020 年，合作社产品又有了一个特殊的"身份证"——食用农产品合格证，实现农产品质量可追溯。合作社征集商标图案，注册了"小江菜社"牌商标和图案商标，改变了产品进入市场后面临的"一流品质、二流待遇、三流价格"的被动局面。

资料来源：http：//www.zgnmhzs.cn/fzdt/hzsfc/202111/t20211124_7783748.htm。

2．实训任务

结合行业情况，分析企业当前经营状况，为企业制定合理的绿色销售规划。

【任务要求】

1. 由授课教师主持实训，每组安排一名同学负责记录、汇总。

2. 各学习小组根据上述企业资料，结合所学知识及企业实际情况，收集有关资料，考虑如何为该企业制定一份详细的绿色销售规划，并详细写出绿色销售规划的整体运作流程和步骤。

3. 根据学习小组的商讨结合，形成一份完整的报告书，并进行课堂汇报。

【任务组织】

1. 以项目团队为学习小组，选出项目负责人，并明确组内成员的任务及分工。

2. 明确本次实训的目的、任务和内容，为实训做好充分准备。

3. 调查收集相关资料后，学习并讨论如何制定销售规划。

4. 小组成果展示介绍（包括组内成员的工作态度、组内合作程度、工作流程、成果质量的评价，每组控制在 10～15 分钟）。

【任务评价】

授课教师针对各学习小组的实训情况进行如下评价。

评价指标	评价标准	分值	评估成绩
绿色销售规划管理训练任务效果	1. 掌握制定绿色销售规划的内容和方法的程度	20	
	2. 绿色销售区域划分的合理性	20	
	3. 绿色销售渠道的建设情况	20	
	4. 绿色促销方案设计的合理性	20	
	5. 活动整体效果及小组复盘评估	10	
	6. 遵守活动时间，积极参与实训	10	

项目二　绿色销售人员管理

任务一　建立绿色销售组织

案例导入　四川凯力特：绿色智能遮阳在绿色建筑中的销售典范

随着经济社会的快速发展，能源短缺、环境恶化已然成为当今人类面临的两大重要问题。建筑业对能源以及土地、矿石、木材、水等各种资源消耗较多，对环境污染较重，因此，探索并建立可持续的建筑业发展模式具有迫切需要。在此背景下，绿色建筑应运而生。正如清华大学建筑学院教授粟德祥先生所说，绿色建筑的目的是应对全球气候变化，具体来讲是节能减排。因此，绿色住宅需要具备实用、经济、绿色、美观四项基本性能，缺一不可。作为一家专注于绿色智能遮阳产品技术研发和应用的企业，四川凯力特智能科技有限公司（以下简称四川凯力特）致力于解决绿色智能遮阳系统在绿色建筑中如何最大限度地满足和平衡这四项基本性能。2008 年成立至今，四川凯力特已被评为高新技术企业，获得专利认证 17 项，公司研发及生产的上百种绿色智能遮阳产品已被广泛应用于现代建筑中，为国家的节能减排事业做出了贡献。

成都国际金融中心项目位于成都繁华的商业口岸春熙路商圈，是香港九龙仓在成都投资的地标性建筑。该项目由 4 座塔楼和裙楼组成，塔楼和裙楼之间均设计有玻璃采光顶，在项目建设过程中，业主方并没有把绿色智能遮阳纳入其中，直到商场开业以后，建设初期没有设计绿色智能遮阳的弊端才逐渐显现出来，主要体现在以下几个方面。

（1）由于没有绿色智能遮阳产品的遮挡，太阳热能直接从玻璃进入室内，夏季高温的时候，温度根本无法降下来，造成室内异常闷热，而且空调满负荷工作，能耗极高。

（2）阳光直接照射进室内，顾客行走于商场内，也犹如走在大马路上，光线异常刺眼，顾客甚至会将其他物品置于头顶，避免阳光直射带来的灼伤，也避免强光下的眼睛疲劳眩昏。

（3）由于没有遮阳系统的阻隔，阳光直射于室内的设备、物品及商品上，导致木质设备开裂及其他损失。

四川凯力特的绿色营销工作也是基于以上三点展开，客户的痛点即是需求，但是如何才能证明装上绿色智能遮阳系统能够解决以上问题呢？那就是用事实说话，营销人员带业主方的管理层去其他项目考察，同时由四川凯力特技师团队现场试装一套，让业主方的管理层现场体验，最终得到业主方领导的一致认可。工程完成后的回访数据也显示，该项目的遮阳效果和隔热效果均十分明显，不仅空调能耗比以前总体降低了近 37%，而且有效防止了强光直射和紫外线的进入。智能遮阳系统大幅提高了这一国际级高端购物中心的舒适度和品质感。这个项目的成功也让四川凯力特和业主方建立了长期合作伙伴关系。

资料来源：杨旻旻，梁宁，王亚娟. 绿色营销实务. 北京：化学工业出版社，2021.

教师启发：产品销售的好坏，除了需要有好的销售创意，还需要充足的前期市场准备、良好的销售团队、完善的销售计划和良好的控制体系，详细了解市场特性、了解消费者需求也许就是促销高招的第一招。作为销售人员要了解如何建立行之有效的销售组织，完成需要完成的销售任务。

课前讨论：四川凯力特智能科技有限公司是如何进行销售团队建设的？有何作用？

知识便签

一、绿色销售组织的概念

绿色销售组织是企业销售部门围绕绿色产品或服务销售而构建的特定组织架构，其核心任务是将企业生产或经营的绿色商品、绿色服务精准地销售给目标客户。它是一个将具备绿色销售能力的专业人员、绿色产品、资金、绿色营销设备以及市场信息等各类要素进行有机整合的有机体。

一个高效的绿色销售组织，若想切实有效地达成绿色销售目标，就必须在遵循协调合作原则的基础上，对员工在工作中的地位、职责、权力以及他们彼此之间的相互关系进行明确界定。通过合理的分工协作，确保每位员工都能各司其职，共同为实现绿色销售目标而努力。

绿色销售团队由来自不同地域、拥有不同背景、学历层次和人生追求的人员组成。绿色销售工作本身具有较高的自由度，大多数销售人员长期远离企业总部，分散在不同的区域开展业务，犹如孤军奋战。而且，他们往往肩负着多项繁重的绿色业务指标，承受着较大的工作压力。因此，绿色销售管理工作更需要高度的计划性和资源协调能力，以此保障企业绿色销售目标的顺利实现。

绿色销售组织的目标是通过一系列销售活动的有序开展来达成的。这些活动包括销售人员主动访问和热情接待绿色产品或服务的潜在客户，详细介绍绿色产品的环保特性、优势以及服务内容，精准把握客户的绿色消费需求，积极促成交易，提供优质的售后服务，并及时反馈市场对绿色产品的需求信息等。为了实现这一目标，绿色销售组织需要构建一个开放、透明且正规的组织结构。组织成员之间进行严格的分工，明确各自的职责，形成紧密协作的团队。通过这种方式，建立共同的目标，并运用“协调”这一关键方法，确保部门与部门之间、人员与人员之间能够相互了解、有效沟通，及时消除可能出现的冲突，整合各方资源，充分发挥各部门的力量。按照企业的绿色销售目标，有计划、有步骤、有分工、有协同地开展工作。

在现代企业中，随着绿色消费市场的不断扩大和消费者对绿色产品需求的日益多样化，企业内部的绿色销售活动与分工越发精细，绿色销售组织层次也不断增加。为了确保绿色销售各部门之间、销售人员之间能够实现高效协调，企业必须建立完善的授权制度。给予销售人员一定的资源支持，如绿色产品宣传资料、市场推广费用等，并赋予他们在一定范围内的决策权限。例如，在面对客户对绿色产品的特殊需求时，销售人员能够在一定额度内给予价格优惠或提供个性化的服务方案，以利于他们顺利达成工作目标。

为保证企业绿色销售目标的顺利达成，企业必须建立清晰明确的组织结构。明确各部门之间、岗位之间的分工与合作关系，形成一支为实现特定绿色销售目标而紧密合作的团队。对分配给各支绿色销售组织团队的工作种类、性质、范围等进行详细限定，同时明晰对应的职责、沟通关系、沟通渠道和权限范围等。只有通过专业的分工，例如将绿色销售工作细分为绿色产品采购、绿色物流配送、绿色产品销售、绿色款项回收、绿色售后服务等环节，才能确保企业的绿色销售任务得以高质量完成，企业也才能最终获得良好的经济效益和社会效益。

例如，某环保科技企业专注于绿色智能家居产品的销售。该企业构建了完善的绿色销售组织，将销售人员按照区域进行划分，并为每个区域配备了专业的绿色产品顾问。在授权方面，销售人员可以根据当地市场情况，在一定范围内调整产品价格和促销策略。同时，企业明确了各部门之间的职责，如研发部门负责绿色产品的技术创新，生产部门确保产品的环保质量，销售部门负责市场推广和客户服务。通过这种专业分工和高效协调，该企业的绿色智能家居产品在市场上取得了良好的销售业绩，赢得了消费者的广泛认可。

（一）绿色销售组织的功能

一个卓越的绿色销售组织应当具备两大核心功能，即个体力量的汇聚功能与放大功能。

绿色销售组织的汇聚功能主要体现在将销售企业内分散的各类要素有机整合起来，构建成一个相互依存、彼此补充的统一整体。随着绿色产品销售额的逐步攀升，企业规模的持续扩大，这种汇聚效应会越发显著。

然而，绿色销售组织并非简单地将各个要素拼凑在一起，而是通过科学有效的组织架构和合理的分工协作，实现要素之间的深度融合与协同增效，从而产生 1+1＞2 的效果，这便是我们所说的放大效应。

但管理者必须清醒地认识到，这种汇聚效应也可能出现 1+1＜2 的不利情况。这主要取决于绿色销售管理组织是否拥有完备的沟通渠道和通畅的信息交流平台。在绿色销售过程中，如果各部门之间、各岗位之间缺乏有效的沟通，信息传递不及时、不准确，就可能导致工作重复、资源浪费，甚至出现决策失误。

通常情况下，绿色销售组织的汇聚功能和放大功能所产生的综合效应，在理论上被称为合成效应。这种合成效应对于企业在绿色市场中取得竞争优势、实现可持续发展至关重要。

（二）绿色销售组织的类型

一般的组织结构理论将组织分为两种：高耸形组织与扁平形组织。销售组织的结构也是在这两种组织形态的基础上发展起来的，下面介绍四种常见的销售组织的类型。

1. 职能结构型销售组织

职能结构型销售组织按照其各项职能，由销售部门、计划部门、推销部门等组建。职能结构型组织构建时首先要做好各种不同功能的归类，通常有两种归类的方法可供选择。按服务功能与计划功能归类，一般将销售、广告、销售促进、市场调研、顾客服务等归入服务功能类，而将产品、市场、顾客等归入计划功能类；按规划功能与沟通功能归类，通常将企划、市场调研归于策划功能，而将销售人员、广告、销售促进等归于沟通功能。

这类销售组织结构较适宜规模大、销售网点多、商品品种多和销售人员要求高的企业。优点在于能够充分发挥职能专业人员在组织中的作用，有利于各种资源的合理配置，有利于培养专业化人才。缺点是由于人员配置较多，可能导致销售成本增加，部门过多，销售工作量较大。

2．区域结构型销售组织

区域结构型销售组织的具体建立方法是企业在各个区域设一个区域销售经理，全面负责企业的销售工作，根据企业销售点分布情况，将相邻的地区组合在一起，形成若干区域，由区域销售经理及销售人员全权负责本地区的销售工作并对销售总经理负责。销售组织在建立时必须考虑地区因素，因此，销售组织按地区分布构建时，为了保证组织的效用和有效性，统一管理是必要的，组织一定要构建完善、快捷、通畅的信息渠道，特别要明确授权，以保证区域经理在其授权范围内的有效决策和指挥。区域结构型销售组织如图 2-1 所示。

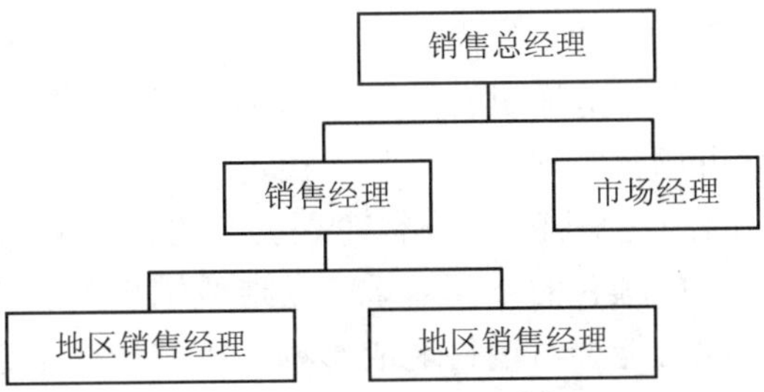

图 2-1　区域结构型销售组织

按区域划分的销售组织是最常用的一种组织形式。对于那些经营单一或者类似产品，且产品的性能又不太复杂，同时客户的数量众多并分散于全国各地的企业，按区域划分构建销售组织是一种较为常见的方法。其优点在于业务人员专职负责某一地区的销售比较容易熟识当地的客户及所在地区的行业竞争情况，有利于提高顾客满意度，增强企业的竞争力，有利于调动区域经理的积极性，培养专门的销售管理人才；缺点是由于区域型组织相对独立，总部在控制和协调方面的难度增加，对销售人员会提出更高的要求。但是，对于那些经营产品性能复杂而产品种类又多的企业，这种结构就不太适合，因为无论业务人员多么努力，都很难同时对几种性能或技术复杂的产品有深入的了解。

3．产品结构型销售组织

产品结构型销售组织的具体建立步骤是；在总部设立一名总产品销售经理，然后按每类产品分设一名经理，再按照产品品种设若干产品品牌经理，每名产品经理负责几项具体的产品。例如，宝洁公司安排专门的产品经理负责每种产品的具体开发和促销工作。

对于那些经营产品种类多，产品性能差异大的企业，产品结构型销售组织是被广泛采用的一种方式。其优点在于负责每一组产品销售的销售人员能够专注于其所负责的产品的销售工作，易于更好地满足客户日益专门化和复杂化的要求，有利于生产与销售之间的调整，有利于将销售人员培养成为某一产品或产品线的专家；缺点在于销售人员可能需要兼顾同一类产品在几个省份的销售工作，相对于区域销售组织中的销售人员，其出差的时间较多，可能影响其工作效率。产品结构型销售组织如图 2-2 所示。

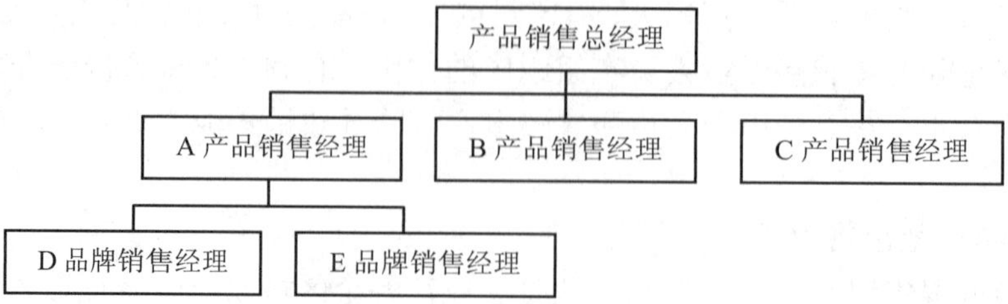

图 2-2 产品结构型销售组织

4．顾客结构型销售组织

顾客结构型销售组织的具体建立步骤是：将不同的顾客按照一定的方式进行分类，再根据顾客分类组建销售组织，不同类别的顾客由专门的销售人员负责服务。

这种销售组织结构适用于那些产品的销售量集中在一些采购量大的客户，或者客户的销售网点分散但是采购集中的企业。其优点在于可以使每一位重要的客户都能够得到由专人负责、高度集中的贴身服务，能够更有针对性地满足不同顾客的不同要求，体现了“以顾客需求为中心”的现代市场营销观念，有利于稳定老顾客，吸引新顾客，有利于收集顾客信息，加强与顾客之间的沟通交流，与顾客建立长久的合作关系，对业务的开展很有利；其缺点在于针对同一区域不同顾客的不同需求容易造成销售人员的重叠，增加销售成本，而且销售人员的变动或离职可能会对销售造成影响。顾客结构型销售组织如图 2-3 所示。

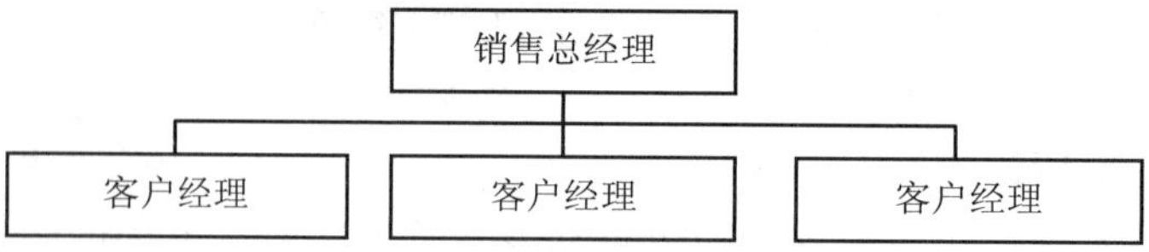

图 2-3 顾客结构型销售组织

二、绿色销售组织设计

（一）绿色销售组织建立的原则

不同的组织由于其目标、环境及构成要素的不同其形式也不相同，但是其建立的基本原则是一样的，销售组织的建立需要满足以下几个基本原则。

1．精简有效原则

精简有效原则是指要精简机构，提高效率。精简与效率是手段与目的的关系，只有精简才能提高效率。这里讲的精简有三层含义：一是组织应具备高素质的人才和合理的人才结构，使人力资源得到合理而充分的利用，做到权责相等，人尽其才；二是按需设人而非按人设职；三是组织结构应有利于形成群体合力，避免内耗。

2．统一指挥原则

统一指挥是管理学中一项非常重要的原则，明确组织中上下级的关系，有利于组织人员的管理。在销售组织越来越复杂的今天，统一指挥原则有利于销售组织提高效率，明晰权责。贯彻统一指挥原则应做到以下几点：第一，统一指挥，使上下级之间形成一个等级链，这个等级链必须是连续的，不能中断；第二，任何下级都只有一位上级领导，只接受一个人的指挥；第三，上级领导不能越级进行指挥，下级不可越级接受更高一级领导的指挥，因为多头领导会使组织产生混乱；第四，组织内部的职能管理部门同样也应当执行统一指挥的原则。他们对上级有权力提出建议和意见，对执行系统起监督作用，但无权直接指挥执行系统的工作。

3．管理幅度适当原则

管理幅度又称管理的宽度，是指经营管理者所直接而有效地管理其下层的人数。客观地讲，管理幅度是有限的。传统组织理论提倡高耸的组织结构，即管理层次多，管理幅度小；现代组织理论提倡扁平的组织结构，即管理层次少，管理幅度大。企业应根据自身的具体情况设置合理的管理幅度。

4．权责对等原则

现代组织理论认为，在管理等级链上的每一个环节、每一个岗位都应规定其相应的权力和职责，必须遵循权责对等原则。组织中在一定职位上的人拥有多大的权力就必须承担相应的责任。

5．分工协调原则

企业规模越大，专业化要求越高，分工也就越细。专业分工细化的结果，造成专业之间的依赖性增强，如何协调不同专业之间的关系成为企业需要面对的重要问题。协调的核心是服从系统和互利目标的沟通、协作或合作。

6．可持续性发展原则

绿色销售组织在销售过程中始终坚持环保原则，从产品选择、包装、运输到售后服务等各个环节都力求减少对环境的影响；通过优化销售流程、提高销售效率等方式，绿色销售组织有助于减少资源消耗，实现资源的节约和高效利用；绿色销售组织通过宣传绿色消费理念、提供绿色产品选择等方式，引导消费者形成绿色消费习惯，构建绿色消费生态。

（二）绿色销售组织建立的影响因素

1．外部环境因素

绿色销售组织作为一个开放系统，它一定会与所处的环境进行物质和信息的交流，因而绿色销售组织在构建时一定要考虑外部环境的影响，使其与之相平衡。然而市场环境是处于变化之中的，特别是随着技术的进步，企业面对的销售竞争环境越来越激烈，企业应当根据外部环境的变化适时改变企业的营销战略，进而调整企业的销售目标和形式，这必将导致企业销售组织结构发生变革。

（1）政策法规

政府对环保和可持续发展的政策法规对绿色销售组织的建立有重要影响。严格的环保法规可以促使企业加快绿色转型，建立绿色销售组织以符合政策要求；国际和国内制定的绿色标准（如 ISO 14001 等），为企业绿色销售提供了指导和规范。企业是否愿意遵循这些标准，将直接影响其绿色销售组织的建立情况。

（2）市场需求及竞争情况

随着消费者对绿色产品需求的增加，市场竞争也日益激烈。为了在市场中脱颖而出，企业需要建立绿色销售组织以满足市场需求；竞争对手的绿色销售策略和行动也会对企业产生影响。如果竞争对手已经建立了绿色销售组织并取得了成功，那么企业可能会受到激励也采取类似行动。

（3）社会文化

社会文化对绿色消费观念的形成和普及具有重要影响。随着人们环保意识的提高，绿色消费观念逐渐深入人心。这种观念的变化将促使企业建立绿色销售组织以迎合市场需求。

（4）消费者因素

消费者对绿色产品的需求直接影响企业建立绿色销售组织的意愿。如果消费者对绿色产品的需求量大且持续增长，那么企业将更有可能建立绿色销售组织来满足这一需求；消费者对绿色产品的认知程度也会影响其购买行为。如果消费者对绿色产品的认知度高且愿意支付溢价购买绿色产品，那么企业将更有动力建立绿色销售组织来推广绿色产品。

2．企业内部因素

（1）企业战略规划

企业是否将绿色营销纳入其长期战略规划，直接决定了绿色销售组织建立的必要性和紧迫性。企业如果希望在未来市场中保持竞争力，就需要将绿色销售作为战略方向之一。

（2）销售方式

企业销售产品的销售方式和策略直接影响企业的组织结构形式，采用直销形式的企业，其销售队伍比较庞大，销售人员数量多，组织结构就比较复杂，一般是高耸的组织结构。而采用广告销售或网上直销的企业其组织结构多是扁平化的组织结构，中间环节比较少，如戴尔公司。

（3）产品销售的范围

产品的销售范围不同对销售组织也有较大的影响。一般来说，产品销售范围小，销售组织就简单；产品销售范围大，销售组织就复杂。

（4）产品销售渠道

产品销售渠道是指商品从生产者转移到消费者过程中经过的路径。企业依据自身销售的不同应当选择与之相适应的组织结构。

（5）产品特征

绿色产品因类型、用途、品质、体积、重量及技术含量等特征差异，决定了企业构建销售组织时需精准适配。如不同类型绿色产品目标客户与渠道不同，用途多样需针对性对接；高品质产品依赖专业销售团队传递环保价值，技术性强的产品要配备专业技术人员提供售前、售后支持，体积、重量大的产品需与物流、安装及售后团队紧密协作。企业只有充分考虑产品特征来选择销售组织形式，才能提升销售效率、满足客户需求，达成绿色产品的市场推广与销售目标。

（6）组织结构

扁平化的组织结构更有利于信息的快速传递和绿色销售策略的实施。这种结构能够减少决策层级，提高执行效率，从而更好地支持绿色销售组织的运作。

（7）技术水平

数字化技术（如大数据、云计算等）可以提高绿色销售渠道的运营效率，降低运营成本，从而增强企业建立绿色销售组织的信心和动力。

（8）资源投入

绿色销售组织的建立需要企业在资金、人才等方面进行大量的投入。企业是否有足够的资源来支持这一过程，将直接影响绿色销售组织的建立速度和效果。

（三）绿色销售组织建立的程序

一个健全的销售组织应包括以下结构：一是部门结构，即部门的设置以及部门间的相互关系；二是职责结构，即按照销售计划的要求，确立各个部门的工作任务和职责范围；三是职能结构，即销售组织结构中各种职位之间的关系；四是职权结构，即按职位、职责授予相应的权力，规定权力范围，明确相互关系。设立健全的组织结构必须遵循以下 4 个步骤（图 2-4）。

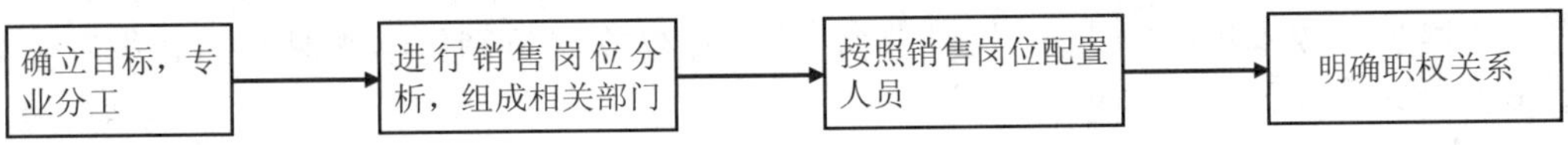

图 2-4 绿色销售组织建立的程序

1. 确立目标，专业分工

实现销售计划拟定的目标，是销售人员面临的总任务。建立销售组织的第一步是确定所要达到的目标，即企业的总目标分解到销售部门的总目标，主要包括销售量、销售利润、市场占有率、客户满意度等。

设计销售组织首先要考虑的问题是如何将总目标细分为具体的任务，并在组织的管辖范围内将目标横向和纵向分解到底，无一遗漏。这样组织中的每个人都知道组织要完成的总目标，每个人都知道自己为完成总目标所应承担的责任。对工作进行细分有利于实现销售工作的专业化，提高效率。销售管理的专业化也是现代销售管理发展的一个趋势。但是，专业分工也有一定的限度，并不是越细越好。专业分工的不足之处有两个：一是由于一直重复相同的工作，容易造成人员的工作积极性下降，效率降低；二是过度细分容易增加组织的协调工作量以及协调的难度，从而抵消专业分工带来的益处。因此，我们在进行专业分工的过程中，应根据实际情况，适当分工。

2. 进行销售岗位分析，组成相关部门

岗位分析就是确定岗位和职务。一个岗位或职务至少包括三个要素，即任务、责任、使用资源的权利。职务或者工作岗位是组织结构设计中最基础也是最关键的环节。

岗位分析将组织的总任务具体到每一个岗位。为了便于管理，发挥整体优势，必须对这些具体的任务和工作岗位进行归类合并，形成若干部门，一般将相同或相似的工作和岗位归入同一部门，或按照其他一些特征进行归类。常见的划分部门的方法有按职能组建部门、按产品组建部门和按客户组建部门等。上述方法各有优势和不足，在具体操作中可根据实际情况，采用单一方法或几种方法并用。

3. 按照销售岗位配置人员

根据已经确定的部门和岗位情况，确定各类销售人员的需求量、任职资格等，以便选择和任用合适的人员承担相应的工作，有岗有人，有人有责，避免出现岗位空缺，影响组织的正常运营。

4．明确职权关系

为了将各职位、各部门相互联结起来，形成运行有效、信息通畅、协调方便的有机整体，必须确定适当的职权关系。所谓职权，就是组织所赋予的合法的职责和权力。在现代组织中主要存在两种职权关系：一是上下级之间的职权关系，即纵向职权关系；二是直线与参谋之间的关系，即横向职权关系。建立纵向职权关系的关键问题是授权，也就是说将完成某项任务、履行某种职责所必需的权力授予下级。但是，授权不是随意的，应有一定的度和程序。

（四）绿色销售人员规模设计

企业在确定绿色销售组织的类型之后，还应该考虑销售组织的人员规模问题。销售人员是企业的重要资产，能给企业带来巨大效益，也会产生大量的成本。增加销售人员数目，销售额会增加，成本也会随之上升。因此，企业在建立绿色销售组织时必须考虑究竟多少名销售人员才是最理想的规模。

1．确定销售人员数目的影响因素

（1）企业发展规模

当企业发展规模较小时，销售人员数目不应过多，以免增加成本，浪费资源。当企业规模大或发展较快时，则需要较多的销售人员。如果人员不够，就不能充分拓展业务，企业得不到应有的发展。

（2）销售人员流动率

任何企业都存在一定程度的人员流动，如跳槽、退休等，这就会影响组织中的人员数量，因此要随时增加替代的销售人员。

2．确定销售人员数目的方法

（1）工作量法

在要接触的顾客或潜在顾客数量可以估算的情况下，可以采用销售工作量法来设计销售人员规模。该方法的主要步骤如下：

第一，根据顾客或潜在顾客的某些属性，将他们分为不同的类型。这一属性通常是销售额，或是从销售额中获得的利润。

第二，根据过去的销售量以及经验等，估计每年各类型顾客的数量和所需访问的次数。

第三，每一类型的顾客数量乘以各自所需的访问次数，得到企业销售访问的总次数，即销售人员的总工作量。

第四，确定一名销售人员可进行的年平均销售访问次数。

第五，将每年所需访问总次数除以每名销售人员的年平均访问次数，即得到所需销售人员的数目。

（2）销售能力法

销售能力法是指企业通过观测销售人员在不同的销售潜力区域的销售能力，计算在各种可能的销售人员规模下企业的销售量和投资收益率，从而选择最佳的销售人员规模。这种方法要求有足够多的地区来做销售潜力的估计，使用起来比较困难。同时，在估计过程中忽略了区域内客户的组织类型、分散程度等一些因素的影响，因此只有当这些因素相同，且销售潜力可测量时，才使用此方法。销售能力法步骤如下：

第一，测量销售人员在不同的销售潜力区域内的销售能力。

第二，计算在各种可能的人员规模下企业的销售收入，计算公式为

企业销售收入=销售人员平均销售额×销售人数

第三，利用各种可能的销售人员规模下的企业销售收入和相应的销售成本以及投资额，就可计算出在各种销售人员规模下的投资收益率，计算公式为

投资收益率=（销售收入−销售成本）/投资额

第四，根据投资收益率确定最理想的销售人员规模。投资收益率最高的人员规模即为最理想的人员规模。

（3）分解法

在企业销售额可预测时，可以通过分解预测销售额来设计销售人员的数量，计算公式为

销售人员数=预测的销售额/销售人员完成的平均销售额

假定企业预测明年的销售额为 9 000 万元，销售人员平均完成的销售额为 300 万元，那么该企业的销售人员规模就应为 30 人。

相对来说，分解法比较简单，但是这种方法认为销售额决定了所需销售人员的数目，本末倒置了，应该是销售额取决于销售人员的规模。虽然分解法存在这样的不足之处，但仍是较常用的设计销售人员规模的方法，尤其适用于相对稳定的销售环境，销售变化缓慢且可预测。

（4）边际利润法

当毛利额超过一名销售人员的成本时，企业的净利润便会增加。当边际毛利额（增加一名销售人员所增加的毛利额）达到最大，此时的销售人员规模就是企业销售组织最合适的规模。边际利润法具体步骤如下：

第一，确定销售人员数目与销售额之间的函数关系。

第二，计算在不同销售人员数目时增加一名销售人员所增加的销售额。

第三，计算增加一名销售人员所增加的毛利额，即边际毛利额。

第四，选取边际毛利额最大时的销售人员规模作为企业最佳的销售人员规模。

案例分析　陶瓷企业：如何打造销售团队？

自 2020 年 9 月中国向世界许下力争 2030 年前实现碳达峰，2060 年前实现碳中和的承诺以来，一场围绕绿色节能、低碳减排的变革正在席卷各行各业。陶瓷产业作为高能耗、高排放的重点领域，头部企业早已积极投身于变革浪潮之中，践行“绿色发展”是陶企高质量、可持续发展的内在要求，同时是助推行业跨越“传统”，实现智能化、绿色化、数字化的关键。

在陶瓷行业，无论是佛山销售模式还是华东销售模式，都有销售队伍。这些销售队伍的工作量有所不同，工作对象也有所差异。佛山模式的销售员拜访更多的是经销商，而华东模式的销售员拜访的对象包括零售消费者、家装设计师、工程项目相关人员。陶瓷企业销售管理应注意以下三个方面。

一、科学严谨地进行销售规划管理

在销售规划管理方面，销售总监主要做四件事：市场潜力的计算、销售队伍规模的确定、销售区域的设置和销售指标的分配。中国企业有个通病，即认为市场潜力是无法计算的，只能凭经验和感觉判断，而且坚持认为市场是做出来的，强调现有市场份额的争夺，而不是市场潜力的挖掘。销售队伍规模设计中经常犯的错误有两个：销售区域经常性调整或者长期不调整，产生销售员边际效益递减现象——增加销售员，销售额反而下降。销售管理产生边际效益递减现象，销售管理者管理3~5位销售员的现象比比皆是，“官兵”比例逐年增大，增加销售管理者导致工作量大增而销售业绩不见好转，对销售队伍采取先规模后结构的战略，即根据市场规模决定销售组织结构。无论在哪个行业，只要是执行计划的地方，在分配计划时都会出现棘轮效应。企业应采取市场潜力法、临界点法和经销商购买意图法来分配销售指标，采取二元组合或三元组合得出销售指标。如果有历史数据，建议结合市场潜力、历史数据和经销商购买意图法分配销售指标。在民主、自由和公平的选项中，人们较关注公平，尤其是机会的公平或方法的公平。组合法是方法的公平，尽管其无法杜绝棘轮效应。

二、进行销售队伍的人性化人力资源管理

销售组织的管理涉及销售管理队伍的构架设计、销售管理代表的招选与培训，以及销售管理队伍薪酬的设计。很多销售总监认为这是人力资源部的事情，其实这是误解。人力资源部的管理者很多不是销售人员出身，对销售业务流程与销售人员的胜任能力的体验不深。有些陶瓷企业的销售业务员是人力资源部招选与培训的，其直接管理者没有招选的权力。由于销售业务员不是由其直接管理者招选的，业绩不好的时候，销售经理就归咎于人力资源部招选能力较差，两个部门的冲突由此产生。销售队伍是企业中人员流动率较高的，陶瓷业的销售队伍流动率超过20%，这给人力资源部和销售管理者带来巨大的招聘压力，销售管理者要接管离职销售员原先对接的客户，还要面临接纳和训练新销售员的巨大压力。这称为俄罗斯套娃现象。为什么会这样？主要是因为人们在职场中都会面临帕金森定律的困境。销售部招聘频率越高，俄罗斯套娃现象发生的次数就越多。因此，销售总监和人力资源部经理要共同制定防止俄罗斯套娃现象产生的体制。

三、科学地进行销售队伍的运作与辅导管理

销售队伍的运作与辅导管理具体包括销售队伍的激励、销售队伍士气的管理、销售业务能力的训练和实地辅导、销售业务内容管理、销售费用管理、销售会议管理与销售报表管理。由于历史原因，国内陶瓷业销售员的专业销售技能非常欠缺，现代推销要求销售员必须具备“三化”——销售技能专业化、销售内容专业化和销售行为规范化。很多人把技能与技巧混淆在一起，认为有销售经历的人都有销售技巧，销售技巧靠悟性、靠经验，技巧有行业性。其实这是极大的误区，专业的销售技能靠训练而非经历和悟性。

资料来源：低碳摩根　绿色先行｜宜兴摩根 5#绿色智能化生产线顺利落成，https://www.sohu.com/a/695168642_120546721。

陶瓷企业销售团队如何管理，https://www.bmlink.com/news/970731.html.

李先国，杨晶，梁雨谷. 销售管理. 北京：中国人民大学出版社，2019.

问题讨论：根据上述案例试分析陶瓷行业中佛山销售模式与华东销售模式的区别。根据不同的销售模式，企业应该如何打造陶瓷企业销售团队？

任务二 绿色销售人员的选拔与培训

案例导人 白象食品：续航企业实力，开展“象上攀登”储干培养计划

营造良好健康的环境是保障美好生活的基石，白象食品对这一点早有预见。比如河南工厂积极响应河南省人民政府办公厅下发的《河南省2018年大气污染防治攻坚战实施方案》，引进两台超低排放的燃煤锅炉并对生物质锅炉进行改造，用生物质资源代替燃煤，既减少天然气锅炉设备硬件投资，也有效降低了氮氧化物、二氧化硫、烟尘等有害物质的排放量。污水治理作为工厂治理中的重要一环，也受到了白象食品工厂的高度重视。为治理生产废水的排放，白象食品河南工厂购置了一台供水泵并铺设水管，将处理后的水用于厂区绿化浇灌及地面洒水；山东工厂则建设并运行污水处理站，有效地治理污水排放并实现二次利用。通过这些措施，两大工厂年度共节约用水约18万t，极大程度上节约了水资源的使用。另外，白象食品的众多工厂还引进了自焙干式蒸汽除湿器、真空式负压蒸汽发生器等节能设备，将油炸和蒸面产生的蒸汽进行二次利用，节约蒸汽量，实现环保和节能。除此之外，为了践行绿色环保低碳生产，河南工厂特地成立能源精进专案小组，利用精益思想和小组改善活动，通过能源管理及设备技术改善，实现全年节约蒸汽1 200 t、电12.9万kW·h，为资源节约和节能减排做出了有力支持。

作为一家成立了24年的食品企业，白象食品始终致力于企业的“可持续发展”，既要满足消费者对白象产品的“可持续信任”，更要贯彻企业环境和能源的“可持续再生”，做一家始终坚守社会责任的“有态度”的民族企业。面对消费者，白象食品倾心打造品质面食，满足食客的胃；真诚倾听用户心声，提高食客体验，让消费者吃得安心、买得放心。

作为坚守“至诚”理念的食品企业，白象食品不仅真诚对待消费者，也致力于让员工实现物质和精神的双重幸福。通过与一线销售人员一对一交谈，白象食品洞察到员工强烈的学习需求，白象“象上攀登”培训计划应运而生。课程正式开始前，白象会通过专业测评工具对学员们进行职业锚类型测评，并根据其特质专门定制培养计划、匹配课程资源，因材施教。公司制定了“培养融合化、测训一体化、培训数字化、学习场景化”的标准化培养机制，为员工们量身打造职能发展的专属计划，给员工提供汲取知识、提升才能、职业发展的舞台。此外，培训计划还设置了全流程、全方位的评估体系，实时跟进学员的学习进度，更好地为大家明确阶段性目标。为了激发销售人员的学习热情，白象还设立专门的奖励与发展机制，为评选出的“年度最佳学员”授予奖状和奖金。“象上攀登”人才培养计划利用全面的教育和培训体系，联动白象全国各地的分公司和工厂，实现了全体员工的共同进步，通过人文关怀践行了民族企业的社会责任和担当。

资料来源：重视人才培养，续航企业实力，白象食品开展“象上攀登”储干培养计划，https: //news.tom.com/202106/4207727253.html。

白象食品初心不改，积极推行工厂绿色生产，https: // caijing.chinadaily.com.cn/a/202103/26/WS605d7801a3101e7ce9746031.html。

教师启发：人力资源管理在企业发展中扮演着重要角色，而对于一线销售人员的管理则是企业业绩得以达成、战略规划得以落实的保障。销售人员的管理是指通过招聘、甄选、培训等有效手段对企业内外的人力资源进行有效运用，以满足企业对于一线销售人员的需求，从而保证企业目标的实现和企业员工利益的最大化。

课前讨论：白象企业是如何进行销售人员培训的？有何作用？

知识便签

一、绿色销售人员的招聘

绿色销售人员的招聘堪称销售管理工作的关键一环，其质量优劣直接关乎企业绿色市场营销战略的成败。绿色销售人员的招聘工作必须紧密围绕企业的绿色市场营销战略展开，二者需保持高度一致。毕竟，企业的绿色市场营销战略最终要依靠绿色销售人员来落地实施，他们的专业素养、绿色理念认知水平以及销售能力等综合素质，将直接决定绿色营销战略能否得到有效执行以及执行效果的好坏。只有选拔出具备相应素质和能力的绿色销售人员，才能确保企业在绿色市场中顺利推进各项营销活动，实现绿色销售目标。

（一）招聘工作原则

为了使招聘工作达到企业预期的目标，在招聘工作中应该遵循以下原则。

1．公开原则

当企业销售职位出现空缺、需要招聘销售人员时，企业应该将招聘的相关信息公布在公开的媒体上，使所有符合条件的应聘者能够得到全面、及时的信息。这样可以扩大企业的选择范围、提升招聘的质量，也可以防止企业内部人员滥用职权。

2．公平竞争原则

首先，企业应该将招聘职位、数量、条件、方法、时间和地点等详细的招聘信息进行公开；其次，企业应该制定严格的考核程序、科学的考核手段。这样既可以使应聘者得到同等的机会，又可以保证优秀的、符合企业标准的人才胜出。

3．因职择人原则

企业在招聘销售人员时应该根据空缺职位的特点和实际工作的需要制定招聘、选拔销售人员的标准，严格按照标准甄选应聘者。招聘工作的成败很大程度上取决于所招人员与职位的匹配程度，这也决定了销售人员今后能否取得优异的业绩。因此，在招聘工作中要坚持从职位的特点出发去选拔人才。

4．全面考察原则

个人能否胜任销售工作或者是否适合这一行业，往往取决于其综合素质。因此，在招聘工作中，应该制定多种考核标准，全面地考察应聘者的素质（包括品德、能力、知识、智力等)。只有那些综合得分合格的应聘者才是合适的人选。

5. 程序化、科学化与效率并重原则

招聘工作一定要遵循一定的标准和程序。科学合理地确定招聘和选拔的程序，保证工作有序、顺利开展。同时，由于不同的招聘方式各有其优、缺点。因此，在招聘过程中还要灵活选用适当的招聘方式，在保证录用优秀人才的前提下尽量降低成本。

6. 绿色理念原则

绿色销售人员应具备强烈的绿色理念和环保意识，这是推动绿色销售的重要内在动力。他们不仅要认同企业的绿色价值观，还要能够将绿色理念融入销售过程中，引导客户树立绿色消费观念。例如，在销售绿色家居用品时，销售人员应向客户强调使用环保材料对环境和健康的重要性，鼓励客户选择可持续的生活方式。可以通过面试中的提问、行为面试法等方式，了解候选人平时的环保行为、对绿色问题的关注程度以及在以往工作中是否积极传播绿色理念。

（二）招聘工作要点

进行招聘工作时，为了使招聘工作做得更好，使被吸引来的人取得突出的业绩，招聘工作人员应当注意以下招聘工作要点。

①招聘工作也是销售工作。销售人员应该把所有销售技巧应用到招聘中，不仅要把工作机会告诉应聘者，还应该把企业的文化、观念、目标、未来发展潜力介绍给他们。

②不断提升自己的招聘技巧。反复多次演练招聘面试的内容和过程，必要时录下来反复观看，改正不足之处，直到满意为止。

③要有平等的观念和良好的心态。成功的招聘工作既可实现个人利益，也能实现组织目标，而不是赐给别人良好的工作机会或者求别人替你做什么。

④建立和健全招聘新人的制度和方法，让整个销售团队参与到招聘过程中。其他人员对应聘者的第一印象在很大程度上也可以反映出应聘者接触潜在顾客时的情况。如果这名应聘者给人留下的第一印象不是很好，则意味着他拜访客户时也不会做得很成功。

⑤要求应聘者提交履历表并查证其真实性。

⑥制定明确的招聘目标和严格的选择标准，坚持宁缺毋滥的原则。在招聘过程中，严格遵守择人标准，不能放松用人条件，否则会影响企业的长期发展。

⑦招聘时多问少说。面试过程中介绍完工作性质及企业基本情况后，观察应聘者的感觉和反应，明确应聘者的选择意向后再决定下一步说什么。

⑧避免过多的承诺。有些招聘人员在招聘时不自觉地会做些承诺，如录用后会委以何种职位或被指派到有发展潜力的地区等。但实际上当企业发现被聘者没有那么优秀时，就会比较被动。

⑨不要以貌取人。有些招聘人员在招聘时过于相信自己的眼光和判断力，过早地对应聘者下结论。实际上，优异的业绩取决于销售人员的实力、努力、工作热情等内在因素，而与个人外表、性别、年龄、身材等外在因素关系不大。

⑩全面了解应聘者的相关情况。应聘者提供的推荐人往往是能对其作出正确评价的人。招聘人员首先应该打电话给推荐人了解应聘者的情况，并询问对应聘者的个人和工作情况有所了解的相关人员，以便对应聘者做进一步了解。

（三）销售人员的招聘渠道

总体来说，根据招聘来源的不同，销售人员的招聘渠道可分为内部招聘和外部招聘两大类。两种方式各有其优点和不足，在实际招聘工作中应当灵活运用。

1．内部招聘

内部招聘就是由企业内部职员自行申请销售职位，或者由员工推荐其他候选人应聘。这种方式主要是挖掘企业内部其他部门比较有潜力的人才，发挥他们的最大作用。通常，很多大企业会采用这种方法，因为这些企业的规模较大，人才较多。采用这种方式的优点如下：

①相对外部员工来说，企业更了解应聘者，可以很容易、很全面地从其所在的部门获得应聘者的相关信息。这样可以提高招聘工作的成功率。

②有利于被聘者迅速展开工作。来自企业内部的新销售人员已经熟悉了企业的产品、政策和业务，因此所需要的培训和指导较少，可以节省大量培训费用。同时，销售人员对周围环境非常熟悉，很容易融入新的团队并适应新的工作。

③内部选拔可以鼓舞其他员工的士气。很多企业优秀的销售人员和主管都是通过内部培养和选拔出来的。这样可以让其他员工意识到只要努力工作同样可以得到机会。

当然，内部招聘也会带来一些弊端。例如，在销售部门和其他部门间形成争夺人才的矛盾；内部职员的引荐可能形成小团体现象；企业内部选拔的员工往往沿袭过去的工作方法和作风，不利于组织的管理创新。

2．外部招聘

外部招聘就是根据企业的需要，以公开的形式通过事先制定的标准来考核应聘者并录用合格者。外部招聘可以给企业带来很多好处。外部人员的录用犹如给企业注入新鲜血液，可以带来更加开阔的视野、丰富的经验和方法，给企业带来活力，也可以避免“近亲繁殖”的负面影响。外部招聘一般有以下几种途径。

（1）广告招聘

广告招聘是利用各种宣传媒介发布招聘信息的一种方法。常用的媒介有电视、报纸、电台、杂志、互联网等，每种方式都有其各自的优、缺点。广告最明显的优势是传达范围广。当使用广告时，销售主管一般会考虑三个问题：第一，采用哪种形式的媒介，即是在报纸、杂志还是贸易期刊上做广告；第二，在第一个问题的前提下，具体选择哪种专门的公众媒体；第三，是采用显性广告还是采用隐性广告，显性广告是那些直接表明企业正在招聘的广告，隐性广告只是提供邮政或电子信箱以供应聘者投递个人简历。

（2）内部职员推荐

许多规模较大、员工众多的企业会定期让内部职员动员自己的亲属、朋友、同学、熟人加入企业销售职位的应聘行列。企业内部员工了解工作的性质并与其他企业人员接触机会较多。许多企业还制定了相应的政策来奖励那些引进人才的内部员工。企业客户的雇员也是内部人员推荐的一大来源，因为他们一般对本企业情况非常了解，如中间商或者零售商的雇员一般对其供应商的产品、政策等情况非常了解，他们可能成为供应商争取吸引的对象。

（3）人才交流中心

人才交流中心是政府劳动人事部门或企业定期设置的人才市场，他们负责进行人才储备、介绍与推荐，以及人才招聘和社会人才的管理。这种途径的优点是时间短、见效快，如北京市几乎每年都有春季、秋季人才交流洽谈会，还有一些特殊人才交流会（如外资企业人才招聘会）。

（4）职业介绍所

职业介绍所也是企业招聘销售人员的一种途径。职业介绍所一般适用于招聘从事零售店销售等专业要求不高的工作的人员。这种招聘方式可以使招聘工作简单化，同时可以找到合适的人选。

（5）猎头公司

猎头公司是专门为企业招聘高级人才提供渠道的机构，它们掌握着高素质人才信息并且与其有着密切的联系。由这类企业推荐的人才一般是具有丰富经验和优异业绩的销售人员或是销售主管。这种招聘方式比较隐蔽，但是其成本较高。

（6）校园招聘

高等院校或中等专业技术学校往往是招聘销售人员常用的一种途径，这种方式可以为企业的长期发展提供人才储备。校园招聘方式有招聘张贴、召开招聘会、毕业实习、学校推荐等。通过这种方式招聘具有以下优点：

①大学生受过良好的高等教育，系统地学习了营销方面的理论知识，知识面很广，为今后的长期发展奠定了基础。

②大学生受过系统的教育，逻辑思维、计划协调能力和理性沟通能力比较好。

③大学生因为刚刚参加工作，对销售工作充满热情，一般积极主动，善于学习。

（7）商业比赛招聘

商业比赛也是近年来逐渐兴起的一种销售人员招聘方式，企业通过举办各类营销分析比赛或销售竞赛发掘兼具商业头脑以及营销能力的销售人才，表现优异的参赛者通常有机会获得企业的面试机会甚至直接被录用。这种招聘方式能够在短时间内对参赛者的营销分析、商业实践、团队协作等多项能力进行综合考察，更好地评估销售人才的岗位胜任力以及解决实际问题的能力。同时，商业比赛在举办和传播的过程中对于企业的雇主品牌形象建设也具有积极意义。但是由于举办商业竞赛往往需要企业投入较多的人力和物力，目前这种招聘方式更多存在于大型企业的销售人员招聘过程中。

二、绿色销售人员的甄选

销售人员的甄选是人力资源管理的重要环节，也是销售人员招聘工作的最后步骤，决定着企业未来的发展。企业的营销战略决定了销售人员的甄选标准，即企业录用的人员必须与企业需求相吻合、与工作岗位相匹配。常用的甄选工具包括申请表、面试、测试、推荐信、调查等。每种甄选工具的成本和适用情况都不一样，企业应该根据具体的情况加以选择。总体来说，单独使用某种甄选工具只能得到应聘者某方面的信息，因此，企业应该根据实际情况将多种甄选工具结合起来使用。招聘是为了吸引人才、发现人才并鼓励应聘者应聘的一种程序，而甄选则是从应聘者中选择最优秀者的一种程序。甄选销售人员的程序因企业而异，大型企业的程序通常较为复杂，一般可分为申请、面试、测验、调查、体检、安置等步骤，在小企业中往往只需要销售经理核准即可。下面就几个重要的方面进行详细的介绍。

（一）申请表

求职申请表在大多数企业中被采用，由于它的应用面很广，所以一旦设计好，就很少改变，因此，现实中企业的申请表常出现不再适用的现象。因此，人力资源部门应该定期检查，从而确保有关问题的合理性、有效性、与工作的相关性。一张典型的申请表要求应聘者如实填写以下内容：身体状况、出身、教育程度、职业经历、参加的社会组织、爱好与特长、家庭以及个人奖惩情况等。这些信息可以被用来确定应聘者是否具备如年龄、学历、经验等方面的工作资格。应聘者应该保证个人信息的正确性，并且允许企业进行背景考核。

由于申请表所反映的资料能够让招聘者对应聘者的个人能力、资历作出大致的判断，因此，申请表的设计一定要科学、合理、全面。一份填写完整的申请表应该能够达到以下目的：可据此初步断定申请人是否具备工作所需要的一般条件或资格；引导面试者按照计划行事，明确在面试中需要进一步查明或确认的问题；便于对应聘者提供的各项信息进行全面衡量。

（二）面试

面试是最普遍和最重要的选拔测试方法，也是招聘和选拔工作的必经阶段。面试就是面谈，可以通过面试官与应聘者面对面观察或者将应聘者置于某种特定情境中进行观察。通过面试，面试官不仅可以证实求职申请表或简历中的资料，而且可以对应聘者的素质、能力与求职动机等有更深入的了解。

1．面试的作用

面试是选择员工的重要手段，几乎每一种人事招聘都少不了这个环节，它是整个选拔工作的核心。面试的主要作用如下：

①依据申请表上的资料，询问更多的相关情况，对应聘者做进一步了解。对申请表上应聘者的所填内容，如果有不清楚或怀疑之处，均可在面试过程中加以讨论和验证，并且可以借此机会了解申请表中没有反映出来而面试官觉得值得了解更多的情况。

②面试官可借此机会，向应聘者介绍本企业性质及未来工作的情况，使应聘者对企业性质及工作有更详细和准确的了解，澄清可能的误解，从而使应聘者作出更慎重、合理的求职选择。

③听取应聘者的工作设想。据此可以判断应聘者的思维、态度、语言表达能力以及未来的发展潜力。

④通过申请者的表现，判断他未来可能的工作表现。面试是面试官与应聘者之间面对面的交谈，交谈本身就是一次推销技巧的表露。因此，应聘者在面试中的表现，在一定程度上反映了他在未来的销售工作中可能具备的能力。

2．面试的类型

（1）结构化面试

在结构化面试中，每位应聘者被询问一组预先准备好的相同的问题。这种方法对无面试经验的面试官来说是再好不过的了。标准化的提问，可以指导面试以确保无一疏漏地涉及与销售工作需求有关的所有问题，而且询问相同的问题，很容易比较出各位应聘者的优、缺点。为了方便比较，许多企业都使用标准化的面试评价表。面试官根据应聘者对每个问题的回答，以及对应聘者的总体印象进行打分。

结构化面试也有一定的局限性，即这种形式过于死板，缺乏弹性。面试官可能机械地掌握已准备好的提问内容，不能够随机应变，收集信息的范围受到限制，以致不能发现应聘者潜在的优秀品质或缺点，但有经验的面试官会根据应聘者的回答和表现而调整问题或追加问题。

（2）非结构化面试

在非结构化面试中，不是预先准备好要提的问题，而是让应聘者围绕主题自由发表意见，面试官只是引导谈话但不离开主题。如果对一些问题有不同看法时，面试官也不应该做出任何表示，这一方面可以充分发现应聘者的思维、观点、动机和性格，另一方面也可以避免让应聘者猜测面试官意图和想法从而影响其情绪。

这种面试方法的优点在于，可以通过让应聘者自由发表意见，洞察其个人特征和动机。采用非结构化面试方法，要求面试官具有一定的经验和洞察力。但是，由于在非结构化面试中没有套用事先准备好的问题，面试官有可能忽略或忘记某些重要的方面，或对不同的回答难以进行比较。在非结构化面试中，为了尽可能全面地了解应聘者，面试官可以使用一些面试技巧。

（3）半结构化面试

半结构化面试是介于结构化面试和非结构化面试之间的一种形式，面试官会事先准备一些问题，这些问题是开放式的，根据应聘者的回答，面试者可以进一步深入地提问。这种方式结合了结构化面试和非结构化面试的优点，有效避免了单一方法的不足。半结构化面试有很多优势，面试中面试官掌握主动权，既能够获得其想要的信息，又能与应聘者有一定的双向沟通，可以获得比申请表中更为丰富、完整和深入的信息，加深对应聘者的了解。

3．面试的阶段

面试过程按其交谈内容的深浅程度，可以划分为初始阶段和深入阶段两个阶段。如果应聘者在初始阶段不合格，就不必进入深入阶段的面试，以免浪费时间和费用。

（1）初始阶段面试

这个阶段是双方接触的第一阶段，经过初始阶段的面试，如果应聘者不太合适，即可直接淘汰，不必进入下一阶段。这一阶段主要是谈一些基本的、一般的问题，如企业情况、家庭背景、工作经验、教育背景等。

首先，面试官介绍一下企业的概况和工作性质，使应聘者对企业和工作情况有更加具体和详细的了解，这样可以澄清其之前对企业的误解，避免作出盲目的决定；其次，面试官可以根据申请表上的资料询问更多的情况。一方面，面试官可以就申请表上不清楚和令人怀疑的地方加以验证，另一方面，可以就申请表上没有反映、企业想了解的地方加以询问，如身体缺陷、体质、信用情况、经历等。

（2）深入阶段面试

深入阶段的面试，主要是就应聘者的求职动机、能力、工作经验等加以考察和了解。

同时面试是面对面交流，交谈面试就是一次自我推销的展示，应聘者在面试中的表现，在一定程度上反映了他在未来工作的潜力。

4．面试的技巧

面试官一般要注意以下三个方面的技巧：

（1）提问

面试提问的技巧主要包括以下几点。

①避免提问一些让应聘者自己直接描述自己能力、优点、特性方面的问题，因为这样的问题应聘者之前有很好的准备并且很难判断真假。例如，当面试官问应聘者："你最大的优势是什么？"他可能会回答："我善于挖掘客户需求。"这样的回答没有任何意义，因为无法验证他的回答的真实性。为避免这样的问题，面试官可以采用举例子的方式提问，例如"请举一个你以往工作中是如何挖掘客户需求的例子"，这样就可以从应聘者所讲述的例子中判断其真伪。

②在诱导式的提问中，一定要掌握好分寸。所谓诱导式提问就是让对方回答某个问题或表明对某个问题的态度。例如，"你同意这种观点吗？"提出这样的问题时，应该避免让应聘者有紧张感，使其猜想面试官可能想得到的答案，从而不能表达自己的观点。

（2）倾听

面试官除了要很好地运用提问的技巧外，一定要善于倾听，因为只有有效的倾听才能让面试得到有价值的信息。

①要善于记录要点。在面试过程中很难也没有必要记下应聘者说的每一句话，而应该从繁杂的信息中归纳出与工作相关的要点。

②在听的时候要注意思考。在面试中，应聘者一般语速都比较慢，面试官有足够的时间思考应聘者所说的内容，如分析其真假或者想下一个要提问的问题。

③要善于进行阶段性总结。在面试中，应聘者很难系统地一次性把某方面信息回答清楚，可能在其他的问题回答中有所涉及。因此，面试官得到的信息可能是杂乱无章的，这时面试官有必要对信息进行一定的总结。

（3）非语言信息

在面试过程中，应聘者除了传递语言信息，还不自觉地传递一些非语言信息。非语言信息有时比语言信息还要重要，它表达了一些语言信息中没有包含的信息，如能够反映出应聘者的心理状态、心理素质、行为习惯等。因此，面试官应该善于捕捉非语言信息所传达的内容。

5．面试的评估

面试官应对应聘者面试的结果做出合理的评估，以便决定是淘汰还是让其进入下一阶段的面试。评估方法一般是制定简明扼要的评估表，每位面试官一份，就表格的项目打分，这些项目包括应聘者的仪表、口才、知识、经验、智慧、进取心、毅力、抱负等，最后根据这些项目的评分得出综合评定。

（三）测试与书面考试

目前许多大企业在招聘销售人员时，对应聘者实施测试和书面考试。与面试相比，测试与书面考试往往更能客观、真实地反映出应聘者所具备的知识、智力、个性和能力。最常见的测试有智力测试、能力测试和人格测试三种。书面考试则主要是综合知识、专业知识的考试。

1. 书面考试

书面考试在绿色销售人员招聘中占据重要地位，它着重考查应聘者的综合知识以及与绿色销售相关的专业知识水平。考试的目的在于精准判断应聘者当前是否具备胜任绿色销售岗位的能力，或者经过针对性培训后能否达到岗位要求。

绿色销售领域涉及的知识面广泛，综合知识部分可能涵盖环保政策法规、绿色产业发展趋势、可持续发展理念等内容。例如，随着全球对环境保护的重视程度不断提高，各国纷纷出台了一系列环保政策，销售人员需要了解这些政策对绿色产品销售的影响，以便更好地向客户介绍产品的合规性和优势。专业知识方面，则包括绿色产品的特性、生产工艺、环保认证标准等。以销售绿色建材为例，销售人员应熟悉建材的环保指标，如甲醛释放量、挥发性有机物（VOCs）含量等，以及相关的环保认证体系，如中国环境标志认证等。通过书面考试，企业可以筛选出那些对绿色销售领域有一定知识储备和认知的应聘者，为后续的培训和上岗工作奠定基础。

2. 智力测试

智力测试主要用来测试应聘者的思维能力、学习能力和适应环境的能力。智力测试根据测试内容，可以分为综合智力测试和专门智力测试。综合智力测试是用来测试应聘者的综合智力高低的，它包括对应聘者的理解能力、思维能力、记忆能力、判断力以及学习能力等的测试。例如，在面对客户对绿色产品的复杂疑问时，销售人员需要具备良好的理解能力，准确把握客户的需求和关注点；同时，要运用思维能力分析问题，为客户提供合理的解决方案。专门智力测试则针对特定销售工作对销售人员智力方面的特殊要求而设计。当绿色销售工作需要销售人员具备快速学习能力、数字处理能力、逻辑思维能力或语言表达能力等特定智力素质时，企业可选用相应的专门智力测试。例如，在销售绿色能源管理系统时，销售人员可能需要处理大量的数据和复杂的逻辑关系，此时数字能力和逻辑思维能力就显得尤为重要，企业可以通过专门的测试来评估应聘者在这方面的能力。

3. 能力测试

能力测试是用来针对销售人员工作岗位需要的特殊能力进行的专门测试。例如，测试应聘者的应变能力、社交能力和沟通能力等。

4. 人格测试

人格测试主要是评估各种人格特点，力求应聘者的性格特征与工作相匹配。人格测试主要包括需要、动机、兴趣、爱好、感情、性格、气质和价值观等内容。例如，销售人员需要较强的亲和力与沟通能力，在人格测试中应重点关注这两项。

（四）录用

经过面试和测试，依据招聘计划对合格者决定录用。录用必须严格依据录用标准和考核结论坚持宁缺毋滥的原则，绝不能为了完成招聘计划而降低标准。

正式录用时，一般要经过体检，采用聘用制、劳动合同制。企业应依据劳动法规与录用人员签订劳动合同，以明确双方的责、权、利关系，保证销售工作的连续性和稳定性。

三、绿色销售人员的培训

在知识经济时代，企业取胜的关键在于员工的素质。企业招聘新的销售人员之后，往往就要对其进行相应的培训。培训就是帮助员工学到企业认为必备的素质和技能的过程。通过培训，销售人员可以了解企业的企业文化、绿色战略目标，掌握完成任务所需要的方法和成功地销售企业的产品所必需的知识和技能。

（一）培训的作用

绿色销售人员培训旨在培养销售人员的素质、传授销售技能、提高销售人员的信心和能力，从而为实现企业目标打下坚实基础，促进企业的发展。销售培训具有以下几种作用。

1．提升产品知识，增强市场竞争力

绿色销售人员经过系统培训，能全面且深入地了解绿色产品。他们不仅熟悉产品的特点、优势，还知晓生产流程及环保特性等详细信息。在销售过程中，销售人员可精准、清晰地将这些信息传递给客户。

随着消费者环保意识的提高，绿色产品需求不断增长。经过培训的销售人员能够准确把握市场脉搏，满足客户的绿色消费需求。在竞争激烈的市场环境中，绿色销售成为企业差异化竞争的重要手段。培训使销售人员具备独特的销售优势，为企业赢得更多市场份额。

销售人员将市场需求反馈给企业，促使企业加大绿色产品的研发和生产力度，推动整个供应链的绿色化进程。

2．提高销售技能，提升销售业绩水平

向销售人员传授一定的销售技能，以提高他们的销售业绩，是培训的基本目的之一。即便企业拥有再好的产品和服务，如果销售人员不能以很好的销售技能将产品的信息很好地传达给顾客，顾客也是不会购买的。通过培训，新的销售人员可以在很短的时间内就掌握老销售员的技能。同时，随着信息技术的迅猛发展，企业的营销手段和技术日新月异，销售人员必须不断学习才能提高销售业绩。

3．提高销售人员自信心，培养其独立工作的能力

由于销售工作的性质，销售人员经常会面对单兵作战的寂寞、客户的冷淡、销售目标的巨大压力。因此，销售人员必须具备坚强的意志和非凡的耐心，能够忍受孤独和压力，具有不怕吃苦的精神。面对销售职业的这些挑战，有些销售人员可能会缺乏自信，感到自卑和恐惧，特别是那些刚走出校门、没有工作经验的新人，甚至会对自己的职业选择产生怀疑。通过销售训练，销售人员对即将从事的工作会形成正确的认识，树立信心，掌握必要的销售技能，培养独立推销的能力，从而能够正确地面对工作中的挫折，克服自卑和恐惧的心理。

4．提升职业素养，维护企业形象

销售人员在接触顾客、推销时，其所代表的是整个企业的形象。销售人员的知识、素质、着装和言谈举止决定了企业和产品在客户心目中的形象。优秀的销售人员以其较高的素质给客户留下深刻的印象，赢得客户的信任和尊重，从而树立企业在客户心目中的良好形象。而那些素质低劣的销售人员以一些不正当的行为毁掉企业的形象，损害企业利益。因此，在培训期间，加强对企业文化、经营理念的宣传，注重销售人员的着装、言谈举止的培训是非常有意义的。

5. 降低销售人员流失率，稳定销售队伍

培训可以增加销售人员的产品知识，提升销售人员的销售技能，从而提高其销售业绩，并使其产生成就感。同时，培训也可以加强销售人员对企业文化、经营理念的认同，使销售人员很好地融入企业，增强对企业的归属感。这样，必然会降低销售人员的离职率，稳定销售队伍。

6. 培养创造力，改善客户关系

优质的绿色销售培训能让销售人员掌握最新的绿色营销理论、技术和方法，增强他们服务客户的创造力。绿色销售人员可以运用所学知识，为客户提供更具价值的绿色产品和服务，从而提高客户满意度。

客户满意度是建立长期稳定客户关系的基础，而良好的客户关系则是企业绿色产品稳定销售的重要保障。通过培训激发绿色销售人员的创造力，有助于企业与客户建立更加紧密、长久的合作关系。

7. 增强环保意识，强化绿色销售理念

通过培训，销售人员能够深刻理解环保的重要性，认识到自身在绿色销售中的责任，从而在日常工作中积极践行环保理念。培训使销售人员明确绿色销售的目标和原则，了解如何通过绿色产品和服务满足市场需求，实现企业与环境的和谐共生。

（二）培训的原则

1. 事前做好需求分析，并制订培训计划的原则

销售工作中难免出现问题，如客户满意度低、销售人员工作积极性不高、销售队伍管理混乱等。这时，培训是一个解决问题的好办法。但是，在实际工作中，培训人员往往依据自己的经验和判断来确定培训的内容和方法，这样往往导致培训没有针对性，效果不佳。因此，培训主管人员应该在培训之前通过调查问卷、观察销售人员、同相关人员面谈等方式了解工作中实际存在的问题，以此确定培训的内容和方法，然后按照一定的逻辑将这些内容整理为系统的培训计划。

2. 因材施教的原则

由于销售人员的学历水平和身份背景不同，其业务水平与学识也参差不齐，因此培训者必须根据受训者的基础和接受能力的不同来安排他们的学习内容与学习进程。对接受能力强、业务水平高的销售人员，应该安排有一定难度的、时间要求较短的培训内容；对接受能力差、经验不足的销售人员，应该安排一些难度低、时间要求较宽松的培训内容。

3. 注重实践、讲求实效的原则

销售人员培训的目的在于解决销售工作中存在的问题，所以其针对性、实践性较强，要求注重实效。例如，企业发展中需要解决什么问题，销售人员需要什么技能和知识，培训就应该以解决此问题为目的制订培训计划、确定培训内容。因此，培训中应该引导销售人员用理论知识联系实际问题，加强解决实际问题的能力。培训的效果不应该是考试成绩，而应该是销售人员在今后工作中的销售业绩。

4. 事后反馈的原则

培训课程的结束不意味着培训工作的结束。培训工作应该是一个从培训需求的分析—计划的制订—进行培训—效果反馈—新的一轮培训的开始这样一个不断循环的过程。培训效果的反馈是一个非常重要的环节，它不但是对本次培训工作效果的衡量和总结，而且是下一轮培训工作的开始。

5．持续培训的原则

绿色市场处于不断发展和变化之中，新的环保政策、技术、产品不断涌现。因此，绿色培训不能是一次性的活动，而应是一个持续的过程。企业要定期组织培训，及时更新销售人员的知识和技能。例如，随着国家对环保要求的不断提高，相关政策法规会不断调整，企业应及时组织培训，让销售人员了解最新政策，以便在销售过程中向客户准确传达信息。此外，还可以鼓励销售人员自主学习，参加行业研讨会、在线课程等，不断提升自己的专业素养。只有这样才能保证销售人员在面对新情况时知道如何处理，从而完成企业目标。

6．绿色理念贯穿的原则

绿色培训的核心是传播绿色理念，因此要将绿色理念贯穿于培训的始终。在培训内容中，不仅要介绍绿色产品的知识和销售技巧，还要强调环保的重要性，培养销售人员的环保意识和社会责任感。例如，在讲解绿色产品的优势时，除了介绍产品的性能和特点，还要阐述产品对环境保护的贡献，让销售人员深刻理解绿色销售的意义。同时，鼓励销售人员在日常生活中践行环保行为，成为环保理念的传播者和践行者。

（三）培训的内容

销售培训工作是一项系统工作，涉及的内容较广。在培训的实际工作中，培训内容的确定应该根据工作需要和销售人员素质的高低而定。通常，销售培训工作内容包括以下几个方面。

1．职业道德的培训

每个行业都有其必须遵守的规则和必备的职业道德，销售工作也不例外。通过培训使销售人员具备良好的职业道德，培养勤奋敬业的工作态度，使销售人员以为客户提供优质的产品和服务作为自己的责任，在激烈的市场竞争中尊重竞争者、避免不正当竞争。

绿色销售人员的业绩与他们的文化素质相关。绿色销售人员应充实自身在经济学、心理学、社会学等方面的专业知识，以及文学、历史、哲学、艺术、地理、自然科学、国际时事和外语等方面的文化知识。绿色销售过程中除了沟通业务方面的知识，更多的时候是人际交往。只有和顾客成为朋友，才能继续推进绿色销售工作。同时，绿色人员销售工作是一种复杂的社会活动，受到一定的法律法规制约，销售人员要有强烈的法律意识和丰富的法律知识，尤其是与绿色环保相关的法律法规。最后，绿色销售人员是企业的“外交官”，要讲究必要的销售礼仪。

2．企业知识的培训

企业知识的培训对于新招聘的销售人员至关重要，让他们了解企业的历史和使命、经营理念和企业文化、组织结构、营销战略、财务状况，以及企业开展销售工作的相关政策，可以让销售人员消除陌生感，更好地融入新的环境。企业政策是新销售人员最感兴趣的内容之一，因为它要涉及薪酬制度、企业利益等有关敏感问题。另外，销售人员在面对顾客要求降价、修改产品、更快交货以及提供更优惠的信用条件等问题时，企业政策可以为其提供指导。

绿色销售人员需熟悉企业发展史、企业绿色发展战略、绿色经营状况、环保支持状况等情况，并在向顾客解释时能灵活运用这些信息，便于增强顾客对绿色销售人员的信任感。近年来，“漂绿”行为随着绿色消费之风也悄然兴起，如被曝光的虚假绿色广告和对环保效果的夸大宣传，使得消费者开始质疑企业是否真的在“做绿色”。在这一背景下，消费者对绿色产品的信任感亟须建立。而消费者的信任会较大程度上受到其对企业绿色营销事业与产品功能契合程度感知的影响。一般来说，在消费者眼中，企业的绿色经营无论是与产品功能契合还是与产品形象契合，都有助于增强消费者的绿色信任，进而产生绿色购买意愿。尤其是当消费者意识到企业的绿色营销事业与产品功能契合时，消费者对产品的信任程度更高，绿色产品购买意愿也更强烈。所以，绿色销售人员只有在对企业的绿色营销等状况十分熟悉的前提下，才能在绿色销售过程中准确、充分地传递企业绿色信息，增加消费者对企业的绿色信任，进一步促成购买行为。

3．产品知识的培训

销售人员做好销售工作的基本前提是对企业的产品有全面深刻的了解。产品知识的培训主要包括：产品的类型与组成、产品的品质与特性、产品的制造方法、包装情况、产品用途及其限制、生产技术的发展趋势、相关产品与替代品的情况等。通过对企业产品很好地掌握，销售人员可以有效地向顾客展示产品的优点，回答顾客提出的疑问，满足顾客的需求。

绿色销售人员应全面了解绿色产品从设计到生产的全过程，不仅要熟悉绿色产品的性能、特点、用途等，还应熟悉绿色产品的售后服务、定价原则、付款方式、运输方式和交货方式等信息，力求圆满地回答顾客提出的各种问题。原因在于消费者对绿色产品的购买始终是以满足自身利益为前提的，他们不仅会考虑环保属性，更会考虑绿色产品的实用功能的基本属性。有学者将绿色产品属性的维度划分为产品边缘属性绿色（产品具有绿色包装）和产品核心属性绿色（产品含有绿色成分）：当产品边缘属性绿色时，消费者对产品质量推断的责任效应较小，即不易作出绿色属性降低产品质量的推断；当产品核心属性绿色时，可以改善消费者对绿色产品性能的感知。因此，绿色销售人员掌握的相关绿色知识越多，越能够成为一名合格的绿色产品专家，在绿色销售过程中更能游刃有余地实现绿色营销目标。

4．竞争与行业知识的培训

销售人员通过了解所在企业和产品的知识可以掌握本企业产品销售的优势，即企业在哪些方面最擅长。然而，在市场竞争激烈的情况下，只了解这些远远不够，还必须对企业的竞争者的情况有所了解。只有这样销售人员才能知道本企业的竞争优势是什么，即企业比竞争者在哪些方面做得更好，这种信息在劝说顾客购买时非常有说服力。

了解行业在宏观经济中如何运行对销售人员来说也是必备的。宏观经济环境对顾客购买行为产生非常大的影响。在经济高速发展和萎靡衰退的环境下消费者的购买特征会完全不同。销售人员应该关注宏观经济的发展，根据环境的变化不断调整销售的技巧。

绿色细分市场的变化是绿色销售人员需要敏锐捕捉的重要信息。例如，绿色销售人员需要时刻关注绿色细分市场从地方性经营向全球性绿色竞争转变、从机会型增长向能力型转变、从企业竞争向绿色价值链竞争转变。具体而言，绿色销售人员需要了解市场供求情况，以及企业整体绿色营销策略现有用户和潜在用户的绿色需求，还要了解当前市场绿色产品的品种、花色和款式等以及竞争产品情况。部分绿色细分市场的消费者还会受到“时间折现效应”的影响，由于绿色产品的高价格给消费者带来的经济成本是立竿见影的，而收益却往往会被推后或是逐渐增长，所以绿色销售人员应该突出节能的长期收益，以吸引消费者的注意。

5. 顾客知识的培训

对于任何一家企业来说，客户是最重要的资产，所以销售人员需要在如何收集客户信息、分析客户方面接受培训。销售人员需要了解客户的采购政策、购买模式、习惯偏好以及客户提出的产品服务。在某些情况下，销售人员还需要了解客户的服务对象。只有这样，销售人员才能发现潜在顾客，对他们做出相应的反应，满足顾客的需求，与顾客建立长期稳定的关系。

绿色销售人员需要了解顾客对绿色产品的期望价值、购买决策依据和实际使用者。除此之外，绿色销售人员还应该了解和掌握消费者的绿色购买心理，从而“对症下药”。例如，当消费者绿色消费感知效力较高，即认为绿色消费行为对环境保护有一定效果时，绿色销售人员可以利用这一心理特点促使消费者购买产品；同时参照群体对消费者造成的社会比较压力也会促使消费者进行绿色消费。此时的绿色销售人员需要充分挖掘消费者群体圈子的绿色购买信息，通过群体内部的心理比较，帮助消费者下定绿色购买决心。此外，人们进行决策时往往受到沉没成本的影响，绿色销售人员在绿色销售过程中可以传递降低大额成本的绿色信息。

6. 销售技能的培训

当销售人员掌握了产品知识、行业知识和顾客知识之后，就应该加强销售技能的培训，因为产品销售的最终实现必须借助一些基本的销售技能。具体的销售技能包括如何识别目标顾客、如何编制访问计划、如何获得预约、如何展示产品、如何应对顾客异议以及如何达成交易等。

绿色销售人员面对的是各种各样的消费者和消费场景，尤其在线上直播带货的浪潮下，绿色市场上的很多不确定性因素为绿色销售人员的创新精神与能力带来极大的考验。线上直播带货是一种即时性直播促销方式，促销人员需要对在线绿色消费需求做出实时回应与互动，直观展现绿色产品、制造热点话题，引导粉丝加入对绿色产品的讨论等。此外，绿色产品比普通产品更加需要通过促销人员的创新化促销展现其优势，需要线上绿色销售人员打破常规，充分利用其创新思维，以及较强的讲解力、临场发挥力、综合反应力让绿色促销和绿色产品变得更具吸引力。因此，基于数字化促销渠道的绿色价值传递与传播效果很大程度上取决于线上绿色销售人员的创新精神和能力。例如，新东方“东方甄选”抖音某农产品销售主播，一边销售绿色产品五常大米，一边中英文切换自如地传递知识与情怀，以创新式双语直播促销方式迅速火爆全网，其直播间一度位列“抖音带货榜”第一。

7. 环保法规与行业标准培训

环保法规与行业标准是绿色销售的底线和保障。销售人员要深入学习与绿色销售相关的环保法律法规，明确企业在销售过程中应遵守的法律义务和责任，确保所销售的绿色产品符合相关法规要求。同时，要了解所在行业的标准和规范，熟悉常见的绿色产品认证体系，能够准确向客户展示产品的合规性和认证情况，增强客户对产品的信任度。

（四）销售培训的程序

销售培训程序通常分为四个步骤（图 2-5），第一步是需求分析，第二步是制订培训计划，第三步是实施培训计划，第四步是效果考评。

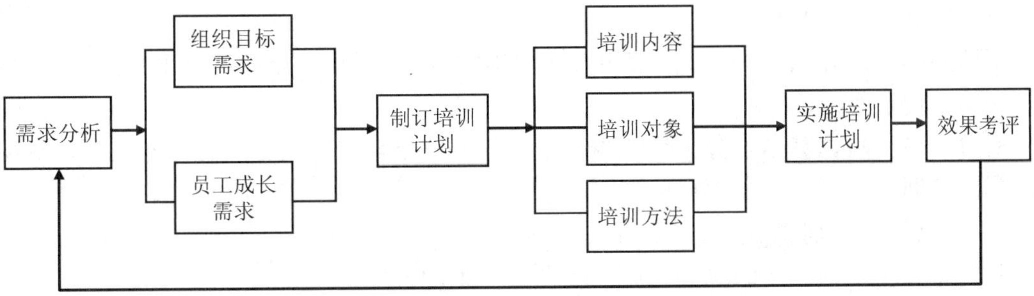

图 2-5　销售培训的程序

1. 需求分析

需求分析就是对企业员工存在什么样的问题以及如何帮助员工实现组织目标所进行的分析。需求分析主要包括组织需求分析和员工需求分析两个方面。

组织需求分析即组织的长期目标、营销战略、销售计划对销售人员提出的知识和技能要求，以及环境、组织的变化导致销售人员素质相对下降时确定哪些岗位员工素质相对下降或者在哪些方面出现下降的一种培训需求分析。

员工需求分析就是从销售员工的角度出发，分析谁需要培训以及需要哪些方面的培训。员工需求分析可以从两个方面进行：一方面是通过业绩评估等方法判断员工业绩差距存在的原因；另一方面是判断员工是否需要培训。

2. 制订培训计划

在进行培训需求分析之后，企业应制订培训计划。一个目标明确、系统有序、全面周密的计划将使企业培训减少盲目性，不但能够提升培训效果，还能使企业节省成本。

学者黄宪仁曾提出，企业制订销售培训计划时应使用“5W1H”法，即培训计划应包括为何（why）、何人（who）、何时（when）、何处（where）、什么（what）、如何进行（how）。

（1）为何（why）

培训的目的有很多，每次培训都要确定至少一个目的。培训目的包括：新招聘销售人员的入职培训；改善销售人员工作态度的培训：提高销售人员工作技能的培训；改善销售人员沟通技能的培训；传授产品知识的培训等。明确的培训目的是销售培训工作成功的开始。

（2）何人（who）

企业必须确定接受培训的人员有哪些，他们是新进人员还是老员工，多少人需要接受培训，专家认为一般销售培训不超过 15 人效果最佳。此外，需要确定培训师，是内聘还是外聘，是业务部门主管还是优秀的销售人员，是大学教授还是管理咨询企业的专家。

（3）何时（when）

培训时机一般根据接受培训的人员确定。一般新员工在报到后即参加培训，而老员工培训则往往在企业业务的淡季进行。培训时长的确定需要考虑市场情况、产品性质、人员素质、要求的销售技能和管理要求。

（4）何处（where）

培训的地点是在企业内还是在企业外，培训场合需要哪些特殊的设施。企业内部培训一般在企业的会议室或培训室，企业外部培训一般在高等院校或专门的服务机构。

（5）什么（what）

培训的内容是什么，一般根据销售人员的构成、行业类型和企业情况来确定培训内容。

（6）如何进行（how）

销售人员的培训基本上分为企业内部培训与外部培训，培训方式有课题培训、现场培训、会议培训、上岗培训和模拟培训等。

3．实施培训计划

要保证销售培训计划的顺利实施，应做好以下四方面的工作。

（1）保证人员的落实。其主要包括日常管理人员、外聘的培训专家、师资人员、受训人员。

（2）保证经费的落实。销售人员的培训需要付出一定的费用，主要包括人员的住宿、就餐、培训资料、交通费用、场地租赁费等。

（3）保证时间的落实。培训往往需要集中在一段时间内进行，这就要求销售人员保证这个时间内不受其他因素的干扰。

（4）销售人员的训练应按照循序渐进的原则，有计划、分阶段地进行，注重理论与实践的结合。

4．效果考评

销售培训工作效果的考评是培训工作不可或缺的环节。通过对销售人员培训效果的考评，一方面可以对参加培训的销售人员的表现作出一个综合性的评价，另一方面可以发现培训工作中存在的问题，以便在以后的工作中加以纠正。培训效果的考评主要可以从反应、学习、行为和结果四个方面进行。

（1）反应

接受培训的人员对培训课程的喜爱和满意程度，可以通过课程意见表来了解对课程内容、教学方法、语言表达等方面的感受。

（2）学习

接受培训的人员通过培训学得新知识、新技能的程度，可以通过测验或实际操作来衡量学员的学习效果。

（3）行为

接受培训的人员将所学的知识和技能应用到工作上的程度，一般通过绩效评估表或观察法进行测试。

（4）结果

结果评价主要是检查销售培训之后个人或组织销售业绩的改善情况。结果评价最能综合性地反映培训效果。这种评价可以依据个人或组织的销售量、生产率或业绩变化情况加以评价，具体可以采取“成本-利润”分析法。

案例分析　碧桂园：ESG 报告提及“人才”78 次，重视人才策略

“一年之计，莫如树谷；十年之计，莫如树木；终身之计，莫如树人”，人才对于社会以及企业发展的重要性不言而喻。近年来作为房企龙头的碧桂园，一方面积极招贤纳士，另一方面建立完善的人才培养机制。在 2019 年碧桂园发布的 ESG 报告中，“人才”一词更是被提及了 78 次。

在疫情严峻时刻，碧桂园广纳贤才的脚步并未停歇，仍开启了 2021 届校园招聘计划，预计最多招聘 2 000 人。下半年碧桂园预期新增不低于 3 500 人，以此满足博智林、千玺、农业、碧优选四大板块的新业务需求。与此同时，碧桂园还拥有完备的人才培养计划，如超级“碧业生”发展计划以及“领翔计划”等，无论是职场小白还是行业大咖，都能在碧桂园获得足够的成长空间。

2019 年，碧桂园顺应市场变化，主动调整发展战略，确立了“为全世界创造美好生活产品的高科技综合性企业”全新发展目标，巩固以新型城镇化为核心的房地产开发业务的同时，积极延展经营边界，布局机器人和现代农业两大发展方向。

那么在结构调整过程中对应的岗位需求自然有所变化，部分岗位会受到技术挤出影响，还有部分岗位将外包给第三方公司。碧桂园集团常务副总裁程光煜表示，在多元化发展趋势下一些岗位将通过信息化、数字化应用代替，持续提高管理效率，提质增效。

在多元化发展趋势下，碧桂园对人才的需求逐渐转向机器人智能制造以及现代农业两大板块。以碧桂园旗下博智林机器人公司为例。博智林成立于 2018 年 7 月，重点围绕建筑机器人+装配式+BIM 技术、新型装配式及相关核心技术，搭建系统化研发体系，组建了五大研究院，招募了 3 600 多名国内外优秀研发人才进行建筑机器人及相关智能施工设备、装配式等的研发、生产、制造与应用。

碧桂园成立至今已有 28 年，从一个家族企业发展成具有现代化、规模化管理经验的世界 500 强，成功的经验可以总结为“谁拥有了优秀人才，谁就拥有了未来。”因此，除了积极广纳贤士以外，碧桂园还十分注重员工培养，拥有一套成熟完善的人才机制。

根据碧桂园 2019 年 ESG 发展报告，超级“碧业生”人才发展项目建立了完善的培养体系，采用教练制、挂职锻炼、轮岗学习、集中培训、挑战性关键任务等人才培养方式，遵循“721”原则全面培养，同时每年进行内部竞聘，大胆提拔任用优秀人才。

据悉，截至 2019 年 12 月，碧桂园“碧业生”中已有超 400 人成长至集团副总裁、区域总裁、项目总经理、职能总监等核心管理岗位，近 1 200 人成为经理级管理人员。而“领翔计划”人才发展项目则是在碧桂园领导力发展项目基础上的一次升级，该品牌培训是为充分满足集团快速发展并培养优秀的项目总经理，通过严格的选拔方式和复合式培养手段，训战结合模式，实现人才库的“严进严出，优中选优”以及“无时差”的人才供应。

此外，2019 年碧桂园成立了可持续发展研究所，主要针对集团的绿色建筑、被动房、LEED、WELL、海绵城市的技术、质量、合同、成本进行管控。可持续发展研究所重视对员工的专业培训。一方面，积极举办一系列内部培训（凤凰讲堂系列、人人培训系列），

让员工系统了解绿色技术、海绵城市、被动房建筑技术；另一方面，也鼓励员工参加外部专业培训，让他们及时了解国内、国外行业动态，紧跟行业发展方向。

资料来源：ESG 报告提及“人才”78 次 一文读懂碧桂园人才策略，https: //finance.sina.com.cn/chanjing/gsnews/2020-09-07/doc-iivhuipp 2943183.shtml。

问题讨论：

1. 碧桂园公司对销售人员的培训涉及哪些培训内容？有何作用？
2. 碧桂园的销售人员培训体系有哪些亮点？对于员工职业发展是否存在积极意义？

任务三 销售人员的激励

案例导入 胖东来：关爱员工，尊重顾客，打造商业传奇

胖东来的创始人是一位名叫于东来的下岗职工。1995 年 3 月，他带领 3 名同伴在许昌开了一家只有 40 多 m^2 的小店，卖烟酒副食。他们用真品换真心，诚信经营，赢得了顾客的信任和支持。1997 年，他们将店铺更名为“胖东来”，并提出了“创中国名店，做许昌典范”的发展目标。从此，胖东来开始了快速扩张的步伐，涉足百货、电器、超市、服饰等多个领域，成为河南本土的零售巨头。

胖东来的成功秘诀在于它始终坚持以顾客为中心，提供超出期望的服务。它实行“无理由退换”政策，只要顾客不满意，就可以退货，并且退款金额还会比原价高。它还提供免费干洗、熨烫、缝边等服务，以及免费冰块、老花镜、放大镜等便利设施。它还会根据顾客的需求和反馈，不断调整商品品类和品质，甚至帮助顾客采购店里没有的商品。它还会定期举办集体婚礼、生日派对、抽奖活动等，增进与顾客的感情。

胖东来不仅关心顾客，也关心员工和社会。它实行股份制管理，让员工成为企业的主人。它还为员工提供各种培训、咨询、帮扶等福利，帮助员工解决生活中的困难和问题。它还积极履行社会责任，多次向国防事业、希望工程、见义勇为基金捐款，并在汶川地震、新冠疫情、河南洪灾等灾难中及时伸出援手。

胖东来已经成为中国零售界的一面旗帜，也成为河南人民的骄傲和自豪。它目前只在河南新乡、许昌两地开店有大概 30 家。它并没有追求规模扩张和利润最大化，而是坚持自己的经营理念和幸福目标。

胖东来是河南本土最著名的零售品牌之一。除了过硬的产品质量以及贴心的服务表现以外，胖东来“对员工好，舍得为员工花钱”的员工激励政策也是闻名遐迩。

胖东来在物质激励上从不吝啬。作为董事长，于东来把更多的股份用于股权激励，自己持股不到 10%。他还坚持每年拿出部分利润给员工分红。最高的一年，全年 95%的利润都被分给了员工。除了薪资，员工还享有结婚贺金、生育贺金、育儿补助、丧事慰问等一系列福利。

胖东来不允许任何员工加班，发现一次罚款一次，而且还有各种放假和带薪旅游的机会。每周二是胖东来严格规定的休息日，每年除夕到大年初四零售业生意最好的时候，胖东来也闭店给员工放假，算下来，每年胖东来的员工能拥有 145 天的休假时间。

胖东来还鼓励员工没顾客的时候能休息就休息，并且特意在门店内为员工上班时间休息设置了座椅。公司的员工休息室设有全景落地窗、头等舱级别的沙发，提供咖啡豆和手冲咖啡，还建有健身房、浴室，尽可能让员工拥有舒适和优质的工作体验。胖东来“给钱+给时间+给关怀”的激励政策在帮助销售人员解决生活困难，改善工作环境的同时，也让员工们真切地感受到公司的尊重和爱护。“自由与爱”作为胖东来的文化信仰一直引领着企业的销售人才管理，也将支撑着胖东来在未来与员工、消费者和社会产生更多良性的互动。

胖东来用实力证明，只有真正关爱员工、尊重顾客，企业才能走得更远，才能赢得市场的认可。胖东来的逆袭，不仅是对那些质疑者的有力回击，更是对整个商业界的一次深刻启示。

在这个竞争激烈的商业世界中，胖东来的成功，是对那些需要改变经营理念的老板的一种启示。胖东来的成功，告诉我们，关爱员工，尊重顾客，是企业成功的关键。胖东来的成功，也让我们看到了企业文化的力量。在这个以利益为导向的时代，胖东来用自己的行动，证明了企业文化的重要性。

资料来源：胖东来：一个河南本土的零售神话，https：//baijiahao.baidu.com/s？id=1762223607826147895。

胖东来的奇迹：关爱员工，尊重顾客，打造商业传奇，https：//baijiahao.baidu. com/s?id= 1800917578270853064。

安贺新. 销售管理实务. 北京：清华大学出版社，2023.

教师启发：对于企业来说，一线销售人员的销售活动通常在一定程度上影响着企业的整体运营；而对于销售人员自身来说，销售活动开展的效果往往取决于其工作动机的强烈程度。销售人员的激励就是通过各种有效的方法去激发和调动销售人员的积极性和创造性，使其产生超越自己和他人的欲望，将自身巨大的潜力挖掘出来，保额甚至超额完成企业交代的任务。

课前讨论：根据上述案例分析胖东来企业是如何对员工进行激励的？

知识便签

一、激励的概念

所谓激励，就是组织通过设计适当的外部奖酬形式和工作环境，以一定的行为规范和惩罚性措施，借助信息沟通，来激发、引导、保持和规范组织成员的行为，以有效地实现组织及其成员个人目标的系统活动。这一定义包含以下几方面的内容。

第一，激励的出发点是满足组织成员的各种需要，即通过系统地设计适当的外部奖酬形式和工作环境，来满足企业员工的外在性需要和内在性需要。

第二，科学的激励需要奖励和惩罚并举，既要对员工表现出来的符合企业期望的行为进行奖励，又要对不符合企业期望的行为进行惩罚。

第三，激励贯穿企业员工工作的全过程，包括对员工个人需要的了解、个性的把握、行为过程的控制和行为结果的评价等。因此，激励工作需要耐心。

第四，信息沟通贯穿激励工作的始末，从对激励制度的宣传、企业员工个人的了解，到对员工行为过程的控制和对员工行为结果的评价等，都依赖一定的信息沟通。企业组织中信息沟通是否通畅，是否及时、准确、全面，直接影响着激励制度的运用效果和激励工作的成本。

第五，激励的最终目的是在实现组织预期目标的同时，也能让组织成员实现其个人目标，即达到组织目标和员工个人目标在客观上的统一。

（一）激励产生的内因与外因

1．内因

内因主要是指人的认知（需求、价值观、行为准则、对行为对象的认知等）。

2．外因

外因主要是指自然环境和社会环境。自然环境包括气候、水土、阳光、空气、自然资源；社会环境包括社会制度、劳动条件、经济地位、文化条件等。

（二）激励的作用

在市场竞争日益激烈的今天，销售工作做得好与坏直接影响企业的经济效益，甚至关乎企业的生存。而销售工作是一件非常辛苦的工作，需要持续不断地努力才能取得好的业绩。销售人员通常需要独立地工作，他们的工作时间也是无规律的，通常还会遇到挫折。销售代表经常被派到全国各地，远离亲人，会面临家庭和感情上的烦恼；他们时常面对极具竞争力的对手；为了赢得顾客，他们需要付出极大的努力，而他们通常掌握有限的权力和资源，有时还会失去即将到手的订单。所以，没有一套完善的激励机制是很难将销售人员的潜力激发出来的；没有灵活全面的激励措施很难使销售人员的工作热情持久。

科学的激励能够针对销售工作的特性、销售人员的个性采取不同的措施，给予销售人员物质上的奖励、精神上的安慰和社会地位上的承认，从而能够最大限度地挖掘销售人员的潜力。每位销售人员都有自己的目标、优点和缺点，以及工作中面临的问题。企业根据每位销售人员的情况制定一个既符合整体需要又适于不同个体需要的、具有弹性的激励组合，这样才能达到“量体裁衣”的效果。

二、激励的方法

（一）激励销售人员的方式

1．环境激励

环境激励是指企业创造一种良好的工作氛围，使销售人员能心情愉快地开展工作。企业对销售人员的重视程度很重要。有些企业认为销售人员不太重要，有些企业却认为他们是实现企业价值的人，给他们提供许多机会。事实证明，如果对销售人员不重视，其离职率就高，工作绩效就差；反之，其离职率就低，工作绩效就好。企业可以召开定期的销售会议或非正式集会，为销售人员提供一个社交场所，给予销售人员与企业领导交谈的机会，给予他们在更大群体范围内结交朋友、交流感情的机会。

与此同时，为销售人员提供舒适、环保的办公环境，如使用绿色建材、节能设备等，让他们在日常工作中感受到绿色理念的渗透。为选择绿色出行方式的销售人员提供补贴或奖励，如骑行、步行或乘坐公共交通工具等，鼓励他们践行绿色生活方式，也是有效的激励方式。

2．目标激励

目标激励是指为销售人员确定目标，以目标来激励销售人员上进。企业应建立的主要目标有销售定额、毛利额、拜访客户数、新客户数、拜访客户费用和货款回收率等。其中，确定销售定额是企业的普遍做法。

许多企业为销售人员确定销售定额，规定他们一年内应销售的数量，并按产品分类细化。销售定额是在制订年度市场营销计划的过程中确定的。企业先确定一个可能达到的合理的预计销售指标，然后管理部门为各区域确定销售定额，各区域的销售经理再将定额分配给本区域的销售人员。

关于如何确定销售人员的定额有三种观点。高定额观点认为，定额应高于大多数销售人员所能达到的水平，这样可以刺激销售人员更加努力地工作；中等定额观点认为，定额应是大多数销售人员所能达到的，这样销售人员会感到定额是公平的，易于接受，并增强信心；可变定额观点认为，定额应依照销售人员的个体差异分别设定，某些人适合高定额，某些人则适合中等定额。

确定销售定额的实践经验表明，面对定额，销售人员的反应并不完全相同，无论实行何种标准，均会出现有些人因受到激励而发挥出最大潜能，有些人则感到气馁的情况。销售经理在确定定额时对人的因素应极为重视。一般来说，优秀的销售人员对精心制定的销售定额会作出良好的反应，特别是当薪酬根据工作业绩适当调整时。在针对销售人员个人确定销售定额时，应考虑销售人员以往的销售业绩、对所辖区域销售潜力、对销售人员工作抱负的判断及对压力与奖励的反应等多种因素。

3．物质激励

物质激励是指对取得优异成绩的销售人员给予晋级、奖金、奖品和额外薪酬等实际利益，以此来调动销售人员的积极性。物质激励往往与目标激励结合起来使用。研究人员在评估各种可行激励的价值时发现，物质激励对销售人员的激励作用最明显。可以为销售人员设定清晰、可量化的绿色销售目标，如月度绿色产品销售额、新客户获取量等；还为绿色产品设置较高的提成比例，以吸引销售人员积极推广绿色产品。

4．精神激励

精神激励是指对取得优异成绩的销售人员给予表扬，颁发奖状、奖旗，授予荣誉称号等，以此来激励销售人员上进。对于多数销售人员来讲，精神激励也是必不可少的。精神激励是一种较高层次的激励，通常对那些受正规教育的年轻销售人员更为有效。他们不仅有物质生活上的需要，而且有理想、成就、荣誉、尊敬、安全等方面的精神需要。尤其当物质方面的需要基本满足后，精神方面的需要就会更强烈。所以企业负责人应深入了解销售人员的实际需要。有的企业每年都要评出“冠军销售员”“销售状元”等，效果很好。对在绿色销售工作中表现突出的销售人员给予表彰和荣誉证书，增强他们的荣誉感和归属感。加强企业文化建设，让销售人员深刻理解绿色销售的重要性和意义，激发他们的使命感和责任感。

5. 培训激励

培训是企业发展的新动力。有些管理者错误地认为“培训是可有可无的事情，这几年企业一直未搞培训，企业还是一样照常运作”。这种观念实在可怕，当前市场竞争的关键是人才竞争，而人才的价值在于其积极的态度、卓越的技能和广博的知识。在知识爆炸和科技高速发展的时代，每个人的知识和技能都在快速老化，面对社会环境以及市场的快速变化，企业中的员工素质提高也就尤为重要。目前，管理理论家和实践家一致认为培训是一种投资，高质量的培训是一种回报率很高的投资。如今，销售人员所处的是一个市场变化迅速、商品更新换代快的时代，随着时间的推移，销售人员的销售能力下降，知识结构逐渐老化。因此，企业应该重视对销售人员的培训，建立一套完整的培训体系。这样不仅能够满足销售人员求知、求发展的需要，更新其知识结构，而且会使销售人员在激烈的竞争压力之余感受到企业的关心与爱护，从而在精神上激励他们，使他们始终保持高昂的斗志。开展销售人员培训的最佳时机是销售人员刚刚进入企业之时。企业对新招的销售人员要针对企业自身的特点通过专业授课培训、优秀销售人员的带领等形式对其进行相关产品、实际销售方法、技巧的培训，来消除其对未知领域的恐惧；通过管理者对新销售人员的鼓舞，以消除其心理上对销售的畏惧；也可以通过企业文化的培训使新销售人员更快地融入企业中，更早地进入工作状态。通过多方面的培训来激励销售人员，使他们对于企业的产品知识有很好的掌握，对企业逐渐形成认同感，有信心、有激情地投入自己的销售工作中。

具体做法包括：为销售人员提供绿色产品知识、环保理念、市场动态等方面的培训，提升他们的专业素养和市场敏感度；与环保组织、绿色企业等建立合作关系，共同开展绿色营销活动，提升品牌影响力和市场认可度；为销售人员提供必要的资源支持，如宣传资料、样品、展示用品等，帮助他们更好地开展销售工作。

6. 工作激励

当前企业员工在解决了温饱的问题以后，更加关注的是工作本身是否有吸引力，工作内容是否有挑战性，是否能显示成就，是否能发挥个人潜力，是否能实现自我价值。因此，注重工作本身所具备的激励作用，并能卓有成效地在工作中运用，是尤为重要的。

在进行工作激励时首先应该了解每个销售人员的兴趣、专长和工作能力，然后再将任务合理地分配给他们。其次，在职务设计中，应该尽可能考虑到工作的多样性、完整性和独立性，建立通畅的反馈机制，使员工及时了解工作的结果，不断完善自身的行为，形成高质量的工作绩效和高度的工作满足感，培养员工的忠诚度。

同时，为销售人员提供明确的晋升通道和职业发展规划，让他们看到在销售领域的广阔前景。鼓励销售人员在不同岗位和部门之间轮岗，增加其工作经验和视野；同时，组织销售人员之间的经验交流活动，分享成功案例和失败教训。

7. 企业文化激励

狭义的观点认为企业文化属于意识范畴，仅包括企业的思想、意识、习惯和感情等领域。而广义的观点认为企业文化是企业在创业和发展过程中所形成的物质文明和精神文明的总和，把企业员工的构成状况、企业生产资料状况和物质成果特色等看作企业文化的重要组成部分。企业文化的激励作用是指企业文化本身所具有的通过各组成要素来激发员工动机与潜在能力的作用，它属于精神激励的范畴。具体来说，企业文化能够满足员工的精神需要，调动员工的精神力量，使他们产生归属感、自尊感和成就感，从而充分发挥他们的巨大潜力。一旦员工对企业文化产生了强烈的共鸣，那么企业文化的激励功能就具有了持久性、整体性和全员性的特点和优势。除了以上激励方式以外，企业还可以由管理者向下属授权，让销售人员承担更多的任务，享有相应的权利，激发其责任心，更大地发挥销售人员的潜能，从而达到授权激励的目的。对于那些销售业绩突出的销售人员还可以实行股权激励的措施，即允许销售人员将其提成和奖励转为其在企业的股份，可以享受企业年终的股份分红，有对企业的经营提出自己的意见和建议的权利，使其真正成为企业的主人，这样可以更大地激发他们的工作热情。

弘扬企业的绿色文化和价值观，让销售人员深刻理解和认同企业的使命和愿景。通过企业文化活动、内部宣传等方式，增强员工的凝聚力和向心力。

（二）销售竞赛激励

销售竞赛是企业常用的激励销售人员的工具，可采取多种形式，充分发挥销售人员的潜力，促进销售工作的完成。

1. 销售竞赛激励的设计原则

竞争能激发销售人员求胜的意志，提高销售人员的士气。开展销售竞赛是一种较好的激励方式。有的销售主管没有一套严格的制度，高兴起来就大奖小奖一起发，人人获奖等于没奖，结果花了大笔费用达不到激励效果，反而影响士气。出现这种情况的主要原因是销售主管未能很好地掌握销售竞赛的用意及要领。竞赛奖励的目的是鼓励销售人员付出比平时更多的努力，创造出比平时更高的业绩。销售人员追求可见的成功，需要主管的赞扬和鼓励。竞赛要能激发销售人员的工作热忱，鼓励销售人员使出不服输的拼劲，即竞赛必须营造“想赢”的氛围。在设计竞赛项目及奖励办法时，应注意以下原则：

（1）奖励的面要宽。成功的奖励办法能鼓励大多数人。奖励面太窄，会使业绩处于中下水平的销售人员失去信心。

（2）销售竞赛要与年度销售计划相配合，以有利于企业整体销售目标的完成。

（3）要设立具体的奖励标准，严格按实际成果给予奖励，杜绝不公正现象。

（4）竞赛的内容、规则、办法力求通俗易懂、简单明了。

（5）竞赛的目标不宜过高，应使大多数人通过努力能达到。

（6）有专人负责宣传推动，并将竞赛情况适时公布。

（7）要召开启动销售竞赛的会议，并以快讯、海报等形式进行追踪报道，渲染竞赛的热烈气氛。

（8）精心选择奖品，奖品最好是大家都希望得到，但又舍不得自己花钱买的东西。

（9）奖励的内容有时可把家属考虑进去，如奖励销售人员带家属旅游。

（10）竞赛活动结束，马上组织评选，公布成绩，并立即召开总结会，颁发奖品。

2. 销售竞赛目标的设定

销售竞赛费用是企业的常用开支。有了销售竞赛费用，就可以设定相应的竞赛目标。有些主管设想了许多竞赛形式，甚至构思了既响亮又吸引人的主题或宣传语，却忘了设定竞赛的目标和预期效果。在拟定竞赛办法时，首先要确立竞赛的目标定位。竞赛是利器，可以制胜也可以伤人，关键要看竞赛规则、办法、奖励方式与竞赛的目标是否一致。如果偏离了方向，竞赛就失去了意义，甚至会产生相反的作用。下面根据实际经验提供一些可行的销售竞赛目标及奖励方式：

（1）提高销售业绩奖。对达到目标者、超过上次销售业绩者、业绩排名前五者、团体销售业绩名列前茅者，都可以给予一定的积分或积点奖励。

（2）特殊产品销售奖。对特殊产品（如新产品、库存滞销品）销售业绩较好者给予积分或积点奖励。

（3）开发新客户奖。对开发新客户的数量及绩效排名靠前者给予积分奖励。

（4）新人奖。对新销售人员中业绩好者予以奖励。

（5）训练奖。训练新人使绩效最高者得奖。

（6）回款奖。对坏账率最低者、即期结账比例最高或总额最大者给予奖励。

（7）淡季特别奖。在淡季、节假日可以举行特别的定期定时竞赛，对优胜者给予奖励。

（8）市场情报奖。对协助企业收集市场情报最多、最准确、最快速者给予奖励。

（9）降低退货奖。对退货量最小或占销售总额比例最低者给予奖励。

（10）最佳服务奖。根据客户反映及企业考察，对服务态度最好、服务质量最高者给予奖励。

有些企业的营销目标是多元化的，在开展销售竞赛时也会有不同的目标。例如，销售消费品的企业要经过销售人员、批发商、零售商及消费者多个层次，才能将产品送达使用者手中。这类企业应制定多对象、多目标的竞赛办法，只有这样，才能环环相扣，形成推动销售计划的力量，也才能切实执行制胜的营销策略。按行业和产品的不同，竞赛体系可以是网络式的，也可以是多层次的。例如，家用电器产品是通过零售店（或专卖店）销售的，可采用两层式的竞赛方式，即同时激励企业销售人员和零售店。对于汽车零部件，则可采用包括制造商的销售人员、经销店及汽车修理厂在内的三层式竞赛方式。无论选用何种方式，关键是把整个销售体系中的有关人员同时列为竞赛的激励对象。如果只以销售人员为竞赛对象，经销店或汽车修理厂不会积极参与产品的销售，就会造成负面效果或成为竞赛的障碍。所以，最好的办法是让大家都参与进来，调动大家的积极性。

不同目标、不同参与对象的多层次竞赛方式，得奖的层次不同、对象不同，竞赛的标准和评价方式也不同，但奖品可以相同。例如，对汽车修理厂可以给予抽奖券，每进货多少单位即发给一张抽奖券；对经销店，可将同期销售增长率换算成点数，积分点数高者有奖；对销售人员，则计算目标达成比率或与前期比较的业绩成长率，绩优者有奖。在这样的安排下，不同层次的销售人员相互激励，自然会产生较大的推动力。

3．销售竞赛的实施

实施销售竞赛需要做深入细致的准备，包括确定竞赛的主题、规则及注意事项，参赛对象及入围标准，时段时机、奖励方式及奖品等。具体涉及以下方面：

（1）竞赛主题。任何竞赛都必须设定一个主题，如南北对抗赛、周末大竞技等。

（2）参赛对象。规定资格限制，明确是只限外勤销售人员参加、内外勤均可参加，还是经销商、销售网络成员均可参加。

（3）入围标准。明确依据是总额累计、个人业绩增长比率还是团体业绩总额；是否考虑特殊情况或问题。

（4）奖励标准。明确是只取前几名还是达到要求者都有奖。

（5）竞赛办法。明确是否有需要加以解释及说明之处。

（6）评审过程。评审要及时、合理、公平，确保无漏洞及虚假之处。

（7）奖品选择。主要看奖品能否吸引参赛人员。奖品可以是奖金、奖杯、奖章，也可以是抽奖券、购物券或汽车、手表、皮包等。

4．销售竞赛激励活动的管理及评估

（1）专项管理。销售竞赛是一项重要的活动，在销售主管的指导下，自始至终要有专人负责管理，一旦出现问题能够及时发现和解决。

（2）预算管理。销售竞赛的费用较大，绝不能公开办法、宣布奖品就算了事，而应进行成本效益分析。下面举例说明编制竞赛预算的一般方法。

假定竞赛的目标是竞赛期间的销售额比平时增加 15%，若平时每月的销售额是 2 000 万元，竞赛的目标就是增加约 300 万元。若企业的利润率为 20%，则竞赛所能增加的利润为 60 万元。假设盈利的 20%可用来举办竞赛，则可花的竞赛费用为 12 万元。设定获奖最低标准后，应估计会有多少人入围得奖，假定有 20 人入围，则平均每人可得奖金 6 000 元。

（3）时间管理。安排竞赛时间，要考虑全年度销售计划以及特殊季节、假日等因素。小型竞赛一般以 2～6 周为宜，大型竞赛为期 1～3 个月。时间过长，会使销售人员不愿太早冲刺或中途失去兴趣及热情。

（4）组织管理。竞赛期间，为了引起大家的关注，应加强宣传，营造气氛。销售主管应亲自到各营业单位宣布竞赛办法及意义，鼓舞士气。在竞赛中应定期发布竞赛信息，如每日快讯、每周报道、倒计时、冲刺日报等。对其他环节如存货的准备、后勤作业、送货及相关作业要谨慎做出安排，以免出现疏漏，影响竞赛效果。

（5）活动评估。许多主管在竞赛后仅注重公布的结果，成绩佳则风风光光颁奖或吃喝一顿，成绩不佳则草草收场。竞赛结束后，应及时进行正式的评估与分析，看目标是否达到、经验何在、教训何在。若发现作弊行为（如开假订单、报假账、联合报账等）要严肃处理。

案例分析　小米：雇主界的“造梦师”，公司员工激励政策研究

一、“双碳”催生新职业！高薪争抢人才，小米一个月 4 万元招碳排放专家

近年来，与“双碳”相关的“绿色”新职业——碳排放管理员获得社会广泛关注。人社部、国家市场监督管理总局、国家统计局正式将碳排放管理员列入《中华人民共和国职业分类大典》。这一职业的主要工作任务包括：监测企事业单位碳排放现状；统计核算企事业单位碳排放数据；核查企事业单位碳排放情况；购买、出售、抵押企事业单位碳排放权；提供企事业单位碳排放咨询服务。

各行各业对“双碳”人才的需求正在迅速扩大。放眼望去，在 BOSS 直聘、猎聘、前程无忧等招聘软件上，能源、汽车、房地产、计算机、金融等行业放出大量上述岗位需求。

时代周报记者查询，猎聘和“碳”相关的岗位需求超出400条。其中，碳材料研发、碳积分核算、碳资产管理/碳交易员、碳咨询工程师等最为热门。

例如，小米也放出了一则名为整车工程-碳排放专家的岗位需求，月薪资范围为2万~4万元。工作要求包括制定碳中和路径及目标、推动各组织/部门相关碳减排工作开展；熟悉汽车全生命周期碳排放管理，并能够对各环节的碳中和工作予以指导等。

二、小米公司是如何激励员工的？

在员工激励方面，小米近年来频频出圈。2022年3月，小米向4 931位基层员工授予约1.749亿股小米股票，股份总额价值约合人民币21.05亿元，这是小米自创立以来规模最大的一次股权激励。小米创始人雷军一直坚信：“一个人可能走得快，一群人才能走得远。”近年来，小米不断完善公司的员工激励体系，在薪酬、培训、福利等方面为员工提供了充分的关怀与保障。

（一）物质激励

与其他直接进行现金奖励的企业不同，小米公司选择用股权、基金、限制性股票等方式对员工进行物质激励，以满足企业中长期的人才需求。自2019年上市以来，小米集团共发布了14次股份奖励计划，激励对象由高管逐渐下沉至一线的研发、运营和销售人员，覆盖了公司上万名优秀基层员工。除了股权，小米也会授予员工限制性股票来进行激励和挽留，员工需要达到一定的工作年限或者实现某个工作目标，才能解锁股票并从中获取收益。还有一类则是基金回馈计划，公司会邀请员工投资小米发展基金，如果员工在投资后的5年内离职，仅能收取初始投资的本息。如能待满5年可成为基金权益持有人，此后离职时可要求小米按公允价值回购股份。

（二）员工福利与保障

小米不遗余力地关心员工生活。除法定的社会保障之外，小米还向员工提供年度体检、生日福利、结婚福利、生育福利和周年纪念等多种关怀政策。2021年，小米花费7亿元在北京兴建小米员工公寓，旨在减轻员工租房难、租房贵的压力。在工作上，小米为外派员工提供全球商务差旅保险，包含意外财产损失、医疗、航延等，保障员工在海外的人身财产安全。小米还推出了EAP援助计划，通过线上、线下方式对员工及其亲属提供免费的、专业的心理咨询，帮助其疏导心理问题。

（三）培训激励

小米致力于为全球员工提供涵盖科学技术、管理技能、营销思维等不同知识类别的培训机会，2019年，小米公司成立了“清河大学”，目标是打造一所具有小米特色的企业大学。为了提升员工的职业胜任力，“清河大学”针对不同学员量身定制培训计划，包括针对应届生的入职培训，针对管理人员的领导力培训，针对营销人员的市场研究和销售管理培训，针对员工的通用力、专业力培训等。目前，清河大学学习平台共上线课程469门、学习项目103个，覆盖人数总计超过12 000人。

（四）晋升激励

小米重视员工发展、期待与员工共同成长。为了给员工提供公平透明的职业发展路径，小米每年都会按照职级体系来做答辩晋升，整个集团层面统一，所有部门都参加，晋升速度和个人经验、个人能力息息相关。同时，小米也为做出重大贡献的员工提供激励机制和奖励晋升通道。小米希望以人才梯队建设的形式培养年轻有潜力的员工，为公司的可持续发展打下坚实的人才基础。

（五）工作与生活平衡

小米倡导工作与生活平衡，重视为员工创造休息和娱乐的机会，打造幸福暖心的职场氛围。小米有自己的食堂，品种丰富而且价格十分便宜，除了下午茶，小米公司售货机的饮料都是一两元一瓶。在公司内部，小米会不定期地举办纪念日庆典或主题娱乐活动，如十周年庆典活动、小米达人秀、小米家庭日、小米卡丁车竞赛、小米科技园开园庆典等。同时，小米公司还在公司内部成立了篮球、羽毛球等不同主题的员工俱乐部，从而丰富员工的休闲和社交生活。

资料来源："双碳"催生新职业！高薪争抢人才，小米一个月 4 万招碳排放专家，https: finance.sina.com.cn/chanjing/gsnews/2022-01-24/doc-ikyamrm27103034.shtml。

小米公司是如何激励员工的？，https: //www. hrsee.com/? id=2643。

问题讨论：

1. 本案例中，小米公司的员工激励政策涉及了哪几种激励方法？

2. 小米公司的员工激励政策有哪些优势？存在的问题又是什么？你认为小米公司还可以从哪些方面完善自身的员工激励政策？

3. 你认为小米公司员工激励政策的哪些部分体现了雇主的人文关怀？这些措施能够为员工个人、企业组织和整个社会带来哪些重要的影响？

任务四　销售人员的考评与薪酬

案例导入　快速消费品行业：销售人员薪酬分析

近年来，市场竞争日益激烈，快速消费品行业以其独特的行业特点，在各行业的薪酬排名中持续前进，特别是主管级别以上的管理人员，年薪更是接近高科技行业从业人员的年薪，但是快速消费品行业销售人员的薪酬依然存在一些问题，如薪酬考核指标设置不合理。薪酬问题一直是企业人力资源管理的关键问题，好的薪酬制度不仅能够吸引人，更能激励员工发挥个人潜力。针对快速消费品行业销售人员的薪酬现状和问题，本文将对如何建立一种既适合企业发展又能激励员工的薪酬制度展开深入的研究。

一、快速消费品行业的总体薪酬环境

近年来，快速消费品行业快速发展，企业管理日趋规范化。独特的行业优势使快速消费品行业的薪酬呈现出以下特征。

1. 部门经理层、专业经理层收入较高

根据调查，快速消费品行业经理层人员薪酬水平处于高位，2011 年实际涨薪幅度为 12.8%，超过全行业平均水平。部门经理层和专业经理层人员的年薪超过 100 000 元，其中部门经理层年薪平均值达到 190 000 元；专业经理层年薪平均值为 130 000 元，月薪超过 10 000 元；主管层和专业层员工年薪在 50 000 元左右。

2. 销售类岗位涨薪幅度大

调查显示，快速消费品行业中销售类员工的涨薪幅度超过了平均值（12.8%），涨薪幅度超过了其他职位。这说明企业重视对销售类岗位员工的培养。根据调查，75%以上的企业认为城市经理和大区经理是企业人才储备的重点，另外，渠道经理和大客户经理也是该行业较重要的岗位，分别有68%和65%的企业将这两类人员作为招聘的重点。

3. 基层销售人员薪酬与销售经理差距大

据调查，快速消费品行业的薪酬起点较低，快速消费品行业的基层销售人员主要吸收毕业生，毕业生的薪酬在1 500～2 000元，与行业内其他销售经理的薪酬差距较大。

二、快速消费品行业销售人员的主要薪酬问题

1. 基层销售人员薪酬水平低，不满情绪增加

快速消费品行业中，只有个别级别的销售岗位，如销售主管、城市经理、区域经理、销售主管的薪酬才比较高，而其他基层销售人员，如销售代表的薪酬较低，销售人员的薪酬水平差距大。销售人员收入差距大这一现象产生的原因是快消行业对销售人员的能力、素质、客户关系等有很高的要求，企业愿意为优秀的销售人员支付较高的薪酬。但是薪酬差距大，基层销售人员薪酬水平低，降低了基层员工的满意度，增加了基层员工的离职率。

2. 薪酬构成单一化

目前在我国快速消费品行业中，销售人员的薪酬模式绝大多数都采用了直接经济性薪酬模式，如基本工资+佣金形式，或者法定福利项目，而忽视了非经济性的薪酬激励模式。直接经济性薪酬模式只考虑了物质方面的激励，激励时间较短，缺乏持久性。法定福利项目目前在我国市场上比较普遍，已经成为一种必需的福利，因此激励效果不强。而非经济性的薪酬激励模式激励时间较长，具有持久性，激励效果较强。目前快速消费品企业为了吸引优秀的人才，需要反复使用单一的薪酬激励，这导致企业成本持续增加，同时也使同部门的其他员工产生不满情绪。

3. 销售人员薪酬方案绩效指标不科学

目前，有些快速消费品企业的薪酬方案一直将销售量、销售额作为绩效评估的重点，简单地根据销售量、销售额评价员工的工作成绩，而没有设计其他的反映员工综合能力的绩效指标，如工作态度、责任心、顾客满意度等。而有些快速消费品企业虽然设置了众多销售考核指标，但是重点不突出，不易理解。例如对长沙百事可乐公司销售人员薪酬调查发现，销售人员的奖金考核项目由销量、绩效关键指标以及销售目标组成，其中销售根据产品总销量和客户拜访量分类，同时根据不同产品进行销量分类；KPI指标由销售拜访成功率、应收账款和SKU单品订单铺货率构成；销售发展指标会根据每个月的销售档期不同而设置1～2个销售发展目标，销售考核指标众多，销售代表不易理解且重点不突出。

绩效评估指标不全面、不科学使员工的实际绩效难以被公平地评价，容易导致员工薪酬的不公平，影响员工工作的积极性，企业也可能对不必要的工作支付额外的报酬。

三、快速消费品行业销售人员的薪酬对策

1. 合理设计薪酬结构，提供业务培训机会

为了提高基层销售人员的薪酬满意度水平，快速消费品企业可以基于基层销售人员专业知识和工作技能匮乏、工作效率低的特点，设计具有激励性和鼓励性的薪酬体系。在传统的基本薪酬+绩效的薪酬结构中重新定义基本薪酬的概念，并增加奖金的内容。基本薪酬为无

责任底薪，在基层销售人员没有完成规定销售额度时也可以领取，体现薪酬的保障性；奖金根据基层人员的特点设计不同的科目，如创新意见奖、客户满意度奖、出勤率高奖等，通过多种评价方式，公平地评价基层销售人员的工作情况，提高基层人员的满意度，降低离职率。

另外，针对基层员工工作技能、专业知识匮乏的问题，企业通过多种方式提高基层员工的知识和技能，进而提高基层员工的薪酬水平。一方面，通过老员工带新员工的方式，让基层员工在实践中学习老员工的工作方式、处理客户问题的技巧等，迅速提高基层员工的实践能力，同时企业给予老员工一定的经济补偿，以保证学习的效果，并激励员工之间互相帮助；另一方面，企业定期组织学习和讨论，由员工分享工作的经验和感受，从而使基层员工直接学习到工作的技巧。

2. 构造全面薪酬模式

根据全面薪酬模式，员工的薪酬分为经济性薪酬和非经济性薪酬，经济性薪酬又分为直接薪酬和间接薪酬，不同的薪酬有不同的作用。目前，快速消费品企业要增加间接经济性薪酬的比重，同时要补充非经济性薪酬的内容。

一方面，增加间接经济性薪酬的种类，如保障员工享受法定福利；为员工提供健康保险、意外保险等企业保障计划，适应销售人员工作压力大、工作环境条件多变的特点；提供以满足一定绩效目标为前提的带薪假期福利，缓解员工的工作压力；提供通信费用、交通费用、差旅费用等补助，及时补充员工的经济利益损失。通过这些方式使员工的报酬支付方式更加丰富和全面，满足员工多方面的需求。

另一方面，为员工的薪酬体系增加非经济性报酬的内容，从精神层面对员工起到激励作用。快速消费品企业管理者可以通过言论或行动表扬有突出贡献的销售人员，让销售人员充分感受到自身的工作价值；授予销售人员适当的市场决策权力，适应销售人员自主性强的特点，激发员工的工作热情；给予销售人员更多培训机会和晋升机会，挖掘他们的潜能。非经济性薪酬作为补充的薪酬模式，可以激励和激发员工，提高员工的忠诚度。

3. 合理化设计薪酬考核指标

快速消费品行业销售人员的薪酬考核指标设计要避免过于复杂，多关注核心产品，设置核心指标，简化考核项目，使考核项目尽量量化并易于理解。例如，将销售人员的薪酬按 6∶4 的比例分为基本工资和奖金两部分，奖金部分分为销售奖金和 SDO 奖金（销售目标奖金），销售奖金占 60%，销售产品以核心产品和成长产品为主，突出销售人员以销售产品为主的特点，同时避免产品种类过多、项目不易考核的情况。SDO 奖金占比为 40%，以衡量销售人员的其他能力，包括工作能力指标、工作态度指标等，这类指标还可以进一步细分为专业知识、人际沟通能力、合作能力、责任心、成本意识等指标。

资料来源：快速消费品行业销售人员薪酬分析，http: //www.chnihc.com.cn/research-center/research-industry/successful- technology/ 02/2072.html?1429500529。

教师启发：评判销售人员的业绩，需要秉持公平正义的原则，树立正确的价值导向与竞争意识。公正、公平、合理地对待每一位员工的表现，走好人才自主培养之路。人才考核要坚持实事求是，要深入实际了解事物的本来面貌，形成向上向善的文化氛围，不断提升企业的精神凝聚力。

为了对销售人员进行有效管理，企业必须对销售人员的工作业绩建立科学的评估考核制度，以此作为分配薪酬的依据。

课前讨论：你认为快速消费品行业销售人员的薪酬设置有哪些问题？应如何加以改进？

知识便签

一、销售人员的业绩考评

销售人员的业绩考评是销售管理的重要环节，通过考评可以对员工的工作进行评价，同时考评也是给予销售人员薪酬和提升的依据。业绩考评是一种正式的员工评估制度，是用过去制定的标准来衡量工作绩效以及将业绩结果反馈给员工的过程。业绩考评的有效实施，有助于激发销售人员的工作热情，提高其工作效率，通过不断地改善销售人员个人的业绩来提升企业的整体效益。

（一）业绩考评的意义

销售经理对销售人员进行管理的基本内容之一，就是对销售人员进行考评。业绩考评可以提高企业的效率和竞争力。考评通过将销售人员实际的工作结果与组织为其设置的目标和指标相比较来衡量管理计划的有效性及执行的质量，以便管理者能够及时采取必要的行动，使管理更富有效率，保证企业销售目标的完成。总体来说，业绩考评的意义体现在以下几个方面。

1．考评有助于实现企业的销售目标

销售管理工作开始于销售目标的制定，也是其他工作环节的最终目的所在。销售经理通过定期收集和分析销售人员完成销售工作的情况检验目标的实现程度。在对销售人员业绩的考评过程中，企业可以发现计划的不合理之处，从而进行改正；同时，企业可以发现实际情况与计划的差异，从而查找原因，给予销售人员有针对性的指导，引导销售人员的行为朝着有利于销售目标的方向努力，从而实现组织目标。

2．考评有助于提高组织的生产效率和竞争力

销售人员个人工作效率的高低决定了组织的生产效率和竞争力的强弱，个人业绩的集合反映了组织整体效益。业绩考评通过对销售人员工作业绩的记录、工作行为的分析、工作态度的衡量，有针对性地提出措施去改善销售人员的态度、提高销售技能，从而提高工作效率和业绩，最终实现整个组织的工作效率和竞争力。

3．考评是确定薪酬和奖惩的依据

科学的考评和公平的薪酬，对激励销售人员有着重要的意义。有效的业绩考评方案是对销售人员的行为、态度、业绩等多方面进行全面而公正的考评，能够对销售人员的综合表现给出比较客观的评价，并将其与员工的薪酬、晋升、奖励、培训等挂钩。不同表现的销售人员最终得到不同的结果，有助于形成相互竞争、不断进取的组织氛围。

4．考评有助于发掘和培养人才

通过业绩考评可以有效地衡量销售人员的实际销售能力。业绩考评的结果能够对销售人员是否适合销售工作作出比较客观的判断。通过考评可以发现他们缺乏的知识和技能，从而进行有针对性的培训和改进；也可以发现他们没能充分发挥的潜力，给予他们更多的机会施展其才华。

5．考评有利于加强对销售人员及其销售活动的管理

一般情况下，销售经理每个月都对销售人员进行一次考评。定期的考评可以让销售人员及时了解自己的工作业绩情况，督促其不断地发现问题、改进工作技能、提高销售活动的效率，从而使各个销售区域的销售业务量不断增加。同时，考评会让销售经理随时监控销售人员的行动计划，及时发现偏差，帮助销售人员改正。

（二）业绩考评的原则

1．实事求是原则

考评过程中采用的标准、数据、记录等必须建立在客观事实的基础之上，切忌主观武断。对于客观标准，如销售量、订单数量、平均每日访问次数，一般准确性比较高。但是，对于一些主观标准，如工作态度、倾听技巧、人际关系等，很难用定量化的指标衡量和描述，在对其进行评价时容易带有主观性和偏见。因此，为了保证考评的准确、有效，考评应该遵循实事求是、客观公正的原则。

2．重点突出原则

在业绩考评的过程中，还要考虑到效率和成本的问题。为了提高考评的效率、降低考评成本，必须做到突出重点。在确定考评指标时，应以影响销售利润和效率的指标为主，其他指标为辅。如果没有重点，采用涵盖销售岗位工作所有方面的指标，将会使考评工作耗费大量的时间和精力，还会误导销售人员今后的工作方向。因此，考评指标不宜过多，而应该突出重点，对不同的指标给予不同的权重。

3．公平、公开原则

在业绩考核的过程中，必须坚持公平、公开的原则，在公开的基础上，保证业绩评估的全面性、公平性和权威性，取得上下支持，使考评工作顺利进行。在制定考评标准时，应该使相关者尽量参与其中，考评过程中应及时将考评工作的进展情况、结果公布出来，减少考评工作的神秘感。

4．定量与定性相结合原则

定量考评指标大多是以数据的形式考核，比较准确、科学、客观，能够把考核者的偏见和主观性降到最低程度，最终有效地衡量销售人员的业绩。但是，与销售人员业绩相关的许多活动很难用定量的形式考核，所以有必要采用定性指标来考评销售人员的性格特点、工作态度、工作质量等重要因素。

5．积极反馈原则

业绩考评工作的结束并不是评估的终点，评估工作是一个不断循环的过程，本次评估工作的结束是下一次评估工作的开始。在业绩考评工作之后，企业应该组织相关人员进行各种方式的反馈，把结果反馈给考核者，好的做法应该坚持下来，不足之处应该改正。

6．可行性和实用性原则

每次评估活动都会受到客观条件（如人力、物力、财力、时间等）的限制。因此，业绩考评方案应具有可行性，即各考核指标能够容易获得。考评的方法和工具应具有实用性，即能够满足评估目的的要求。只有这样，考评工作才能顺利完成，实现考评目标。

（三）业绩考评的程序

销售人员的业绩考评工作应按照一定的程序进行，一般包括以下五个步骤：

1．收集考评数据和资料

在进行销售人员业绩考评时，对销售人员的资料、信息收集一定要全面和充分。资料的来源主要有销售人员的销售报告、企业销售记录、顾客意见、企业内部职员意见等。其中，最重要的来源是销售报告，这是考评销售人员的主要依据。

（1）销售人员的销售报告

销售人员的销售报告可分为销售活动计划报告和销售活动业绩报告两类。销售活动计划报告包括地区年度市场营销计划和日常工作计划等。一般来说，销售人员制订的年度市场营销计划中会提出发展新客户和增加与现有客户交易的方案。有些企业要求对销售区域的发展提出一般性意见；另一些企业则要求列出详细的预计销售量和利润估计。它们的销售经理将对计划进行研究，提出建议，并以此作为制定销售定额的依据。

日常工作计划由销售人员提前一周或一个月提交，包括计划进行的访问和巡回路线。管理部门收到销售代表的行动计划后，有时会与他们接触，提出改进意见。行动计划可指导推销人员合理安排活动日程，为管理部门评估其制订和执行计划的能力提供依据。

销售活动业绩报告主要提供已完成的工作业绩，如销售情况报告、费用开支报告、新业务的报告、失去业务的报告、当地市场状况的报告等。

（2）企业销售记录

企业内的有关销售记录如顾客记录、区域的销售记录、销售费用的支出等，都是评估的宝贵资料。通过销售发票、客户订单、会计记录等可以得到许多关于销售人员的销售数量、毛利、平均订单规模等信息。顾客的销售记录则可以用来评估为客户服务的销售人员的销售情况。

（3）顾客意见

评估销售人员应该听取顾客的意见。有些销售人员业绩虽然很好，但在顾客服务方面做得并不理想，特别是在产品供不应求的时候。一般来说，收集顾客意见的途径有两种：一种是顾客的信件和投诉；另一种是定期进行顾客调查。

（4）企业内部职员意见

这一资料的来源主要来自企业内部其他有关人员的意见，如营销经理、销售经理、其他销售人员或其他人员的意见。这些资料可以提供一些有关销售人员的合作态度和人际关系技能方面的信息。

2．建立业绩考评标准

销售人员业绩考评的标准包括定量考评标准和定性考评标准。一般来说，定量考评标准能够最有效地用于考评销售人员的业绩，定性考评标准主要用于考评销售人员的工作能力。在评估定性考评标准时，应当注意把考核者的个人偏见和主观性降到最低程度。常用的销售人员定量和定性考评标准如表 2-1 所示。

表 2-1　销售人员定量和定性考评标准

定量指标			定性指标
投入指标	产出指标	比率指标	
1. 销售访问 • 访问次数 • 日平均访问次数 2. 工作时间 • 工作天数 • 销售时间与非销售时间 3. 直接销售费用 4. 非销售活动 • 广告展示 • 写给潜在顾客的信件 • 打给潜在顾客的电话 • 与经销商、分销商会见的次数 • 接受顾客抱怨的次数	1. 销售量 • 销售额 • 销售产品的数量 2. 销售量所占比率 • 定额 • 市场份额 3. 按产品和顾客划分的毛利 4. 订单 • 订单数量 • 评价订单规模 • 撤销的订单数量 5. 顾客 • 现有的顾客数量 • 新开发的顾客数量 • 流失的顾客数量	1. 费用比率 • 销售费用比例=费用/销售额 • 每次访问的平均费用=费用/访问次数 2. 客户开发与服务比率 • 客户渗透率=购货顾客数/所有潜在顾客 • 新顾客转化率=新顾客数/顾客总数 • 流失顾客的比率=未购货的老顾客/顾客总数 • 顾客平均规模=销售额/顾客总数 3. 订单比率 • 订单平均规模=销售额/订单总数 • 订单取消比率=被取消的订单数/订单总数 4. 访问比率 • 每天访问次数=访问次数/工作天数 • 顾客平均访问次数=访问次数/顾客总数 • 击中率=订单总数/访问总数	1. 个人努力 • 时间管理 • 拜访的规划和准备 • 处理顾客不满和成交的能力 • 销售陈述的质量 2. 知识 • 产品知识 • 企业和企业政策 • 竞争者的产品和战略信息 • 顾客知识 3. 顾客关系 4. 个人形象和健康 5. 个性和态度 • 自信心 • 责任感 • 逻辑分析能力 • 决策能力 • 合作精神

（1）定量指标

定量指标是销售组织对销售人员工作业绩量的方面的期望与要求。一般来说，用预先制定的定量指标进行考评更加客观、直接。定量指标主要可归为以下三类

1）投入指标

投入指标考察的是销售人员付出的努力，而不是这些努力所导致的结果。相对结果来说，销售人员的努力行为更容易控制和改进。因此，在考评过程中通过发现导致销售业绩下降的个人努力因素，为销售管理提供改进的对象，从而提高销售人员工作的热情、质量和技能，最终提高销售业绩。

客户访问次数：影响销售业绩的一个重要因素就是访问客户的次数，访问次数在一定程度上与销售业绩成正比，也可以反映销售人员工作的勤奋程度。销售访问进一步分为计划内访问次数与计划外访问次数。计划内访问次数可以反映销售人员对客户的了解和掌控

的程度，而计划外访问次数反映了服务客户过程中出现了意外情况或失误的次数。

工作时间和时间分配：工作时间和时间分配这两个指标能够直接用来考评销售人员与客户联系的程度。因而在许多企业，工作的天数以及每天访问的次数，已经成为评价销售人员工作努力程度的例行考评指标。通过销售人员的工作时间以及其时间上的分配，可以判断该销售人员的工作效率。时间分配主要分为旅行时间、办公室时间和销售访问时间。

直接销售费用：销售费用指标反映的是销售人员进行销售工作时在财务上的耗费。这个指标可用于衡量每次访问的成本等。许多企业将销售费用细分为各种类型，如交通费、住宿费、招待费等。企业既可以根据这些费用的总额来进行考评，也可以根据费用占其完成销售额的百分比来进行考评。通过将发生的费用与实际完成的销售业绩进行对比得到一个相对数，会更有考核价值。

非销售活动：长期来看，决定销售人员工作业绩的因素不只是销售人员与客户的直接接触，还应该包括一些非直接的努力。因此，企业有必要对销售人员的非销售活动加以考核。此类指标主要有：发出销售信件的数量、拨打销售电话的次数、向企业提出合理销售建议的次数。另外，有一些宣传性工作也属于此类考核范围，如举办促销或广告展示会的次数、召开经销商会议的次数、为经销商开办培训班的次数、访问经销商的次数、收到客户意见的数量等。

2）产出指标

产出指标是考评销售人员业绩的最为重要的指标。

销售量：销售量是绩效考评的重要指标，是销售工作重要的产出指标。考察销售量时不应该简单地以销售量的绝对数作为评价业绩的标准。因为在实际工作中，不同地区、不同产品、不同顾客群所具有的潜在销售量是不同的。因此，应该根据不同地区、产品、顾客群的具体情况确定销售人员的销售定额，然后与销售人员的销售情况进行比较，以此相对数来判断任务的完成情况。

订单数量和规模：一般来说，订单数量的多少可以反映销售成功与否。订单规模的大小，通常更能反映出销售人员的工作能力、销售技巧及效率。如果每份订单的规模都比较小，说明销售人员可能时间管理不合理，将大量时间用于访问小客户上，而忽视了大客户。取消订单的数量可以衡量销售工作的有效性。如果一位销售人员的订单有很多被取消，则意味着他在进行销售的过程中可能过多地采用了强制性的战术，使客户在事后感到后悔而取消订单。

客户数量：客户数量指标可以用来反映销售人员驾驭自己的销售区域的能力。现有客户数量反映了销售人员已控制市场的大小；新客户数量反映了销售人员开发新市场的力度和成效。客户流失数量可以用来考评销售人员在保持顾客忠诚度方面所做的努力和效果。逾期不付款的客户数量可以反映销售人员对客户信用考察的程度。预期的潜在客户数可以反映销售人员对潜在客户的判断能力的高低。

3）比率指标

常用的比率指标有以下几种：

销售目标完成率：销售定额一般是根据各个地区市场潜力的大小、往年的销售情况、不同的产品、顾客的类型以及企业的营销战略等因素确定的。

$$销售目标完成率=实际销售额/销售定额\times100\%$$

销售费用比率：销售人员发生的费用一般包括出差费用、业务费用、薪酬等。销售费用比率高于平均水平，可能是销售人员工作效率低，也可能是其所在的地区市场潜力小。

销售费用比率=实际销售费用/实际销售额×100%

日均拜访客户数：日均拜访客户数反映了销售人员工作的努力程度，通常与其工作业绩成正比。

日均拜访客户数=拜访客户总数/工作总天数×100%

货款回收率：通过此指标的评估，可以督促销售人员尽早收回货款，减少应收账款和坏账的比率，增加企业的现金流。

货款回收率=已收货款/销售额×100%

（2）定性指标

在建立定量考评指标时，也要建立定性指标，因为这类指标有时更反映销售人员工作的主动性、销售技巧以及个性特征等。定性指标考评的关键在于降低其主观性。定性指标一般包括以下几点。

①销售技巧指标，其包括发现卖点、展示产品的技能、倾听技巧、克服客户异议、达成交易等。

②销售区域管理指标，其包括销售访问计划、费用控制、销售记录、收集客户信息等。

③客户与企业关系指标，其包括对与客户、同事以及企业关系的处理。

④个人特点指标，其包括合作精神、工作态度、人际关系、个性、能力等。

3．选择考评方法

（1）评分法

评分法就是考核人员对销售人员的销售行为进行打分，分值一般采用百分制。考核指标通常包括工作态度、创新能力、销售技能、外表和举止、沟通技能、计划能力、时间管理、产品知识、判断力、竞争知识、企业政策知识、报告准备和提交等。

（2）图标尺度法

图标尺度法是指用图标尺度来衡量销售人员的销售行为。衡量销售人员沟通技能时可以采用如图 2-6 所示的图标尺度。

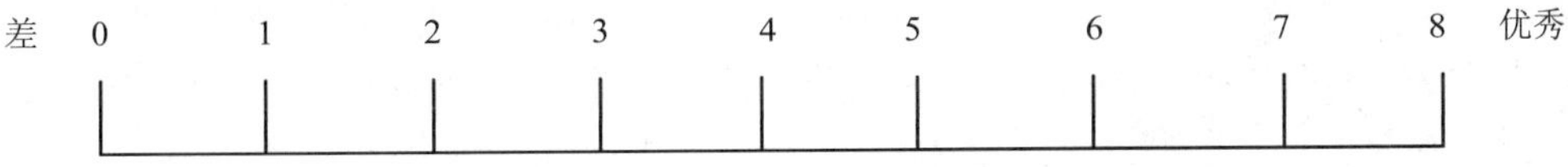

图 2-6　沟通技能图标尺度考评示意图

（3）BARS 法

行为锚尺度（behaviorally anchored rating scale，BARS）法是指以行为作为基础的分级法。BARS 体系以行为为评价尺度，评价尺度上的每一个判断点，都可以由与工作有关的具体实际行为来说明。BARS 体系认为各种影响销售业绩的因素的影响力是不同的，考评的关键就是找出主要影响因素。BARS 体系的逻辑是：首先确定那些对销售成功起关键作用的行为：然后，恰当地描述这些行为，并给予一个分值（0～5 分）；最后，在此基础上对销售业绩进行考评。整个考评过程一般应包括如下步骤：第一，由第一组专家确定销售业绩的具体表现形式：第二，由第二组专家回忆以前好的与坏的典型业绩实例，并进一步分析原因，确定哪些行为是决定业绩好坏的关键行为：第三，由第三组专家（或原来的第一组专家）将各种关键行为与相应的业绩表现联系起来，并根据业绩表现的有效性给予评分（0～5 分），作为评价尺度；第四，用这一评价尺度来评价销售行为。表 2-2 就是一个用 BARS 法来考评销售人员时间管理的例子。

表 2-2　用 BARS 法考评时间管理

时间管理绩效描述	行为评价标准
非常高：能非常好地进行时间管理	5 能很好地安排时间，能够按时完成和提交报告，按计划进行面谈 4 能很好地安排时间，提交报告很少迟到，并经常按计划进行面谈
中等水平：能达到时间管理的一般水平	3 大量工作能按计划去做，许多报告能按时提交，有时也能按计划进行面谈 2 没有在重要顾客身上花足够多的时间，很少及时提交报告，很少按计划进行面谈 1 在低利润的客户身上花过多的时间，很少及时提交报告，很少按计划面谈
很差：不能使用时间管理原则	0 没有将客户进行等级划分，提交报告总是迟到，从不按计划面谈

BARS 法具有评分法和图标尺度法没有的优点：第一，在实施过程中有多人参加，降低了考评结果的主观性；第二，当人们参与考评工作时，人们会愿意接受考评工作的结果；第三，详细地描述了特定的销售工作的有关行为。当然，BARS 考评体系也存在不足之处，如它的开发成本比较高。

（4）360°考核法

360°考核法是由直接上级、其他部门上级、同事、下级和顾客对销售人员进行多层次、多维度的评价。这种方法避免了传统方法仅仅从一个人的角度考核所带来的主观性、片面性，使得考评结果更加全面和公正。360°考评体系具有以下特点。

①企业销售工作的完成越来越多地依靠销售团队的共同努力，个人更多地服从团队领导小组的领导，而不只是对单个领导负责。因此，员工的工作业绩不应只由一名上级来评价，凡是了解销售人员工作情况的领导都可以参与销售人员业绩考评工作。

②由于销售人员也会参与对管理者的工作考评，因此，在其对销售人员进行评价时会更客观。

③由于 360°考评的结果来自与销售人员工作有接触的任何参与者，从不同的角度给予的评价会弥补单方面评价带来的片面性，使考评结果更加全面和真实。

4．实施绩效考评

这一步是绩效考评的具体实施环节，即对销售人员在某一绩效周期内的销售业绩与工作表现进行考评，将前面几个步骤中所涉及的指标、方法运用到考评工作中，比较他们实际绩效与考评指标所应达到的标准，得出销售人员绩效考评的结果。大多数企业按照固定的时间进行绩效评估。这一环节的成败主要取决于考评组织或考评人，如果前面几个步骤的准备工作做得很充分，这一环节只需要执行即可。这一阶段存在的最大问题是考评人难以避免的个人主观情感与偏见，如考评人难免出现晕轮效应误差、近因误差、偏见误差、暗示效应误差、感情效应误差等，而这些误差也正是考评失真的常见原因。绩效考评毕竟是由人来执行和操作的，所以考评人的个人情感和主观偏见是无法完全避免的，只有对考评人员不断进行规范化的专门培训，才能减少考评中因主观偏见所造成的误差。

5．反馈考评结果

销售人员的绩效考评结束后，销售经理应就考评结果与销售人员进行绩效改进面谈与辅导，给予客观评价，并分析绩效优秀或不佳的原因、寻求解决方案、制订改进计划和下一个绩效周期的目标。

绩效考评之后，对被考评人进行考评意见反馈是很重要的，因为进行绩效考评的一个主要目的就是改进绩效，所以销售经理和销售人员应根据反馈结果安排绩效改进计划。销售人员的绩效考评结束后，销售经理应将考评结果通过面谈反馈给销售人员，这种面谈应在和谐的气氛中，是咨询性、讨论性面谈，通过面谈应当设法达到以下目的。

①对被考评者的表现达成双方一致的看法。

②使被考评者认识到自己的成就和优点。

③指出被考评者有待改进的方面。

④制订绩效改进计划。

⑤协商下一个绩效管理周期的目标与绩效标准。

二、销售人员的薪酬制度

在社会主义市场经济条件下，企业能否在激烈的市场竞争中生存并发展壮大，关键在于能否建立一支能征善战的销售队伍。作为企业综合实力的一个重要体现，销售队伍建设被作为大多数企业销售管理工作的首要问题。而对于销售薪酬制度的选择与确立，又是销售队伍建设中的关键。有人把销售薪酬制度视为销售管理工作之“纲”，只要善于抓住和利用这个“纲”，就能使复杂的管理问题易于解决。正因如此，企业销售薪酬制度的确立，绝不是一个战术性的问题，而应该是一项长期的战略方针。我国企业要想拥有一批素质过硬、能力较强的销售人才，关键在于企业能否为他们建立一套科学的、合理的、有吸引力的薪酬制度。

（一）销售人员薪酬的含义

从狭义的角度来看，薪酬是指企业员工获得的以工资、奖金以及以金钱或实物支付的劳动回报。

从广义的角度来看，薪酬包括经济性薪酬、非经济性薪酬以及个人发展机会。经济性薪酬指工资、奖金、福利待遇和带薪休假等；非经济性薪酬指企业根据销售人员的业绩表现给予的一种精神方面的鼓励；个人发展机会指企业为有潜力的或业绩突出的销售人员提供一些培训、职位晋升的机会和发展空间。

销售薪酬是指销售人员通过在某组织中从事销售工作而获得的利益，一般包括以下几部分。

1．基本工资

基本工资是根据销售人员的销售技能、工作的复杂程度、责任大小以及劳动强度，按员工完成定额任务（或法定时间）的实际劳动消耗而计付的工资。它是相对稳定的薪酬部分，也是销售薪酬的基础，它在销售人员的总薪酬中所占的比例根据企业、职位、时期的不同而不同。

2．津贴

津贴是工资的政策性补充部分，也是为了补偿和鼓励员工在恶劣工作环境下的劳动而计付的薪资，或对交通、通信等付出的补偿，例如，给予高级销售职称人员的职称津贴、岗位津贴、地区补贴、出差补贴等。

3．绩效工资

绩效工资又被称作佣金或销售提成，是根据销售人员的销售业绩给予的薪酬，是销售人员销售薪酬的主体，作用在于鼓励员工不断提升工作效率和工作质量。

4．福利

福利通常指销售人员均能享受的、与其贡献关系不大的利益，是作为基本工资补充的一系列措施或实物的总和，如企业的体育文化设施、医疗保健、优惠住房、带薪休假等。福利一般是根据国家政策给予的。

5．奖金

奖金是根据销售人员的工作业绩或企业经济效益发放的奖励，如超额奖、节约奖、销售竞赛奖、年终综合奖等。

6．保险

保险是指企业在销售人员受到意外伤害或失去劳动能力以及失业时为其提供的一种补助，如工伤保险、医疗保险、失业保险等。

另外，销售人员的薪酬不仅限于经济方面的薪酬，还包括精神的、自我发展方面的回报，如参加培训、获得职位的晋升等。

（二）销售薪酬的作用

销售薪酬是一种激励，而受到激励的销售人员会更加积极、努力地做好销售工作，会促进销售业绩的提升，从而有利于企业目标的实现。因此，设计和实施一套科学、有效的销售薪酬制度是非常重要的。

1．激励销售人员，促进企业销售目标的顺利实现

销售薪酬不仅给销售人员提供了生活需要的物质基础，也给予了他们在精神方面的鼓励，全面地满足了销售人员在生理、安全、社交、自尊以及自我实现方面的需要。薪酬是否公平合理对销售人员的工作积极性起着决定性作用。科学、合理的工作薪酬能让销售人员以最大的热情投入工作中，促使他们超额完成任务，最终实现企业的销售目标。从企业的角度看，薪酬是人力资源管理的一项重要工具，可以用来保护和激励销售人员的工作积极性。

2．保证销售人员利益的实现

从薪酬的内涵来看，薪酬实际上是企业和销售人员之间的一种公平交易，它根据销售人员劳动付出和工作业绩给予相应的补偿。这种补偿既有生活上的物质利益，又有精神层面的激励，如个人职业生涯的规划、职位的升迁以及个人价值的实现。因此，科学、合理、公平的薪酬制度是销售人员利益实现的保障。

3．协调关系、配置资源

薪酬管理是企业管理的一部分，企业可以从全局出发，把薪酬管理和其他的管理环节结合起来，可以有效地配置人力资源，实现资源的效用最大化。另外，企业可以根据环境

的变化或者企业的战略目标不断地调整薪酬制度，从而将管理者的意图有效地传达给销售人员，协调销售人员和企业之间的关系，促使个人目标与组织目标的一致。

（三）建立销售人员薪酬制度的原则

市场销售作为一个特殊的行业，在现代市场经济条件下对企业的生存起着至关重要的作用，因此在销售薪酬方式的安排上，应该结合行业的特点，建立具有特色化的薪酬制度。但采取具有特色化的薪酬制度，并不意味着无原则地进行。另外，随着市场环境的不断变化，企业现行的薪酬制度也需要进行相应的改变。也就是说，目前情况下令人满意的薪酬制度，经过一段时间之后可能不再适应企业的发展，变得效率低下甚至有碍于企业目标的实现。但是如果企业经常调整其薪酬制度，不但会增加企业的运营成本，而且会让销售人员产生不安全的感觉，影响其工作情绪。因此，销售人员的薪酬制度的建立应该遵循以下原则。

1．公平性原则

常言道："不患不均，而患不公。"企业员工对薪酬的公平感，也就是对薪酬发放是否公正的认识和判断，是设计薪酬制度和进行薪酬管理时要考虑的首要因素。公平的赏罚是取得员工信任、争取员工支持并为企业做出更大贡献的基础。当员工为企业努力工作、业绩突出时，无论他是企业的骨干，还是一般员工，抑或是他以前曾有过什么过错，都应该公平地给予奖励。对于从事不同销售工作的人员，应该力求相对公平，不能让销售人员在付出相同努力的情况下获得不同的薪酬，这样就给销售人员一种误导，使销售人员更加注重某些工作而轻视另外的一些工作。

一般来说，只有当销售人员感到他得到的薪酬是公平时才会有满足感，薪酬才会起到激励的作用，否则，他会通过减少工作投入或离职等措施来降低其不公平感。总之，只有保持销售薪酬制度的公平性，才能保持销售人员的工作热情，最终实现企业的整体目标。

2．目标一致性原则

销售人员的薪酬制度的设计最终是为了企业销售目标的实现，因此要使销售薪酬制度的建立与销售目标保持一致性，符合实现销售目标的基本要求，必须能够最大限度地促进销售目标的完成。销售薪酬是激励销售人员的重要因素，是促使销售人员努力完成销售目标的保障。建立科学合理的销售薪酬制度不是目的，而是实现目的的措施和手段，这是在销售管理工作中必须重视的原则。

3．激励性原则

企业的销售目标最终靠销售人员来完成，销售人员只有在有效激励的情况下才能以最大的热情和动力去开拓市场，完成企业下达的销售任务。而薪酬是企业对销售人员进行激励的重要手段。薪酬能否起到激励作用与薪酬的制度设计密切相关。在企业内部，不同职务、不同级别、不同销售业绩的销售人员之间的薪酬水平应该有一定的差距，以便不断激励员工提高工作绩效，因为当他们因业绩突出时，将获得更高的薪酬水平。除此之外，适当拉开不同销售业绩的销售人员之间的薪酬差距，还可以吸引其他企业，甚至是竞争对手中的优秀销售人员到本企业来工作，不仅增强了自身的实力，而且削弱了对方的竞争力，从而使本企业在竞争中处于有利地位，不断扩大市场份额，不断成长。

4．竞争性与经济性原则

竞争性是指在社会上和人才市场中，企业的薪酬水平要有吸引力，才能战胜竞争对手，招到企业所需的销售人员，同时也能留住优秀的销售人员。企业薪酬的竞争力和企业外部薪酬政策直接相联系。企业外部薪酬政策主要是处理企业与外部市场的关系。薪酬政策的制定，反映了企业决策层是否将薪资作为提高企业竞争力的一种有效手段。在分析同行业的薪酬数据后，企业可以根据企业状况选用不同的薪酬水平。企业在制定薪酬制度时要综合考虑各种因素，使企业的薪酬相对竞争对手具有一定的竞争力。

提高销售人员的薪酬水平，可以提高薪酬的竞争性与激励性，但同时不可避免地导致企业销售费用的上升和销售利润的下降，这一点在销售类企业中非常明显。因此，销售人员的薪酬水平在一定程度上会受经济性的制约。这需要企业在销售业绩和薪酬水平之间找到一个合适的平衡点。原则上要保证薪酬增长水平低于销售利润的增长水平。总之，要设计出科学合理的薪酬制度，就必须认真研究各种薪酬影响因素，兼顾竞争性和经济性。

5．稳定性原则

稳定性原则具体表现在两个方面：一是不论企业面临的市场环境如何变化，销售人员的业绩如何波动，销售人员都应该得到一笔维持销售人员基本生活的稳定收入，不至于使他们产生不安全感，这笔稳定收入主要与销售人员所在销售工作岗位有关，而与其销售业绩的好坏无关；二是薪酬制度在时间上要相对稳定。虽然随着时间的推移和环境的变化，薪酬制度应该作出相应的调整，但是薪酬制度已经建立，在一定时间（至少一年）内应当保持相对稳定。否则，经常变动的薪酬制度会影响销售人员的士气，使他们不能安心从事销售工作，甚至消极怠工，不能完成企业的销售目标。

6．灵活性原则

薪酬制度的建立应该既能满足各种销售工作的需要，又能比较灵活地加以运用，即科学的薪酬制度应该具有变通性，能适应和应用于不同的情况。不同的企业有各自的组织文化、战略目标、经营情况，面临的市场环境也有很大的差异，导致不同的行业或同一行业内不同企业之间的薪酬制度有很大区别。即使在同一个企业也应该根据不同地区、产品、销售人员的需要确定不同的薪酬方式。因此，企业在制定薪酬制度时应综合考虑企业内外部多种因素作出科学的决策。这样确定的薪酬制度具有灵活性，在执行中对销售人员的激励效果才能最佳。

7．控制性原则

销售人员的薪酬制度是一种激励手段，同时应该是企业的一种有效控制的手段，即销售人员薪酬制度的建立应该体现出组织对销售人员工作的导向性。这样的薪酬制度是将销售人员的个人目标融入企业的大目标中，实现对销售人员的有效控制。企业制定具有激励性的薪酬制度可以最大限度发挥销售人员的潜力，但是不能以牺牲必要的控制能力为代价，这样才能保持销售队伍的稳定和促进销售人员的健康成长，最终保证企业占有市场。为了实现这一点，企业必须承担必要的投入风险，而不能把绝大部分的风险转嫁给销售人员。

（四）确定销售薪酬水平时应考虑的因素

1．企业的特征

在考虑销售人员的薪酬水平时，首先要考虑企业的特征，包括企业的战略目标、企业文化、销售策略、产品特点、成本构成以及未来发展方向等。

2．企业经营策略和目标

企业在确定销售薪酬水平时，应根据企业的内、外部环境，考虑企业的经营目标层次及优先次序。

企业经营目标通常有：开拓市场或提高市场占有率；保证合理稳定的企业利润；提升企业的销售业绩；建设销售队伍，为未来发展打下基础。

在调整销售薪酬水平时，企业通常要考虑以下因素：市场发展状况如何，是否景气？同行竞争对手目前的状况如何？本企业产品的市场份额有什么变化？销售费用和企业利润的变化情况如何？销售人员对企业现行的薪酬制度和水平有什么看法？

3．财务及成本因素

企业的财务状况如何？销售成本在销售收入中占的比重是否合理？现行销售薪酬水平是否合理？企业信用政策如何，目前赊销所占的比重如何，对企业的现金流影响如何？

4．行政及管理上的考虑

薪酬计算的标准、方式是否容易理解和执行？宣布或调整销售水平如何进行，可能遇到哪些阻碍？在制定销售薪酬方案之前，是否先征求销售人员和销售经理的意见？现行销售薪酬水平对销售人员的激励作用有多大？有没有需要改进的地方？对年龄、职位、权责不同的销售人员各自采取什么样的薪酬方式？

5．其他因素的考虑

行业间的薪酬水平差距如何，同一行业间不同企业的薪酬差距如何？企业产品所在市场之间的地区差异大不大？企业销售人员的受教育程度如何，销售经验是否丰富？劳动力市场供求如何？国家的相关法律和政策有什么限制？

（五）销售薪酬制度的类型

1．纯薪水制度

无论销售人员的销售额有多少，均可于一定的工作时间之内获得一种定额薪酬，即所谓的计时制。此类薪水制度多用于销售文秘兼内勤，或适用于集体努力的销售工作。该制度的优点是：易于了解，计算简单；销售人员收入可获得保障，以使其有安全感：当有的地区有全新调整的必要时，可以减少敌意。该制度的缺点是：缺乏鼓励作用，不能继续增加成果；就薪酬多寡而言，有薄待工作优良者及厚待工作恶劣者之嫌。

2．纯佣金制度

该薪酬制度是与一定期间的销售工作成果或销售数量直接挂钩的，即按一定比率给予佣金。这样做的主旨是给销售人员以鼓励，其实质是奖金制度的一种。该类型的薪酬制度适用于企业产品刚上市，需要迅速开拓市场，雇用的销售人员为开拓型人员时采用，或销售人员为推销型人员时采用，它可以最大限度地激发销售人员的工作热情。佣金计算的基础是销售金额（如毛收入或净收入）；其计算可以基于总销量，也可以是基于超过配额的销量，或配额的若干百分数。另一种较难计算的公式是根据销售人员的活动或表现来确定，这种方法较公平，但却较难实行，支付佣金的比率可以是固定的，也可以是累进的（销量越大，佣金比率越高），比率也可以递减（销量越大，佣金比率越低）。佣金比例也应顾及产品性质、顾客、地区特性、订单大小、毛利额、业务状况的变动等。

该制度的优点是：富有激励作用；销售人员可以获得较高的薪酬：较容易控制销售成本。该制度的缺点是：有销售波动的情况下不易适应（如季节性波动及循环波动）；销售人员的收入欠稳定；增加了管理方面的人为困难。

3．薪水加佣金制度

薪水加佣金制度调和了纯粹薪水制度与纯粹佣金制度两者的不足。薪水加佣金制度是以单位销售额或总销售额金额的较少百分率做佣金，每周连同薪水支付，或年终结束时累积来支付。在企业的产品已进入成长期、销售较为稳定时，可考虑使用此种薪酬制度。该制度的优点是与奖金制度相类似，既有稳定的收入，又可获得随销售额增加的佣金。其缺点是佣金过少，激励效果不大。

4．薪水加奖金制度

即销售人员除了可以按时得到一定的薪水外，还可获得许多奖金。当企业的产品已进入成熟期，市场需要维护和管理，企业所雇用的销售人员多为管理型人员时可以考虑采用这种薪酬制度。该制度的优点是可鼓励销售人员兼做若干涉及销售管理的工作，缺点是不重视销售额的多少。

5．薪水加佣金再加奖金制度

该薪酬制度兼顾了上述三种方法，以薪水维持稳定，给销售人员以安全感，利用佣金及奖金激发其提升工作成效。该制度融合了上述三种方法的优点，在企业产品进入成长期、成熟期，销售人员为开拓型或管理型时均可考虑采用这类薪酬制度。只是在采用这种薪酬制度时一定要考虑行政及管理上的因素。该制度的优点是收入稳定，管理方面也能有效地控制销售人员；缺点是实行此制度需要较多有关记录及报告，因此提高了管理费用。

6．特别奖励制度

特别奖励制度是规定薪酬以外的奖励，即额外给予的奖励。此项额外奖励分为钱财奖励及非钱财奖励两种。钱财奖励包括直接增加薪水或佣金或间接的福利（如假期加薪、保险制度、退休金制度等）。非钱财奖励的方式很多，例如，通过销售竞赛给予销售人员一定的荣誉，如记功、颁发奖章及纪念品等。该制度的优点是鼓励作用更为广泛有力，常常可以促进滞销产品的销售；缺点是奖励标准基础不够可靠，容易使销售人员感到不公平，带来管理困扰。

（六）销售薪酬制度的目标模式

根据以上对销售薪酬类型的分析，对多数企业而言，理想的销售薪酬模式应该采用“薪水（工资）+奖励（提成）”的方式，即确保销售人员有一个稳定的薪水（工资）收入，并根据其贡献大小获得额外的奖励（提成）。薪水主要包括基本工资和福利，奖励包括佣金、奖金和荣誉等。这种薪酬制度保持了较大的灵活性，可以根据具体情况的差异，进行相应的变通性调整。从薪水（工资）与奖励（提成）的关系来看，大体上存在四种具体的模式，适合于不同的企业或企业的不同经营时期。

1．高薪水与低奖励组合模式

这种薪酬模式比较适于实力较强的企业，或具有明显垄断优势的企业。这样的企业通常建立了良好的企业文化，并为销售人员提供了良好的福利和各项保证，销售人员具有强烈的归属感和荣誉感。由于企业的性质和销售岗位的特点，销售人员的岗位薪水通常高于其他行业或企业，从而使销售人员在社会公平的比较中获得明显的优越感。正因如此，即便企业所提供的额外奖励幅度较小（通常相当于岗位工资的 20%～50%），该薪酬方式也能具有较大的激励作用。

2．高薪水与高奖励组合模式

这种薪酬模式通常适于快速发展的企业。由于其迅速成长的特性，需要不断加强对销售队伍的刺激力度，以扩大对市场的占有和击败竞争对手。同时，处于发展中的企业又必须加强对销售人员的行为控制，以确保企业战略的实现。实行这种薪酬模式的企业往往具有较大的凝聚力和团结作战的能力，要求销售人员具有较高的文化素质，能准确理解企业的战略意图。但应该警惕未来发生风险的可能性，因为蓬勃发展的局面并不总是伴随企业。该薪酬模式除了其岗位工资高于其他行业或企业外（甚至高于企业内其他岗位的员工），其额外奖励的幅度通常大于岗位工资的 50%，甚至数倍。

3．低薪水与高奖励组合模式

这种薪酬模式具有准佣金制的性质，销售人员的薪水不仅低于其他行业或企业，也可能低于企业内其他岗位的职工。这些薪水主要用于正常的生活费用，甚至仅相当于部分促销补贴。在一些企业，其数额仅相当于企业平均工资的 1/4～2/3。但在奖励幅度上比较大，可以达到其销售业务额的 1%～5%。该薪酬模式通常适合处于夕阳时期的企业或产品，有助于企业收回应有的收益，或减少可能的损失。在市场竞争比较激烈、企业具有一定优势而管理力量较薄弱的情况下，也可以采用这种模式。

4．低薪水与低奖励组合模式

实行这种薪酬模式的企业，经营状况一般不太好，或者正处于企业创业的困难时期。尽管从社会比较的角度来看，这种薪酬模式处于劣势，但由于该薪酬模式很可能依据企业的实际而确定，因而如果做好宣传说明工作，也会得到销售人员的谅解。但需要说明的是，企业实行这种薪酬模式的时间不宜太久，在条件改观时要适时进行调整，否则会使销售人员失去耐心，而转向为其他企业效力。

（七）销售人员薪酬制度的实施

通常情况下，企业的薪酬制度一经确定，就应该向全体销售人员进行详细说明与宣传，确保他们了解和掌握企业的薪酬制度，避免产生误解。在实施销售薪酬制度的过程中，一般应做好以下几方面的工作。

1．工作价值评估

工作价值评估是销售经理在对各个工作岗位进行工作描述和职责确认的基础上帮助企业确定不同工作的价值。在某些情况下，销售经理被邀请作为企业工作评价委员会的成员。

2．协商起始薪水

在大多数情况下，企业在雇佣销售人员时要协商起始薪水。销售经理应该重视新进销售人员的起薪问题，坚持公平和同工同酬的原则，根据同行业的情况和企业自身的发展战略确定合适的起始薪水。

3．建议加薪和提升

销售经理通常会对加薪和提升提出建议，此时，科学、公正的绩效评估非常重要。带有偏见和不准确的绩效评估将会导致不公平的薪酬决策，从而会打击销售人员的积极性，导致销售业绩下降，甚至会引发跳槽和有关法律争端问题。

4．及时将销售人员工作变动情况通知人力资源管理部门

销售经理在调整他所主管的销售人员工作的内容和职责时要及时通知人力资源管理部门。人力资源管理部门根据最新的工作状况重新评价薪金水平。

5．帮助销售人员获得应得津贴

销售经理应该对企业的津贴政策非常熟悉，并将这些政策规定传达给销售人员。销售经理有责任帮助销售人员得到应得的津贴，即使是对即将离职的销售人员也应如此。

案例分析　华恒智信：新能源电池公司销售人员绩效考核项目优化

某新能源电池公司成立于 2010 年，位于北京市，其营销产品涵盖电源电池、燃料电池、半导体电池等多个种类，服务客户均为汽车、电力等领域的龙头企业，公司拥有各种业务类型的销售团队，随着公司业务发展，产量增加，盈利能力大幅度提升。在业务扩张的同时，公司领导层逐步意识到管理上的短板制约了其进一步发展。对于销售人员没有系统的绩效考核制度体系，销售人员的工资没有反映人员的真实业绩和能力，使得公司内销售人员工作积极性较低，为公司的进一步发展带来隐患。

针对此问题，公司加强绩效考核工作，但只是根据事业经理的主观评判采用提成方法对销售人员进行薪酬奖励。然而，随着公司规模逐渐扩大，业务额上升，公司发现这样的方式带来了成本增加的问题。因为在原有的激励方式下，员工的销售额目标是根据历史情况和上级安排确定的，只要完成销售额就可以拿到较多提成，但是相应的回款情况、利润、客户满意度等因素没有被考虑进去，虽然大幅提升了员工的工作积极性，但却导致人工成本增加，通过调研发现，目前公司的人工成本占 20%左右。而员工已经习惯了“完成销售额就要拿提成”的方式。基于以上背景，该公司领导希望通过建立科学可行的绩效考核体系来解决该问题。

华恒智信项目组对该公司的实际情况进行了深入调研，通过查看目前的考核制度、工具，与关键人员沟通，了解到该公司目前的主要问题集中在销售部门，对销售人员的激励制度不明确、绩效考核不规范，导致公司在付出了较大的成本的同时，也带来了内部抱怨不公平、回款率低、老客户流失等问题。从调研来看，项目组指出目前该公司存在以下主要问题：

（1）公司对销售类岗位的人才画像不清晰

公司目前以营销业务为主，规模扩大后，各类产品的销售额都增长很快，设立了多个部门，内部大多是伴随公司成长起来的老员工，而各部门内部却一直没有系统的制度规范，缺乏对人员能力、上岗要求、职责等的说明。例如，对于销售工程师，缺乏标准化的任职

资格体系，关于岗位的资格要求、岗位技能、基本素养等均没有规范化的说明。在人才的招聘方面，有时会考察岗位专业技能性方面，面试时间会达到半小时，有时候，总经理也会花费很短时间仅靠眼缘来确定是否录用。

公司制定了不同阶段的企业发展规划，但是，针对不同阶段需要什么样的人才没有确定下来，各岗位的胜任力模型、人才画像均不清晰。导致在岗人员觉得自己能力较强，应该拿到较高薪酬，缺少自我提升的动力、空间。

（2）公司内部缺乏规范性的绩效考核体系

在公司意识到绩效考核不规范后，曾经考虑根据岗位说明书做绩效考核，但是在开展过程中遇到许多问题。因为岗位说明书本身不规范，且职责方面写得较笼统，如果根据岗位说明书考核，大家都觉得自己完成得很好，没有体现业绩差异。公司领导也对改革缺乏信心，他们担忧会因为绩效考核方式的调整影响销售团队的稳定性和员工情绪，进而影响公司业务的发展。

而对于销售人员的薪资调整，公司内部也有不同意见，有的领导提出销售人员应全部推行年薪制，即结合前三年的员工收入情况和提成情况，按照不低于之前年薪来确定下一年的年薪，以此达到逐渐弱化提成部分的效果。有的领导表示反对，最初的年薪好定，长期年薪的制定方案应如何制定，才不会带来长期增长成本过高的后果？内部对此缺少经验，始终没有确定下来。

（3）不同业务类型的销售人员绩效考核指标难以确定

目前的销售人员是分布在不同事业部中的，而不同业务类型的事业部所处的发展阶段有所不同。这样一来，对于不同事业部的销售人员，绩效考核指标变得更加难以确定。例如，目前的事业部可以分为三类：发展较为成熟的事业部、处于成长过程中的事业部，以及重点培育但还未发展起来的事业部。整体的销售团队有接近 50 名销售员，各个事业部销售团队员工数量分布不均，有的仅有 4 人，有的有 8 人，而有的事业部有 30 多名销售员。面对这种团队之间的差异性，开展绩效考核应如何平衡各团队之间的业绩收入，如何平衡各事业部内部的收入关系？目前仅依靠销售额这样的单维度指标，导致大家都觉得不公平。

通过调研，项目组提炼出目前困扰该企业的主要问题，并与相关领导达成一致意见，针对关键的问题项目组提出了以下解决方案：

（1）确定岗位人才要求，做到人岗匹配

企业若想要员工积极性提高、绩效改革达到理想效果，底层逻辑是首先要保障人岗匹配，要通过明确公司的未来发展路径，提炼各岗位对人才的要求。这也是设置绩效考核方案的基本出发点。因此，该企业若想进行绩效改革，对销售人员起到激励作用，稳定客户关系，必须完善基础管理。结合企业制定的不同阶段发展规划，对不同阶段各类销售人员应具备的岗位资格要求、岗位技能、基本素养等进行规范化说明，明确各阶段各类销售岗位的人才要求，确定对应的人才画像。另外，在开展员工招聘工作时，也要结合各类销售岗的任职资格进行科学招聘，保证内部人员和外部人员的高质量和高匹配性，否则单独做绩效考核往往效果不佳。只有首先做到人岗匹配，并对企业的基础管理活动进行全方位分析、多维度评价，绩效方案才能达到激励效果。

（2）立足于销售人员激励现状，合理采用年薪制绩效考核方案

人力资源体系的提升一般依赖三点：制度体系的提升，人力资源部工作能力的提高，各部门领导管理能力的提高。通过实际调研得知，该企业对各类销售人员没有形成规范化的岗位说明书，日常缺少管理记录，激励时缺乏制度依据。因此，制度体系方面需要得到提升和完善。现阶段主要通过采用提成制对销售人员进行激励，但仅关注提成方面对各类销售人员提成系数的核算分析，是没有太大意义的，因此，人力资源部的绩效考核工作需要得到改进。基于该企业的项目周期均较长，单纯使用提成制无法达到激励效果，促使优秀销售员工的流失、客户满意度的降低，合理采用年薪制是改善该企业销售人员激励现状的一个可行方案，在节约人工成本的同时也能挽留住核心人才，发挥激励作用。此时，要想达到理想的激励效果，也要注重领导管理能力的提高。

（3）使用人治和法治的组合治理达到绩效激励效果

针对不同业务类型、不同人员规模的销售事业部绩效考核工作的开展，可采用人治和法治组合治理的方式。企业在小微阶段、初始阶段，往往更偏向于以人治为主，体现出效率优先的特点，而在人治向法治转化中，有以下路径要走。

第一，业务类型差异化，分层分类制定规范。法治就是标准化的过程，在这个过程中，总会有不适应制度的部门，管理不能“一刀切”，要厘清个性化和普遍化的关系，划分不同业务类型的部门，如可分为业务部门、职能部门、管控部门、服务部门等。该企业将不同业务类型的销售事业部划分开更有利于企业标准化管理。

第二，在激励制度和流程关键节点上进行标准化，如评估标准、绩效发放标准、沟通标准、评估流程、规定动作处理机制等。

第三，形成规范化的激励制度和流程办法后，还要保障销售人员都能掌握和遵守。通过加强管理记录、日常监督、文化宣贯等方式，保障公司规章制度的执行力。对于其他配套的规范、相关员工处理的原则也需要一致。

资料来源：某新能源电池公司销售人员绩效考核项目纪实，http: //www.chnihc.com.cn/successful-case/success- performancelist/39148.html。

问题讨论：

1. 根据上述案例试分析该电池公司的绩效考核结构存在哪些问题？
2. 华恒智信是如何为该公司优化绩效考评体系的？

实训任务二　组建绿色销售团队及制定管理方案

【任务目标】

构建绿色销售团队、完善销售人员的选拔与培训制度，优化销售人员的激励方案，构建销售人员的考评与薪酬体系等。

【任务内容】

1. 企业基本情况

佩恩眼镜总部位于美国宾夕法尼亚州匹兹堡市，是北美知名配镜品牌，自 2017 年创建以来，主要生产单光眼镜、太阳镜、中老年渐近眼镜等产品，并在美国和加拿大市场销售，是生产、销售一体化企业。企业拥有员工 150 余人，采用进口的验光设备和加工设备，单日出口量达数千副。

2018 年佩恩眼镜入驻我国市场，颠覆传统眼镜销售模式，采用实体体验店和线上智能科技相结合模式，线下有专业的人员和设备提供优质的服务，线上使用创新虚拟试戴服务，让消费者可以随时随地在网上选购眼镜产品，并且支持淘宝、微信小程序、微店、抖音、快手多平台下单。2021 年 4 月，佩恩眼镜开始与河北环境工程学院合作开展产教融合校企合作项目。

佩恩眼镜作为一家创业型企业，面对当前激烈的市场竞争环境，需要通过优化管理体系、引入先进技术和管理理念、关注客户需求和市场变化，不断提升竞争力和市场份额。

在销售管理方面，通过构建一个具有绿色理念、专业素质和高效执行力的销售团队，使企业推动绿色销售并实现可持续发展。构建绿色销售团队是一个涉及多方面的过程，包括招聘、培训、激励机制和团队文化等。第一，招聘具有绿色理念的销售人员。在招聘过程中，注重候选人对绿色销售和环保理念的认同程度。寻找那些具有强烈环保意识、热爱绿色事业并愿意为此努力的销售人员。第二，提供绿色销售培训。为销售团队提供绿色销售培训，使他们了解绿色产品的特点、优势和市场前景。培训内容包括绿色产品的知识、绿色销售技巧、环保法律法规等。第三，设立绿色销售目标和奖励机制，以激励销售人员积极推广绿色产品。奖励可以包括提成、奖金、晋升机会等。第四，营造绿色销售团队文化。倡导绿色、环保的团队文化，鼓励团队成员相互合作、分享经验和知识。同时，强调团队成员的责任感和使命感，让他们意识到自己的工作对环境保护和可持续发展的重要性。第五，为销售团队提供持续的支持和指导，帮助他们解决在绿色销售过程中遇到的问题，包括市场分析、竞争对手分析、客户反馈等方面。第六，加强与绿色供应商的合作。与具有环保意识和良好信誉的供应商建立合作关系，确保绿色产品的质量和供应稳定性。同时，与供应商共同推广绿色产品，扩大市场份额。第七，积极倾听客户需求和反馈，了解他们对绿色产品的期望和意见。根据客户需求调整销售策略，提升客户满意度。

2. 实训任务

结合所学知识及企业实际情况为企业组建一支绿色销售团队，并制定合理的绿色销售团队管理方案。

【任务要求】

1. 由授课教师主持实训，每组安排一名同学负责记录、汇总。

2. 各学习小组根据上述企业资料，结合所学知识及企业实际情况，收集有关资料，考虑如何为该企业构建一个绿色销售团队以及如何进行团队管理，并详细写出方案。

3. 根据学习小组的商讨结果，形成一份完整的方案，并进行课堂汇报。

【任务组织】

1. 以项目团队为学习小组，选出项目负责人，并明确组内成员的任务及分工。

2. 明确本次实训的目的、任务和内容，为实训做好充分准备。

3. 调查收集相关资料后，学习并讨论如何制订销售计划。

4. 小组成果展示介绍（包括组内成员的工作态度、组内合作程度、工作流程、成果质量的评价，每组控制在10～15分钟）。

【任务评价】

授课教师针对各学习小组的实训情况进行以下评价。

评价指标	评价标准	分值	评估成绩
组建绿色销售团队训练任务效果	1. 绿色销售组织的建设情况	20	
	2. 绿色销售人员的选拔与培训制度的合理性	20	
	3. 绿色销售人员的激励方案的科学性	20	
	4. 绿色销售人员的考评与薪酬体系的合理性	20	
	5. 活动整体效果及小组复盘评估	10	
	6. 遵守活动时间，积极参与实训	10	

项目三　绿色销售货品管理

任务一　掌握绿色销售货品管理流程

案例导入　雪榕生物：环保至上、循环经济的典范

上海雪榕生物科技股份有限公司（以下简称雪榕生物）始创于 1995 年，是以现代生物技术为依托，以工厂化方式生产食用菌的现代农业企业。2016 年 5 月 4 日在深圳证券交易所创业板成功挂牌上市。作为农业产业化国家重点龙头企业及中国航天事业战略合作伙伴，雪榕生物秉承“科技还原生态之美”的发展理念，专注于科学培植食用菌，引领均衡膳食之道，打造航天品质食用菌全国供应链，实力守护 14 亿多国人健康菇篮子。历经 25 年的发展与创新，截至 2020 年 12 月，雪榕生物已在上海、吉林、山东、广东、四川、贵州、甘肃等省（市）投资建设了综合性食用菌工厂化企业，主营业务为鲜品食用菌的研发、工厂化食用菌的种植与销售。雪榕生物拥有 18 家智能化、标准化食用菌工厂，形成了金针菇、白玉菇、蟹味菇、海鲜菇、杏鲍菇、香菇、鹿茸菌、灰树花等多品种矩阵系列，以相对低廉的价格为消费者献上以洁净、健康、营养、新鲜、美味为标准的生态产品。

工厂化食用菌生产具有“不与粮争地，不与地争肥，不与农争时，不与其他行业争资源”的独特产业优势，是符合科学发展需要的农业朝阳产业。

雪榕生物以玉米芯、米糠、麸皮等农业边角料进行食用菌标准化、现代化、规模化栽培。原材料和包装材料的采购，公司先通过规模、所在区域、产品质量、供货稳定性等方面考核筛选出一批合格的供应商，再通过向合格供应商询价的方式确定原材料和包装材料价格，从而规范采购流程、节省采购成本。废弃菌渣再用于生产有机肥和燃料，变废为宝，实现了农业生产良性循环，2010 年雪榕生物被评为上海市循环经济试点单位。

公司是以工厂化模式进行金针菇、杏鲍菇等食用菌的生产，即在按照菇类生长需要设计的厂房中，利用温控、湿控、风控、光控设备人工模拟生态环境，利用工业化机械设备自动化操作，采取标准化工艺流程种植食用菌。较低的污染率是栽培技术和专业管理能力成熟的重要标志。食用菌工厂出现大规模污染，不但会影响食用菌的产量，也会影响食用菌产品的品质，从而影响售价。工厂化生产主要分为菌种生产、配料搅拌、装瓶、灭菌、冷却、接种、培养、搔菌、生育、采收包装 10 个阶段，在上述前 9 个生产阶段均可能对栽培瓶造成污染。由于公司液体菌种栽培周期较短，菌丝萌发快，客观上降低了杂菌污染的风险。此外，公司还采用独特有效的空间净化设计并制定健全的污染控制体系，实行严格的质控管理，雪榕生物污染率的控制水平处于同行业领先水平。

截至 2021 年 10 月，雪榕生物拥有上海、四川都江堰、吉林长春、山东德州、广东惠州、贵州毕节、甘肃临洮七大生产基地，在国外建成泰国生产基地，食用菌日产能达 1 325 t，位居全国之首。通过合理的全国布局，发挥自身七大生产基地创立“新鲜半径”的优势，每日捷配直供，让产品快捷直达 C 端消费者手中。公司通过精耕重点客户或大客户渠道，加大对永辉超市、家家悦、中百超市、华润万家、华联超市、家乐福、沃尔玛等大型连锁超市的铺货力度，并持续进行主题推广，强化雪榕线下品牌力和渠道力。公司采用微信朋友圈、微博、抖音、直播等线上推广，提高雪榕品牌曝光度，强化雪榕线上品牌力。得益于公司近年来多渠道销售策略，公司现已入驻盒马鲜生、每日优鲜、叮咚买菜、千鲜汇、食享会、十荟团等生鲜电商头部平台，打造线上新业态。

资料来源：徐明祥，耿尚勋. 绿色营销典型案例集——云南企业的实践. 北京：中国建材工业出版社，2024.

教师启发：货品管理是销售管理的重要组成部分，货品管理主要包括订单、发货与退货管理，终端管理等，这些方面管理的好坏直接关系企业销售的成败。例如，订货和发货流程是否通畅会影响商品能否及时准确地送达目标顾客手中；退货制度是否健全直接影响目标顾客对企业的满意度和忠诚度；终端陈列效果、统筹管理如何将会影响商品能否有效地吸引顾客甚至品牌建设；窜货管理制度是否合理规范影响着企业盈利状况和市场环境。所以，在企业的销售管理中必须重视对销售货品的管理。

课前讨论：

1. 雪榕生物是如何实现多渠道销售管理的？其铺货力度是如何提升的？
2. 雪榕生物的销售终端货品管理是如何实现优化的？

知识便签

一、订单、发货与退货管理

（一）订单管理

订单管理是改善企业供货水平的关键，如果订单处理不好，很可能给企业带来巨大的损失。订单的计划管理和控制，不仅决定了销售人员能否迅速、准确地处理订单，也决定了企业能否对客户不间断地供货。所谓订单管理，就是从客户需求和企业自身的生产能力出发，制订供货计划，接收客户订单，并协调客户与内部各部门，尤其是生产部门和储运部门间的经营活动，以确保销售订单能够按时完成，同时要做好售后服务等相关事宜。订单管理主要包括针对订单报价的管理和订单流程的管理。

1. 订单报价的管理

订单的报价在实际操作过程中主要有以下两种方法。

（1）直接报价法

直接报价，是在确定了客户对产品产生购买意愿，并询问价格后，直接告知其产品的成交价格。很多企业都会对自己的产品留有一定数量的存货，并且对产品成交价格的范围也都有明确的规定，在这种情况下，一般可以采取直接报价法。例如每12瓶啤酒为1箱，每箱售价为60元；每辆自行车500元。

（2）估价报价法

在现实生活中，往往会出现客户的需求早于企业产品出产，这时企业没有现成的存货用以满足客户，而必须根据客户的具体要求为客户定做产品的情况。因而企业只有经过一系列复杂准确的估价以后，才可以向客户报价，这就是估价报价法。估价过程一般由生产部门与销售部门相互协调，对涉及交货必须注意的问题加以确认，如货品的名称、数量和规格，交易时间、地点和方式，安装与维修费用的协定等。只有对这些问题确认无误后，企业方可对订单进行估价。

必须注意的是，无论哪种报价方式，销售人员在承接订单以后，都应该区别所承接的订单来自新客户还是老客户。如果是老客户，可以通过以往的交易记录，判断该客户的品质：对于忠诚的老客户，若订单金额符合对应的信用额度，即可同意本次交易，但对于曾发生不信守契约或支票不兑现的客户，则只受理代理付款的订货方式。如果是新客户，原则上要先收取一定数额的保证金，然后在交货的同时收取其余现金。无论是新客户还是老客户，企业必须依照规定，对估价的订单明确付款方式与条件。在对订单仔细评估以后将此订货的估价单、客户支付的订货保证金、合同书等相关证明交由所属主管审阅，待取得所属主管同意后，才能报出对客户订单的估价。

2. 订单流程的管理

一般来说，企业的订单处理流程可以分为以下两大类。

（1）存货生产方式的订单处理流程

存货生产方式是在市场预测的基础上组织生产，产品有一定的库存。交货期限在这里不是最重要的，关键是控制好投入量和产出量，以防止产品积压和脱销。因此，市场调查与预测对存货生产企业来说十分重要，销售职能的业务工作范围也较广。

多数企业的产销形式，是属于存货生产方式，它是指依靠市场预测来确定订单的需求量，从而决定产品的生产量的产销方式。采用此方法，重点在于销售预测的能力和准确性。营业部门要提供销售预测，生产部门根据此预测来安排采购与生产工作。在实际运作时，每月的实际销售量会与预测销售量有所出入。根据销售资料分析，营业部门研究何种产品会畅销或者滞销，双方再召开产销协调会以定期协调，迅速、精确地把销售分析转为未来预测的销售量，再交由生产单位加以生产。由此可见，营销部门在存货生产方式中扮演着重要角色。

企业可通过年度营业预算决定各月份的产品销售量，再决定各期的生产预算、原料采购预算、人工成本预算、制造费用预算及销售费用预算。有了年度的营业预算后，计划部门应随时注意市场的需求，了解消费者的信息，制定营销策略，同时告知生产单位有关需求量的预测。企划人员一定要核查生产单位各项产品的库存量，若有较多的产品库存，则有必要凭借促销活动来吸引消费者，扩大销售量，使库存货品得以流通。

（2）订货生产方式的订单处理流程

订货生产方式是根据用户提出的具体订货要求，组织生产，进行设计、供应、制造出厂等工作。生产的成品在品种规格、数量、质量和交货期等方面是不相同的，并按合同规定按时向用户交货，成品库存甚少。因此，生产管理的重点是抓交货期，按期组织生产过程各环节的衔接平衡，保证如期实现。

订货生产方式的订单流程管理包括以下几个步骤。

第一，业务部门在同意客户订单之前，必须获得生产部门的确认。这一基本原则是订货生产方式与存货生产方式最为根本的差异。

第二，业务部门获得客户的订单样品和询价单价，并将样品交由设计部门设计打样。

第三，业务部门根据制作完成的产品样品，与生产部门讨论制造流程及可能需要的生产日程后，拟具样品成本分析报告，呈报总经理核准。

第四，业务部门将制作完成的产品样品及设计图样交给客户，由其认可并商议交货期，此为产品特性获得客户同意的确认行动。

第五，客户若同意交货日期，并同意接受所制成的样品，则由业务部门准备报价工作。

第六，客户若不同意样品，则由设计部门依据客户意见，再予以修改。

第七，若客户不同意交货日期，但认可所提供的样品，则由业务部门与生产部门及实际生产作业部门研究后，再与客户洽谈。制定交货期，必须协调客户需求与工厂生产能力。

第八，客户同意样品及交货期后，业务部门根据样品成本分析报告，再加计运费、保险费等各项费用及预期利润，订出售价，并列表呈报总经理核准。

第九，总经理同意并签准后，由业务部门负责向客户报价。

第十，若客户接受报价，业务部门接到客户正式订单后，首先检查订单的各项条件齐全与否，订单内容是否清楚，若有涂改应加盖印章注记。

采用订货生产方式时，生产部门应翔实提供每月的标准产量和生产计划，供业务部门确实了解并掌握厂内生产负荷状况，作为接单依据。而业务部门在与客户谈判时，也应考虑企业目前的生产状况及未来负荷情形，尽量争取最有利条件，避免现场生产变动过于剧烈，影响现场作业士气。为使计划能顺利执行，应于每日下班前后召开生产检讨会，将当日生产数量及异常情况予以讨论，以决定加班时间、人手调派或外包措施。此外，可针对次日生产订单的备料及其他准备事宜进行协调。

（二）发货管理

商品发货指存货的领用、消耗或交运至客户并过账。发货会导致仓库存货的减少。

1. 商品发货的要求

（1）准确

发货准确与否关系到仓储服务的质量。在较短的发货时间里做到准确无误，这要求在发货工作中做好复核工作，在认真核对提货单的同时，配货、包装直到交付提货人或运输人，要注意环环复核。

（2）及时

无故拖延发货是违约行为，将造成经济上的损失。为掌握发货的主动性，平时应注意与货主保持联系，了解市场需求的变动规律；同时，加强与运输部门的联系，预约承运时间。在发货的整个过程中，各岗位的责任人员应密切配合，认真负责，这样才能保证发货的及时性。

（3）安全

在货物出库作业中，要注意安全操作，防止作业过程中损坏包装，或振坏、压坏、摔坏货物；同时，应保证货物的质量。在同种货物中，应做到先进先出。对于已变质的货物应停止发货。

2. 发货管理的内容

通常，发货管理包括以下内容。

（1）货品发货的准备

①原件货物的包装整理。货物经多次装卸、堆码、翻仓和拆检，会使部分包装受损，不适宜运输。因此，仓库必须视情况进行加固包装和整理工作。对于有特殊要求的客户可以优先选择可降解、可回收或生物基的材料，如纸质、竹制、玉米淀粉基等环保包装材料；避免使用一次性塑料包装，减少塑料垃圾的产生；并确保包装材料无毒无害，不会对货品和消费者造成污染。

②零星货物的组配、分装。有些货物需要拆零后出库，仓库应为此事先做好准备，备足零散货物，以免因临时拆零而延误发货时间；有些货物则需要进行拼箱。为此，应做好挑选、分类、整理和配套等准备工作。

③包装材料、工具、用品的准备。对从事组装、拼箱或改装业务的仓库，在发货前应根据商品的性质和运输部门的要求，准备各种包装材料及相应的衬垫物，并准备好钉箱、打包等工具。

④待运货物的仓容及装卸机具的安排调配。对于待出库的货品，应留出必要的理货场地并准备必要的装卸搬运设备，以便运输人员提货发运。

⑤发货作业的合理组织。发货作业是一项涉及人员较多、处理时间较紧、工作量较大的工作，进行合理的人员组织是完成发货的必要保证。

（2）货品发货的一般程序

①验单。审核货物出库凭证，应注意审核货物提货单或调配单内容，特别注意是否有涂改痕迹。

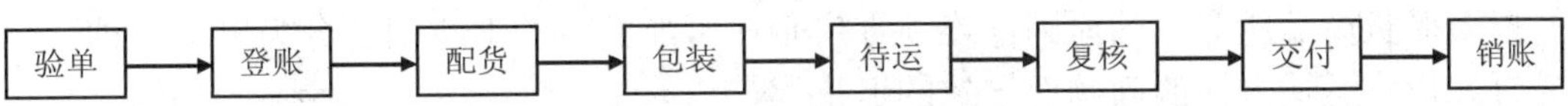

图 3-1　货品发货的一般程序

②登账。对于审核无误的出库货物，仓库货物会计即可按照凭证所列项目进行登记，核销存储量，并在发货凭证上标注发货货物存放的货区、库房、货位编号及发货后的结余数等；同时，转开货物出库单，连同货主开制的商品提货单一并交仓库保管员查对配货。

③配货。保管员对出库凭证进行复核，在确认无误后，按所列项目和标注进行配货。

④包装。在货物出库时，往往需要对货物进行拼装、加固或换装等工作，这均涉及货物的包装。对货物包装的要求是封顶紧密，捆扎牢固，衬垫适当，标记正确。这项工作在大型仓库中由专职人员负责。

⑤待运。包装完毕，经复核员复核后的货物均需集中到理货场所，与理货员办理交接手续，理货员复核后，在出库单上签字或盖章；然后填制货物运单，并通知运输部门提货发运。

⑥复核。复核货物出库凭证的抬头、印鉴、日期是否符合要求，经复核不符合要求的货物应停止发货。对货物储存的结余数进行复核，查看是否与保管账目、货物保管卡上的结余数相符。对于不符的情况应及时查明原因。

⑦交付。仓库发货人员在备齐商品并经复核无误后，必须当面向提货人或运输人按单列货物逐件点交，明确责任，办理交接手续。在货物装车时，发货人员应在现场进行监装，直到货物装运出库。发货结束后，应在出库凭证的发货联上加盖“发讫”印戳，并留据备查。

⑧销账。上述发货作业完成后，需核销保管账、卡上的存量，以保证账、卡、货一致。

（3）货品发货的复核

在货物运出仓库时，有以下三种发货复核方式。

①托运复核。仓库保管员根据发货凭证负责配货，由理货员或其他保管员对货单逐行逐项核对，即核对货物的名称、规格、货号、花色和数量等，检查货物发往地与运输路线是否有误，复核货物的合同号、件号、体积、重量等运输标记是否清楚。经复核正确后，理货员或保管员应在出库凭证上签字盖章。

②提货复核。仓库保管员根据货主填制的提货单和仓库转开的货物出库单所列货物名称、规格、牌号、等级、计量单位、数量等进行配货，由复核员逐项进行复核。复核正确，则由复核人员签字后，保管员将货物当面交给提货人，未经复核或复核不符的商品不准出库。

③取样复核。货物保管员按货主填制的正式样品出库单和仓库转开的货物出库单回货，核实无误，经复核员复核、签字后，将货物样品当面交给提货人，并办理各种交接出库手续。

（三）退货管理

商品退货是指仓库按订单或合同将货物发出后，由于某种原因，客户将商品返回仓库。

1．退货的原因

根据退货产品所产生的原因，连锁零售企业可能面对的退货问题分为以下几种。

（1）货物运输方面的问题而导致的退货

如货品在搬运过程中造成产品包装破损或污染，仓库将予以返回。

（2）货品送错退回

送达客户的货品不是订单所要求的商品，如商品条码、品项、规格、重量、数量等与订单不符，都必须退回。

（3）来自顾客的退货

随着顾客对货品要求的提高，导致退货现象日益普遍。如果一件退货产品来自顾客，那么有三种可能：第一是它有缺陷，是真正的缺陷品；第二是它本身是好的，但顾客对它不满意，认为它有缺陷，这类退货被称为无缺陷的缺陷品；第三是在质量保证期或维修期内被返回，要求更换或维修。

（4）时间问题所造成的退货

如产品过期（产品到保质期结束仍未销售出去），错过销售季节（产品已过销售季节但仍未销售出去）而造成的退货。

（5）协议退货

与仓库订有特别协议的季节性商品、试销商品、代销商品等，协议期满后，剩余商品仓库予以返回。

2. 退货管理中应注意的问题

（1）退货比率约束

现在一些生产厂商有零退货的策略，零退货意味着生产厂商不接受来自零售商的任何退货，而在发货时给予零售商一定的折扣。这项政策事实上是把退货的责任转移给零售商，从而减少生产商和经销商的费用，但是同时生产商失去了对货品的控制权。制定退货政策的初衷，就是为了免除或减轻销售风险，鼓励零售商大批量进货、顾客大量购买，以增加产品销售的机会，使厂商和零售企业的成本利益达到最优。因此，厂商及零售商可以协商制定一个合适的退货比率以平衡由此产生的成本和收益，提高企业的竞争优势。

（2）不同部门的责任应明确

企业内不同部门对退货承担不同的责任，只有在明确责任的前提下企业的退货管理才能真正达到目的。具体来说，对退货货品确保品质无误由产品检查部门负责；清点退货货品、货品数量准确性由仓储部门负责；调整应收账款余额等的重新处理由会计部门负责。

（3）退货价格设计

退货政策有全额退款和部分退款之分，全额退款是对零售商的退货按照原先的批发价进行全额退款，而部分退货则在批发价的基础上给予一定折扣。在一定的批量约束下，通过对退货价格的调整，可以使供应商和零售商的总体利益达到最优。

3. 商品退货的作业程序

（1）接收退货

仓库接收退货要有规范的程序与标准，如什么样的货品可以退，由哪个部门来决定信息如何传递等。

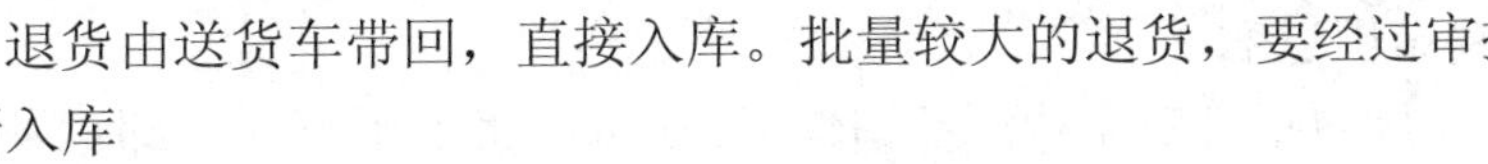

图 3-2　商品退货的作业程序

仓库的业务部门接到客户传来的退货信息后，要尽快将退货信息传递给相关部门，运输部门安排取回货品的时间和路线，仓库人员做好接收准备，质量检查部门确认退货原因。一般情况下，退货由送货车带回，直接入库。批量较大的退货，要经过审批程序。

（2）重新入库

对于客户退回的货品，仓库的业务部门要进行初步的审核。由于质量原因产生的退货，要放在为堆放不良品而准备的区域，以免和正常货品混淆。退货货品要进行严格的重新入库登记，及时输入企业的信息系统，核销客户应收账款，并将退货信息及时通知商品的供应商。

（3）财务结算

退货发生后，给整个供应系统造成的影响是非常大的，如对客户端的影响、仓库在退货过程中发生的各种费用、货品供应商要承担相应货品的成本等。如果客户已经支付了货品费用，财务要将相应的费用退给客户。同时，由于销货和退货的时间不同，同一货物价格可能不同，同质不同价、同款不同价的问题时有发生，故仓库的财务部门在退货发生时要对退回的货品的货款进行估价，将退货货品的数量、销货时的货品单价以及退货时的货品单价信息输入企业的信息系统，并依据销货退回单办理扣款业务。

（4）跟踪处理

退货发生时，要跟踪处理客户提出的意见，要统计退货发生的各种费用，要通知供应商退货的原因并返回生产地或履行销毁程序。退货发生后，首先要处理客户端提出的意见。由于退货所产生的货品短缺、对质量不满意等客户端的问题是业务部门要重点解决的。退货所产生的物流费用比正常送货高得多，所以要认真统计，及时总结，将此信息反馈给相应的管理部门，以便制定改进措施。退货仓库的货品要及时通知供应商，退货的所有信息要传递给供应商，如退货原因、时间、数量、批号、费用、存放地点等，以便供应商能将退货货品取回，并采取改进措施。

二、终端绿色管理

终端是所有企业营销渠道的最后一环，它直接代表了企业产品的最终营业表达。同时也是产品流向市场、形成消费的关键。随着市场竞争的日益激烈，企业之间的竞争已趋于白热化，而竞争的重心则仍是销售终端，决胜终端已成为当今企业界的共识。在进行产品分销的过程中，真正能够产生销售的是终端，激烈竞争的最后环节也是终端，消费者对产品的选择与消费也在终端。如何科学有效地掌握终端是销售管理的一个重要组成部分。

（一）终端管理的常见问题

对终端销售的管理，是激烈的市场竞争对企业销售工作提出的基本要求。但是，我国大多数企业的终端销售工作做得并不理想，很多企业甚至没有这方面的工作计划，换句话说，一些企业并没有把终端销售管理作为企业销售活动中的重要工作来看待，有意或无意地忽略了这一环节。我国企业在终端销售管理工作中常常会出现以下几个问题。

1．终端销售意识不强

国内很多企业对终端销售这个环节视而不见，认为太费事、太麻烦，不愿为此做出努力。更有不少企业宁愿将大笔资金用于广告，注重所谓的轰动效应，也不愿采用更为节约的方式在终端销售上下功夫。这表明我国许多企业在销售工作上仍处于粗放式的经营阶段。

2．终端销售范围过窄

终端销售的范围包括针对企业产品销售所经历的一切终端环节，即批发商、零售商及其他终端消费场所。从批发商来看，包括总经销商，一级、二级等各级批发商；从零售商看，包括大中型商场、便民店、百货店、连锁商店、超级市场等。尽管每个企业选择的终端环节可能不尽相同，在终端销售上也可以有重点、分层次地进行，然而这并不等于只抓上层环节，如经销商、代理商等，也不等于只抓销售大户。企业必须为此制订科学合理的计划。

3．专业水平低，管理水平难以满足需要

管理水平难以满足需要，主要是因为从事终端销售人员的素质不能适应管理工作的要求。例如促销人员在终端促销中起到非常关键的作用。促销人员的工作热情、产品知识、导购技巧等都能从不同的方面刺激消费者，促使消费者产生购买行为。但是调查表明，真正做到培训上岗，注重与顾客沟通，为顾客提供周到服务的促销员不多。主要原因是一些企业为了节省开销，并未对他们进行系统的培训，导致他们对商品、企业文化缺乏了解，沟通技巧不到位，无法消除顾客的疑问，从而导致顾客转而购买其他替代商品甚至对促销人员的服务态度不满直至投诉。

4. 对终端商家防范不严

一些股东人数较少的不法商贸有限公司、私营性质的中小型商场等，不仅时有违背商业信用的现象，而且采用转移地点、蓄意破产、改头换面、故意拖欠等方式逃避债务，使企业陷入困境。这就要求企业必须时刻保持防范意识，并采取积极的措施避免各类风险的发生。

（二）终端绿色管理的主要内容

1. 终端商品陈列

在绿色营销理念下，良好的商品陈列是企业最直观的绿色广告，不仅能在终端现场营造出强大的品牌吸引力，成为引发消费者冲动型购买行为的关键因素，还在很大程度上彰显着企业的绿色综合管理水平和实力。企业为了提高货品陈列的规范性和生动性，可以从货品陈列的位置和方式两方面考虑。

（1）陈列位置

具体到某个终端而言，企业绿色产品的陈列位置对消费者的吸引力存在显著差异。那些醒目且人流量大的区域堪称“黄金位置”，例如同类绿色消费商品的出入口处、拐角等位置。通常情况下，接触到绿色产品的消费者数量越多，产品被购买的可能性也就越大。因此，企业应积极开展针对终端的绿色公关活动，全力争取有利的陈列位置。

此外，还需格外关注绿色货品在货架上的摆放位置，要确保其与目标消费者群体的视线及高度相匹配。一般认为，普通绿色货品陈列的黄金高度为 0.8～1.4 m。这样的高度设置，既便于消费者轻松查看和拿取商品，又能最大程度地吸引他们的注意力，符合人体工程学原理和消费者的购物习惯，有助于提升绿色产品的销售转化率。

（2）陈列方式

首先，企业应尽可能多地占据陈列空间，以营造出充实、美观且生动的陈列效果，充分展示厂家在绿色生产、绿色营销等方面的综合实力和强大气势，给消费者带来强烈的心理刺激和吸引力。在陈列过程中，一般要求绿色产品集中陈列，不同品牌或型号的绿色产品所占空间要有明确规定。同时，还需综合考虑陈列位置、产品次序、外观、广告宣传品以及价格标签等因素。需要注意的是，产品摆放不能过于拥挤，要留出适度的空间。这样既方便消费者拿取商品，又能向消费者暗示该绿色品种十分畅销，从而增强他们的购买自信心。

其次，要按比例陈列全规格商品。消费者在不同的场合和时机，对绿色商品的规格或包装有着不同的需求。若在终端现场找不到符合心意的绿色商品，他们很可能转而购买竞争对手的产品，进而降低对企业的满意度。因此，企业要按照一定的比例陈列所有规格的绿色商品，确保消费者能够轻松找到满足自身需求的产品，提高消费者的购物体验和满意度，促进绿色产品的销售。

2. 终端绿色销售促进

终端绿色销售促进是指在绿色销售货品管理中，通过环保理念和技术手段优化终端销售环节，以提升商品吸引力、客户满意度和品牌形象，同时减少环境影响。它结合绿色销售区域、预算和定期评估的背景，强调在终端陈列、促销活动和客户互动中融入可持续发展策略。

终端绿色销售促进的核心在于采用环保材料和节能技术优化商品陈列，增强视觉吸引力的同时减少资源消耗。例如，使用可降解的纸板货架或竹制展示架替代传统塑料陈列设施，结合低功耗 LED 照明降低能耗。预算支持这些绿色陈列设备的采购与维护，确保终端展示符合环保标准。通过 CRM 系统分析区域客户偏好，定制差异化的陈列设计，如在环保意识强的区域突出绿色产品标签，吸引目标消费者。这种环保陈列不仅提升销售转化率，还通过减少废弃物和能耗，强化企业的可持续发展形象。

终端绿色销售促进通过区域化、数字化促销活动，吸引消费者并传播环保理念。例如，利用 CRM 平台在环保意识高的销售区域推送绿色产品优惠，或通过社交媒体和电子屏幕宣传低碳消费活动，取代高耗能的印刷传单。预算为这些活动提供资金支持，如举办产品回收换购活动或绿色积分奖励计划，鼓励客户参与可持续消费。定期评估促销效果（如季度检查活动参与率和销售增长），确保活动精准触达目标客户，减少无效营销的资源浪费，提升客户满意度和忠诚度。

3. 对终端工作人员的管理

对终端工作人员的有效管理是终端管理中的重要组成部分。企业对终端工作人员的管理主要表现在以下几个方面。

（1）报表管理

通过工作报表追踪终端工作人员的工作情况，是规范终端工作人员行为的一种切实有效的方法。严格的报表制度，不仅可以使终端工作人员产生动力，督促他们克服惰性，而且可以使终端人员做事有计划、有规律、有目标。同时，报表也是企业了解员工工作情况与终端市场信息的有效工具。主要报表有竞争产品调查表、礼品派送记录表、终端岗位职责量化考评表、工作日报表、周报表、月总结表、样品及终端分级汇总表等。此外，还有主管要求临时填报的、用于反映终端市场信息的特殊报表。终端工作人员一定要准确、按时填写报表，不得编造、虚报，以客观反映终端人员的工作情况，避免不实信息误导企业决策者。

（2）对终端人员进行培训

终端管理涉及范围广泛、操作环节繁杂，这对企业管理人员的综合素质提出了极高要求。在绿色营销理念不断深入的背景下，企业需要具备绿色管理意识与能力的人员来推动终端工作的高效开展。因此，企业应制定系统且有针对性的在职培训计划，对终端管理人员进行全面培训。培训内容不仅要涵盖绿色产品知识，如产品的环保特性、生产过程中的绿色工艺等，还要包括绿色营销策略、绿色服务规范以及绿色终端运营管理等，全方位提升他们在绿色终端管理方面的专业素养和管理能力。

同时，企业要建立有效的沟通机制，及时了解终端管理人员在日常工作中遇到的问题和困难。针对这些问题，企业应迅速组织专业力量，提供切实可行的指导和帮助。例如，若终端管理人员在推广绿色产品时遭遇消费者对绿色概念理解不足的情况，企业可提供专业的沟通话术和宣传资料，协助他们更好地向消费者传达绿色产品的价值。

（3）进行终端工作监督

管理者要定期走访市场，对市场销售情况做出客观的记录，并公布评估结果。同时，企业要建立健全竞争激励机制，对成绩突出的工作人员，不仅要充分肯定其成绩，而且要鼓励他们向更高的目标冲击；对成绩一般的终端工作人员，主管不仅要协助他们改进工作方法，还要督促他们更加努力地工作；对那些完全失去工作热情的工作人员，要坚决予以辞退。

（4）搞好终端协调

企业一定要高度重视终端工作人员反映的问题，弄清情况后尽力解决。这样一方面可体现终端人员的价值，增强其认同感、归属感，另一方面可提高其工作的积极性，鼓励他们更全面、更深入地思考问题，培养自信心。企业要建立一套完整的终端人员管理制度，并通过它来规范终端工作人员的行为，保证终端管理的效果。

（三）终端绿色管理的要求

终端销售的实现往往需要企业通过整合各方面的资源来完成。尤其是竞争的压力使得终端销售的技术不断提高，对管理工作提出了严峻的挑战，为达成理想的终端绿色销售效果，企业需着重做好以下几方面工作：

1. 选择有利的终端类型

选择何种业态、商店或消费场所，必须经过仔细考虑，同时还必须对这种业态或商店的商圈特征，如人口结构、生活形态、地理环境、竞争态势等进行认真评估。并非选择有名的商店或有利的商圈位置就一定能提高绿色销售成效。例如，若企业主打绿色有机食品，目标客户群体是注重健康、环保的中高端消费者，那么选择位于高档社区周边、周边居民环保意识较强且消费能力较高的绿色主题商店或高端超市，可能比选择繁华商业区但客群不匹配的普通商店更为合适。企业应深入分析自身产品特性与目标客户群体，精准选择与之契合的绿色友好型终端类型。

2. 增加人力的支持

许多终端绿色销售活动需要大量的人力实现，但对于许多企业而言，在短时间内培训出一支符合要求的绿色销售队伍绝非易事。为了解决这一问题，一些企业开始雇用商业学校的学生或临时的专业人员来从事这项工作。实践证明，这是一种既经济又高效的做法。但企业必须加强管理与监督，一方面，要对这些人员进行系统的绿色产品知识培训，使其深入了解产品的绿色特性、环保优势以及生产过程中的绿色工艺等，以便能够准确地向消费者传达绿色理念。另一方面，要制定明确的销售目标和行为规范，确保销售活动始终围绕企业的绿色战略目标推进，避免出现偏离绿色主题的销售行为。

3. 提高促销的整体配合

强调终端绿色销售的价值，绝非排斥其他形式的促销活动。

实际上，终端绿色销售的实现通常以企业绿色形象的树立和绿色品牌价值的塑造为前提。知名绿色品牌之所以能在销售终端占据有利位置，正是因为它们在消费者心中树立了良好的绿色形象。

终端绿色销售与其他促销形式相辅相成。企业应将终端绿色促销与广告宣传、公关活动、线上推广等其他促销手段有机结合。例如，在终端开展绿色产品体验活动的同时，通过社交媒体进行线上宣传，扩大活动影响力；利用广告宣传突出产品的绿色卖点，吸引消费者到终端进行体验和购买。通过多种促销形式的协同配合，形成强大的绿色营销合力，往往能取得意想不到的效果。

4．争取店方的合作

这是改善终端销售效益的难点。通常情况下，店方更愿意把机会给予知名的企业或品牌，但新企业或新品牌也并非没有机会，这就要求企业掌握谈判的技巧。在与店方沟通时，企业要清晰、准确地传达自身的绿色优势和特点，如产品的绿色认证情况、环保技术创新、对当地绿色社区建设的贡献等，让店方充分认识到合作的价值。同时，企业要强化其他绿色促销形式，如举办绿色主题促销活动、提供绿色消费奖励等，以吸引更多消费者关注，提升终端的客流量和销售额，从而最大限度地发挥终端在绿色销售中的作用，与店方实现互利共赢。

三、铺货与窜货管理

（一）铺货管理

铺货也称铺市，是某种商品初次进入某一区域市场时，厂家与中间商（或上线中间商与下线中间商）之间相互合作，在短期内把产品推向市场的活动。铺货具有时间短、速度快、手段多样等特点，有利于产品快速上市并初步形成市场价格，有利于形成“以点带线，以线带面”的销售网络。一旦铺货失败，会打击销售人员及中间商的积极性，给后续销售工作增加难度。铺货一般可以分为准备阶段、实施阶段、服务及反馈阶段 3 个阶段。

1．准备阶段要做好以下几个方面的工作

（1）组织准备

包括铺货人员的选拔、培训、安排。

（2）调查研究，了解情况

掌握目标区域批发及零售市场特征，包括产品批零差价、货款支付方式等；了解目标区域当地的风俗习惯；选择中间商并协商好铺货销售策略，包括产品品种、规格、数量、价格、渠道及促销手段等。铺货时期促销品策略十分重要，包括促销品品种、规格、数量及促销品与产品的数量比例即促销品配比率等问题的决策。

（3）制订目标区域整体市场和局部市场的铺货计划以及货源调度安排

有的企业还将铺货计划设计成“铺货一览表”和“市场调查跟踪表”，内容包括客户名称、地址、负责人姓名、电话、商业性质、第一次进货情况、第二次拜访时间及注意事项等。

2．实施阶段应做的工作

①促销手段的配合，一般有广告支持、赠送促销品及其他公关推广活动。

②厂家销售人员与一级中间商一道按计划铺货路线，拜访目标区域内选定的下线中间商，介绍企业情况及产品情况，说服他们订货。

③及时准确填写好“铺货一览表”。

3. 服务反馈阶段

在铺货的服务反馈阶段，厂方销售人员应针对实施情况，写出书面总结报告；根据“铺货一览表”后续访问及供货，并认真填写“市场调查跟踪表”；对于铺货情况较差的地区，销售人员应重新审定铺货计划，确定是否重铺；履行商业承诺，妥善处置各种纠纷。总体来说，铺货前的促销支持和周密计划、铺货时的人员士气以及铺货后的兑现承诺与及时反馈等对铺货能否成功有决定性影响。

（二）窜货管理

1. 窜货概述

铺货任务完成以后，有的企业产品在各个销售区域井井有条，有的却可能出现混战局面，这就是许多企业头痛不已的窜货问题。窜货是厂家销售过程中的一大顽疾，它能够导致市场的混乱，是一种严重影响厂商声誉和市场秩序的恶性营销行为。经销商跨过自身覆盖的销售区域而进行的有意识的销售就是窜货，也称为冲货，是经商网络中的企业分支机构或中间商受利益驱动，把所经销的产品跨区域销售，造成市场倾轧、价格混乱，严重影响厂商声誉的恶性营销现象。窜货是商业行为，其目的是盈利。

窜货的危害较大，一旦价格混乱，将使中间商利润受损，导致中间商对厂家不信任对经销其产品失去信心，直至拒售；供应商对假货和窜货现象监控不力，地区差价悬殊，使消费者怕假货、怕吃亏上当而不敢问津；窜货还会损害品牌形象，使先期投入无法得到合理的回报；窜货有时候会导致竞争对手品牌会乘虚而入，取而代之。

2. 窜货的形式

无论采用直销还是间接销售方式，都可能出现窜货。根据市场区域、厂家情况以及经销商情况的不同，窜货有以下几种表现形式。

（1）分公司与分公司之间的窜货

这是一种由于生产企业管理混乱所导致的窜货。如果厂家采取总分公司的制度，每个分公司都是一个利润中心。其中的一些分公司为完成销售指标、美化个人或者销售团队的业绩，一般会将商品以相对较低的价格跨区域销售给需求量大的分公司，从而造成分公司之间的窜货。企业总部销售人员随意调配货源使区域供货平衡被打乱，导致价格混乱、市场失控。

（2）同一区域市场的经销商之间的窜货

在某一区域市场，产品往往是按照制造商、总经销商、二级经销商、批发商、零售商、消费者这样的顺序自上而下流通的，这种渠道系统为同一市场中的窜货创造了条件。由于这个链条中每一个级别之间都存在价格的级差，而价格的级差正是诱发窜货的根源之一。如果总经销商越过二级经销商直接向批发商供货，则产品下家会获得更多的价格优惠，这一价格差对于各批发商来说是极其诱人的，他们受利益驱使而引发窜货。但这无疑损害了部分渠道商的利益，增加了整个销售渠道的不稳定性。

（3）不同区域市场的经销商之间的窜货

当两个地方的市场供求不平衡，或者当同一产品在两个区域市场的价格不同时，产品就有可能从价格低的市场窜向价格高的市场。例如，甲地需求比乙地旺盛。乙地经销商为了完成销售份额，常将货以低价转给甲地。而厂家从各区域销售报表上根本发现不了这个问题。最后，这种行为不但扰乱了市场价格，乙地市场的问题会被虚假繁荣所掩盖，甚至可能会最终失去乙地市场。不同区域的经销商互不认识，并且受害的销售商又不能对实施窜货的经销商进行管理。因此，不同区域市场的窜货是最容易发生的一种窜货形式。

3．窜货的主体

形成窜货的首要因素是窜货能力，渠道成员必须具备窜货能力，才有可能形成窜货。窜货的最初动机来源于各窜货主体之间各方面的利益冲突，在市场上实施窜货的主体有分公司、经销商和企业自身等。

（1）经销商或代理商

如今许多企业采取的是总代理模式，设置区域总代理或总经销商，即把在某一区域或省份的产品销售权交给该经销商或代理商，依靠这些代理商或经销商自身的渠道实现企业在该市场区域的销售任务。由于一个区域只有一个经销商或代理商，那么也就决定了在这个区域只有一家经销商或代理商可以以最优的价格购进产品。经销商或代理商然后再按企业制定的二批价、三批价等向下销售。如果某区域该链条上的某个成员违反这种规则的话，就会引发窜货，打破平衡。

（2）分公司或办事处

产品销售量大且市场相对稳定的企业，一般会采用设置分公司或办事处的运作方式，而企业中某区域的分公司经理甚至某区域的业务员，有时对该区域市场的产品、价格、促销、渠道等有绝对的控制权，如果该区域当月销售任务完成情况较差时，窜货问题就可能发生。

（3）企业自身

如果某一区域的总经销商或分公司出现高价违规等销售问题时，企业必须考虑到整体市场的利益，就可能直接向该区域发货，以平抑产品的高价，这也就造成了事实上的窜货。

4．窜货的原因

（1）厂商向经销商分配的销售任务过重

无论代理商、经销商还是分公司，都希望完成企业的销售任务这一基本目标。为了抢占市场份额，许多厂家不顾当地市场容量、品牌现状及经销商的分销能力，盲目追求销量与规模，并将销量压力直接转移给经销商。这些厂家给经销商施加过重的压力并把奖励门槛定得很高，对持续合作要求过于苛刻，导致经销商不得不另觅捷径，依靠向其他区域窜货来完成任务。

（2）经销商为取得高额奖励而追求销量

厂家为了提高经销商的积极性，通常在销售政策中设定各种形式的奖励，且大多采取以鼓励销量为目的的阶梯返利形式，即奖励与销量挂钩，销量越大，奖励折扣就越高。于是，原来制定的价格体系被这一折扣拉开了空间。这导致那些以做量为主，以赚取年终奖励为目的的经销商不择手段地向自己区域外窜货。

（3）厂商的价格管理混乱

价差是窜货的必要条件。当市场存在价差，且足以覆盖运输成本时，窜货的必要条件便已形成。价差的来源较多，主要有以下几种。

①厂家在不同的市场实行差别定价。

②厂家控价措施不力，在实际操作中，由于各种人为因素造成的政策上的不平衡（大批发商通常能获得更多的优惠政策和销售补贴）。

③厂家提供的促销支持和费用补贴被一些商家变成差价补贴。

④经销商出于商业目的，销售时故意压价，人为制造竞争筹码等。

（4）受害区域经销商施以报复性窜货

报复性窜货是商家在混乱的市场秩序中不得已采取的自卫行为，普遍存在于厂家管理乏力的区域。这种类型的窜货往往是因为厂商在运作市场方面思路有分歧、配合不默契或合作破裂，经销商为报复厂商，便低价或赔钱“倾销”给一些销售较好的区域，造成恶性窜货现象发生。

（5）广告拉力过大

厂商为了提高产品知名度，扩大销售量，会在某一区域投放大量广告。此时，如果相应的渠道建设没有跟上，而广告已吸引了很多的消费者，则过大的广告拉力和落后的渠道建设就会使市场呈现一种供小于求的局面，其他区域的经销商就会利用自己已经拥有的商品进行跨区域销售，获取高价，这就导致了窜货的形成。

（6）经销商处理库存积压产品

库存积压产品在很大程度上是由于在当地不适销，为减少库存占用的资金，经销商一方面通过降低价格尽快抛售，另一方面使产品尽快流向适销地区。特别是经销商经营出现问题或与厂商终止合作后，更会不计后果地跨区域低价抛售。

5．避免窜货的方法

窜货的危害是巨大的。它可能导致市场价格混乱，假冒伪劣商品充斥，使得中间商和消费者对品牌失去信心，损害企业形象，导致区域市场的崩溃，所以有人甚至称窜货为“营销杀手”。要解决这个问题，必须加强企业内部管理，堵住内部窜货源头。内部窜货一般源于行政部门对销售部门的干扰，政出多门引起混乱。企业内部如果有严格清晰的权责制度，政令统一、奖惩有度，就可以有效地避免窜货现象的发生。此外，应加强对销售网络的管理，包括对中间商层次的管理及对销售终端（零售商）的管理。一方面要理顺价格，确保每一个销售层次的利益，让各级中间商与零售商都有合理的利润空间，避免价格倒挂现象，即零售价格低于批发价格，否则中间商被零售商的低价倒逼，就有降价窜货的冲动，因此渠道价格一定要理顺。在保证各层次合理利润的前提下，建立中间商评价淘汰体系。通过上线中间商监控、下线中间商或区域独家代理等方式，避免中间商之间恶性无序的降价窜货。有的企业采用产品代码制来跟踪判断窜货现象。所谓代码制就是给每个销售区域编上唯一的号码，印在内外包装上，一旦在甲地发现乙地产品，立即采取措施。具体来说，必须从以下几个方面着手。

（1）科学稳固的渠道系统

建立科学稳固的渠道系统，明确厂商和经销商的责权利，使厂商和经销商结成双赢的利益共同体，从而实现渠道的稳固、长久。其中，选择好经销商，及时发现和处理窜货经销商，消除窜货的主体条件至关重要。厂商在选择经销商时要制定合理的准入门槛，并详细考察经销商的资信和职业操守，除了从经销商的规模、销售体系、发展历史等角度考察渠道商外，还要考察经销商的品德和财务状况，防止窜货经销商混入销售渠道。厂商在渠道体系的运作过程中要及时发现和清理窜货经销商，控制和稳定市场，防止窜货经销商对市场体系的进一步破坏。在进入市场的初期，企业出于拓展市场的需要，可能会允许部分职业素质差的经销商进入销售渠道，但是随着市场的扩大和健全，应加强对市场的控制力，及时发现和处理窜货经销商。

（2）统一的价格

严格遵循市场规律，厂商制定严格的全国统一零售价，消除窜货的物质基础，为经销商留下合理的利润空间，统一价格从根源上杜绝了窜货现象的发生。众所周知，各地产品之间存在价差以及经销商受利益驱动进行跨区域销售是窜货现象发生的物质基础，为了清除窜货产生的物质基础，厂商最好实行全国统一零售价格，并由厂商负责运输，做到货价的统一。即使实行全国统一零售价格有困难，也要在综合考虑运输成本的基础上合理确定各地区之间的价差，使之不足以引起窜货。

（3）合理的销售区域划分

合理划分销售区域、科学制订区域销售计划是打击窜货的另一利器。窜货产生的重要原因之一就是市场在各个地域之间发育程度不一、市场饱和程度各异，俗话说："水往低处流。"在市场规律的作用下，商品会自然地从市场饱和、竞争激烈的区域流往市场饱和程度低的区域，从而产生窜货。为了防止这种局面的出现，厂商就要保持区域内经销商密度合理，经销能力和经销区域均衡。为了合理划分销售区域，保持每一个经销区域经销商密度合理，防止整体竞争激烈，厂商可以实行经销商区域专卖或产品专卖，以保持经销体系布局合理均衡。总之，厂商应当制订科学的销售计划，创造良好的销售环境，避免供求失衡，尽量减少引发窜货的市场环境。

（4）产品代码制

一旦出现窜货现象，产品代码制能够帮助厂商迅速查出货源。产品代码制就是利用通信技术和计算机技术，在产品出库、流通等各个环节中，对商品的销售区域、真伪等信息进行加载，并通过追踪产品上的编码，监控产品的流动，对窜货现象进行有效的监控。这种窜货预警系统，对潜在的窜货经销商形成巨大的心理威慑，使他们认识到一旦窜货，企业便能立刻发现，从而减少窜货的发生。

（5）严厉的处罚措施

厂商对窜货行为进行严厉处罚，归根结底是使经销商窜货的成本远高于其收益，才能对窜货行为形成有效震慑。厂商在招商声明和经销合同中应明确对窜货行为的惩罚规定，通过如警告、扣除保证金、取消相应业务优惠政策、罚款、货源减量、停止供货、取消当年返利和取消经销权等措施来惩罚窜货行为。同时奖励举报窜货的经销商，调动大家防窜货的积极性。

此外，厂商还应把监督窜货作为企业制度固定下来，成立专门机构，由专门人员定期或不定期地明察暗访经销商是否窜货，通过在各区域市场进行产品监察，对该区域市场内的发货渠道，各经销商的进货来源、进货价格、库存量、销售量、销售价格等调查清楚，随时向企业报告，一旦发生窜货现象，市场稽查人员就马上可以发现异常，使企业能在最短时间对窜货作出反应。

（6）严格的营销队伍建设

营销人员自身的素质对窜货的治理至关重要。首先，要严格人员招聘、甄选和培训制度。企业应把好业务员的招聘关，挑选真正符合要求的高素质的人才。其次，制定人才成长的各项政策，使各业务员能人尽其才。对做出优异成绩的销售人员给予晋级、奖金、奖品和额外报酬等实际利益，以此来调动销售人员的积极性。对违反规章制度的销售人员应按规定处理。最后，严格推销人员的考核、建立合理的薪酬制度。绩效标准应当体现企业的销售额、利润额、控制销售渠道等目标，评估考核时还应考虑销售区域的潜力以及区域地形的差异、地理分布状况、交通条件等对推销效果的影响以及一些非数量化的标准，如合作性、工作热忱、责任感、判定力度等，力争从多方面杜绝窜货现象的发生。

近年来，许多企业充分利用各类中介机构防止窜货。目前从事调查、咨询的企业很多，既有中国的企业也有国外的企业，他们在市场调查方面具有先进的理念和方法，许多企业通过委托中介机构对市场进行监控，以此来预防和管理窜货现象。当然，这种方法的不足就是企业必须支付一定数量的费用，对于中小企业来说意味着成本的增加。窜货是一种极易被忽视，但却对品牌和企业经营具有很强杀伤力的营销病症。特别是对有深厚品牌积累的企业，忽视窜货，有可能导致“千里之堤，溃于蚁穴”。因此，企业应该对通路安全给予足够重视。只要企业在严格内部管理的同时采取有效措施监控中间商网络，双管齐下，窜货问题是可以得到有力控制的。

案例分析　坦图思慕尔：小分子奶粉让窜货网断货！

在窜货网络化、体系化、一件代发满天飞的今天，居然可以做到让窜货群内断货，坦图思慕尔小分子奶粉的确厉害！那么坦图思慕尔小分子奶粉是怎样做到的？据母婴行业资深媒体《母婴视界》了解，坦图思慕尔小分子奶粉有六招防止窜货。

第一招，内码。一定能查到窜货的源头。国内某大牌去年 10 月推出内码制，而坦图思慕尔在前年就已经做到了一罐三码，包括内码，比大牌还早一年多，是整个行业市场管控的领跑者之一。“保持敏锐性、领先性”，坦图思慕尔总经理何康辉如是说，“能查到源头就能追责，内码是控货的基础”。

第二招，红码。为了保护消费者的安全及品牌的商誉，区分正常渠道的奶粉与窜货奶粉，一经查明，窜货商的奶粉即被标记为红码，消费者扫码时即显示红码信息，看到这样的红码警示，消费者怎么敢购买食用呢？

第三招，天眼系统。当下窜货越来越隐蔽、越来越体系化，厂家发现和取证越来越难，依托定位技术和大数据分析，坦图思慕尔小分子奶粉与软件公司一起开发了天眼系统。1 月 15 日上线，2 月 15 日正式启用，一个月内通过天眼发现并取缔了 5 家窜货代理商和 20 多家一件代发门店！天眼系统犹如上帝的视角，人在窜，天在看，24 小时不间断，默默监控奶粉流向。

天眼系统每 3～5 天提供一次数据，一旦发现窜货嫌疑，立即核查、清理，实现动态清零，极大地压缩了窜货空间，大幅降低了窜货的比例。“天眼系统让我看到了看不见的真相”，坦图思慕尔总经理何康辉如是说。

除了以上三招，坦图思慕尔公司对代理商管控也非常严格。不仅要求新代理商缴纳保证金，还要调查新代理商在当地门店的口碑。而且，坦图思慕尔公司实时掌握实销数量，并严格根据实销控制发货量。换句话说，并不是代理商想要多少货就能拿到多少货。实销多才能发货多。实销少则无法拿到更多的货。想窜货也没有货，这是第四招，称为“控发”，相当于管住水龙头。

第五招，严惩。一旦发生窜货或控制不住下属门店发生窜货，代理商将受到重罚，甚至停止合作，截至目前，因为窜货受罚，公司已累计取消了近16家代理商。

第六招，发动“人民战争”。绝大多数合作门店都是规范经营、踏踏实实做市场，让他们一起参与打击窜货，这样大幅提升了坦图思慕尔打击窜货的力度和效率。

最新消息是，一些门店反馈以前被撬的顾客又回来购买坦图思慕尔了，所以门店的信心大增。坦图思慕尔小分子奶粉品质好、口感好、分子小，所以顾客忠诚度特别高。窜货商没货，顾客只能回到正规门店购买。

资料来源：坦图思慕尔小分子奶粉让窜货网断货！，https://tech.china.com/article/20220519/052022_1069887.html。

问题讨论：

1. 根据上述案例试分析坦图思慕尔小分子奶粉是通过哪些方法防止窜货的？

2. 结合所学知识谈谈窜货的危害有哪些？

实训任务三　绿色销售货品管理方案制定

【任务目标】

熟练掌握绿色销售货品管理的内容及相关作业流程。

【任务内容】

1. 企业基本情况

秦皇岛新特科技有限公司于2002年成立，位于河北省秦皇岛经济技术开发区内，注册资金6 000万元，主要经营领域为机械设备的制造、销售及安装，机械配件、高效催化剂、特种复合烧结强化熔剂、钢铁炉料、节能催化剂的生产、销售，建筑安装工程施工，技术咨询、开发，冶金工程设计、咨询，网络系统工程统计、建设等。公司是集技术开发、设备生产、销售和技术咨询、安装及售后服务于一体的专业服务于环保、烟气治理、烧结领域的高科技集团化企业。公司致力于烧结领域的技术改造及技改设备提供。为各大小钢铁企业在烧结过程增产、环保方面提供技术和服务。

秦皇岛新特科技有限公司的主营业务涵盖工业生产中产生的烟尘、尾气处理；农用秸秆焚烧、垃圾焚烧等产生的污染气体处理以及餐饮店铺产生的油烟净化处理等多个领域。主打产品包括民用燃炉烟气净化器、农用焚烧净化处理器、民用垃圾热解净化器、环保型热解气化燃烧炉、锅炉烟气净化器、工业粉尘烟气净化器、砖瓦工业烟气净化系列以及清洁烧烤生活系列多种产品，产品组合跨度较大，可以根据消费者实际的生产生活方式，从消费者角度出发，有效满足不同领域的消费者对于污染气体治理的多种需求。

秦皇岛新特科技有限公司以中国科学院、北京科技大学等国内知名院校为依托，拥有大量博士、硕士等高级管理和研发人员，秉承着技术创新、管理创新以及商业模式创新的综合发展理念，积极研究、开发环保领域的新型技术、产品，经过大量的科技创新及生产实践，其研发团队独创的超低温烧结改良技术、漏风治理产品、民用净化器、脱硫脱硝除尘等产品与技术拥有 60 余项我国发明专利与实用新型专利，能减少工业生产以及居民生产生活中产生的各种污染气体，有效填补了我国相关技术领域空缺。

秦皇岛新特科技有限公司在生产经营活动中尤其注重生态保护，大力促进经济发展与环境保护的和谐共存，注重将企业利益、消费者利益、环境利益相结合，企业在各种活动中均有效体现绿色思想，生产方式符合环保标准，经营方式满足绿色要求，企业管理也朝着高效、绿色方向发展，在满足消费者对于污染气体的治理需求的同时，有效促进了经济与生态环境的协调绿色发展。秦皇岛新特科技有限公司拥有完整、独立且成熟的技术研发体系以及产品质量检查体系，可以高标准、高质量地完成政府相关部门较高的产品要求。目前，公司生产的农用焚烧净化处理器已进入了政府采购流程，秦皇岛新特科技有限公司在秦皇岛市抚宁区投放的多台农用焚烧净化处理器正处在试用期，多家媒体对产品的试用效果进行了报道。

企业需通过准确的市场定位以及选择合理的营销推广途径进行改良，提高企业产品以及品牌的知名度和市场覆盖度，通过线上线下相结合的方式进行推广，提高产品销量，维护已有的客户关系，积极开发新用户领域，不断构建品牌效应与品牌文化。

秦皇岛新特科技有限公司自成立以来，积极响应我国可持续发展战略的要求，致力于为我国污染气体治理提供解决方案，充分践行绿色环保发展观念，通过针对传统烟气处理技术在使用中所暴露出来的问题与不足，在原有基础上进行不断的技术更新，为我国在经济发展中所产生的各种污染气体治理提供了高效的治理方法与途径，在国内工业、民用以及商用产生的污染气体治理领域内应用广泛，为众多企业带来了良好的经济效益和社会效益。

2. 实训任务

为优化企业环保设备的货品管理，提升运营效率与市场竞争力，需结合所学专业知识以及企业实际情况，深入剖析产品特性，制定一套科学、合理且具有可操作性的货品管理方案。

【任务要求】

1. 由授课教师主持实训，每组安排一名同学负责记录、汇总。
2. 各学习小组根据上述企业资料，结合所学知识及企业实际情况，收集有关资料，考虑如何进行产品销售，进行详细计划并完成演练。
3. 根据学习小组的商讨结果，形成一份完整的方案，并进行课堂汇报及模拟演练。

【任务组织】

1. 以项目团队为学习小组，选出项目负责人，并明确组内成员的任务及分工。
2. 明确本次实训的目的、任务和内容，为实训做好充分准备。
3. 调查收集相关资料后，学习并讨论如何进行环保设备销售。
4. 小组成果展示介绍（包括组内成员的工作态度、组内合作程度、工作流程、成果质量的评价，每组控制在 10～15 分钟）。

【任务评价】

授课教师针对各学习小组的实训情况进行以下评价。

评价指标	评价标准	分值	评估成绩
绿色销售货品管理训练任务效果	1. 对所管理销售产品属性的熟悉程度	20	
	2. 终端管理设计的合理性	20	
	3. 预防窜货策略的设置	20	
	4. 管理方案的可行性及完整性	20	
	5. 活动整体效果及小组复盘评估	10	
	6. 遵守活动时间，积极参与实训	10	

项目四　绿色客户管理

任务一　维系客户关系

案例导入　万科：做卓越的绿色企业，强化客户关系管理

建筑行业是资源和能源消耗大户，作为房地产开发企业，万科深知在碳减排的道路上责任重大，并将碳减排的管理融入日常经营活动。万科长期致力于房地产开发的碳减排和绿色可持续发展，努力为国家绿色低碳发展做出贡献，在绿色经营方面，万科拥有多个第一：在国内房地产行业当中第一个将“做卓越的绿色企业”写入公司愿景；是国内房地产行业中第一个提出“工业化、绿色建筑和全装修”绿色发展理念的企业；公司在深圳开发的项目——万科城四期——是国内第一个获得“绿色建筑三星级”认证的住宅项目，而且，在国家绿色建筑标准颁布的前三年，万科的绿色三星建筑面积已经占全国的四成；万科目前的公司总部——深圳大梅沙万科中心——亦是国内第一个获得LEED铂金认证的办公绿色建筑项目；万科是全球房地产行业中第一个加入世界自然基金会（WWF）“碳减排先锋”项目的成员企业；是国内第一个开展零废弃办公的世界500强企业；万科公益基金会最早提出城市小区有机垃圾分散式生态处理方法，是国内第一家将“社区废弃物管理”列为战略领域的公益基金会。

在地产界有这样一个现象：每逢万科新楼盘开盘，老业主都会前来捧场，并且老业主的推荐成交率一直居高不下，部分楼盘甚至能达到50%。据悉，万科在深、沪、京、津、沈等地的销售，有30%～50%的客户是已经入住的业主推荐的；在深圳，万科每开发一个新楼盘，就有不少客户跟进买入。金色家园和四季花城超过40%的新业主是老业主推荐的。万客会的调查显示：万科地产现有业主中，万客会会员重复购买率达65.3%，56.9%的会员将再次购买万科的房产，48.5%的会员会向亲朋推荐万科地产，这在重复购买率一直比较低的房地产行业，不得不说是一个奇迹。

一、万科的第五专业

在设计、工程、营销、物业管理的基础上，万科经过多年的实践和反思，提出了“房地产第五专业”的理念，即客户关系管理，企业从原来的项目导向转为客户价值导向。为适应企业对客户关系管理的更高诉求，万科主动引入信息技术，实现了客户关系管理信息化。万科建立了客户中心网站和CRM等信息系统，从多个视角、工作环节和渠道，系统收集客户的意见和建议，及时进行研究并做出响应。这些意见和建议还为企业战略战术开发提供了指引。万科的第五专业成为引领企业持续发展、续写传奇的重要动力。

二、关注客户体验

万科素以注重现场包装和展示而闻名，同类项目，万科每平方米要比别家贵几百甚至上千元。有人不理解：我没看出万科楼盘有什么惊人之处，技术、材料、设计都和别家差不多。其实，只要客户到万科的房子里仔细看看，就会被那里具有艺术品位的、温馨的居家氛围和某些细节所打动，会发现那里才是理想中的家园，于是愿意为此多掏很多钱，愿意为瞬间的美好感受、未来的美好遐想而冲动决策。

万科以产品为道具、以服务为舞台，营造了一种让消费者融入其中、能产生美好想象和审美愉悦的空间环境与人文环境。万科出售的不仅是商品和服务，而且是客户体验——客户在其精心营造的审美环境中，通过自身的感悟和想象，得到一种精神上的愉悦。

三、万科独有的"6+2"服务法则

万科有一个称为"6+2"的服务法则，主要是从客户的角度分成以下几步开展服务。

第一步：温馨牵手。强调温馨牵手过程中开发商信息透明。万科要求所有项目在销售过程中既要宣传有利于客户（销售）的内容，也要公示不利于客户（销售）的内容，其中包括1 km以内的不利因素。

第二步：喜结连理。在合同条款中，要尽量多地告诉业主签约的注意事项，降低业主的无助感，告诉业主跟万科沟通的渠道与方式。

第三步：亲密接触。公司与业主保持亲密接触，在签约结束到拿到房子这一段时间里，万科会定期发出短信、邮件，组织业主参观楼盘，及时将楼盘进展情况告诉业主。

第四步：乔迁。业主入住时，万科要举行入住仪式，以表达对业主的敬意与祝福。

第五步：嘘寒问暖。业主入住以后，公司要嘘寒问暖，建立客户经理制，跟踪到底，通过沟通平台及时发现、研究、解决出现的问题。

第六步：承担责任。问题总会发生，当问题出现时，特别是涉及客户利益时，万科不会推卸责任。

随后是"一路同行"。万科建立了忠诚度维修基金，所需资金来自公司每年的利润及客户出资。

最后是"四年之约"。每过四年，万科会全面走访所有客户，看看有什么需要改善之处。

四、多渠道关注客户问题

倾听是企业客户关系管理中的重要一环，万科专门设立了一个职能部门——万科客户关系中心。客户关系中心除了处理投诉，还有客户满意度调查、员工满意度调查、风险评估、客户回访、投诉信息收集和处理等工作。

①协调处理客户投诉。各地客户关系中心得到公司的充分授权，遵循集团投诉处理原则，负责与客户的交流，并对相关决定的结果负责。

②监控管理投诉论坛。"投诉万科"论坛由集团客户关系中心统一监控。业主和准业主们在论坛上发表的投诉，万科必须在24小时内给予答复。

③组织客户满意度调查。由万科聘请第三方公司进行客户满意度调查，旨在通过全方位地了解客户对万科产品和服务的评价和需求，为客户提供更符合生活需求的产品和服务。

④解答咨询。围绕万科产品和服务的任何咨询或意见，集团客户关系中心都可以代为解答或为客户指引便捷的沟通渠道。

五、精心打造企业与客户的互动形式

随着企业的发展，万科对客户的理解也在不断提升。在万科人的眼里，客户不只是房子的买主，客户与企业的关系也不再是“一锤子买卖”。于是在1998年，万科创立了“万客会”，通过积分奖励、购房优惠等措施，为购房者提供系统性的细致服务。万客会的理念不断提升和丰富，从单向服务，到双向沟通与互动，再到更高层次的共同分享，万客会与会员间的关系越来越亲密，从最初的开发商与客户、产品提供方与购买方、服务者与使用者，转变为亲人般的相互信任、朋友般的相互关照。万科没有刻意强调客户关系管理，而是将客户的利益，包括诉求真正放在心上、捧在手里、落实到行动中。万科深知，对客户利益的关照需要每个子公司、每名员工的贯彻落实，而公司对子公司及员工的考核，是检验公司对客户真实看法的试金石，是引导下属企业及员工言行的指挥棒。

目前，面对市场竞争的压力，已经有许多房企意识到只有提供优质的服务才能占领或保住市场，如绿地、保利等品牌房企均倡导以服务为主题。业内专家表示，从以产品营造为中心到以客户服务为中心，是房地产发展的必然途径，与此同时，服务营销的观念将推动房地产市场更加成熟和理性。

资料来源：【中国碳公司评选】万科：做卓越的绿色企业——万科绿色经营情况介绍，https: //finance.sina.com.cn/stock/carbon/2021-05-12/ doc- ikmyaawc4895061.shtml。

万科客户关系管理案例分析：与客户互动时成功的关键，https: // www.docin.com/p-1899745006.html。

教师启发：近年来，客户关系管理成为销售人员的重要职责之一。通过对客户的科学有效的分析与管理，销售人员可以了解客户整体的销售状况及发展动态，以对市场需求状况作出正确判断，并采取相应对策，真正体现以客户为中心的经营理念，提高企业销售业绩。

课前讨论：万科采取了哪些具体措施来实施客户关系营销？

知识便签

一、绿色客户关系管理

客户关系管理（customer relationship management，CRM）是一种以“客户关系一对一理论”为基础，旨在改善企业与客户之间关系的新型管理机制。“客户关系一对一理论”认为，每位客户的需求是不同的，只有尽可能满足每位客户的特殊需求，企业才能提高竞争力。每位客户对企业的价值也是不同的，通过满足每位客户的特殊需求，特别是满足重要客户的特殊需求，企业才可以与每位客户建立起长期稳定的客户关系，从而使企业获得更多利润。

绿色客户关系管理（Green Customer Relationship Management，G-CRM）是传统客户关系管理（CRM）理念与绿色发展理念深度融合的产物。它以可持续发展为核心目标，在客户关系管理的全流程中，融入环保、节能、社会责任等绿色要素，旨在通过建立和维护与客户的绿色互动关系，实现企业经济效益、环境效益和社会效益的协同提升。

（一）绿色客户关系管理的原则

企业在进行客户关系管理时，需要遵循以下原则，有助于帮助企业将客户关系管理的作用发挥至最大。

1. 动态管理原则

客户的情况无时无刻不在发生变化，而客户关系管理的重要作用之一就是为企业各部门提供全面、最新的信息以便各部门作出决策和行动。因此为保证信息的准确性，企业的客户资料要不断加以调整，及时补充，对客户的变化进行跟踪，使客户管理保持动态性。

2. 突出重点原则

在这个信息爆炸的时代，相信大家都有这样的体会：在搜索引擎中输入一个关键词，成千上万的相关信息就会铺天盖地地向我们袭来。过少的资料会令企业的商业判断具有局限性，而过多的资料会令企业在作决策时受到干扰，因此，在进行客户关系管理时，企业要保证在各部门间共享的资料重点突出，做到最准确和最有效，从而帮助相关人员在最短的时间内做好客户分析，为选择客户、开拓市场提供更大帮助。

3. 灵活运用原则

收集并管理客户资料的目的是在企业经营过程中加以运用，所以企业在建立客户资料卡或数据库后，应以灵活的方式及时全面地将其提供给推销人员及其他有关人员，使他们能进行更详细的分析，提高客户管理的效率。

4. 专人负责原则

客户资料是企业最珍贵的资产之一，其对企业的作用不言而喻，因此在客户关系管理过程中应确定具体的规定和办法，确保客户关系管理系统由专人负责和管理，严格控制客户情报资料的利用和借阅。

5. 可持续性原则

确保所有客户关系管理活动都符合可持续发展的理念。这意味着企业在与客户互动时，应考虑经济、社会和环境三个方面的可持续性，确保业务增长不以牺牲环境或社会福祉为代价。在客户关系管理中，将环保理念置于重要位置。企业应优先考虑环保材料、绿色能源和低碳生产方式，减少产品和服务在整个生命周期中的环境影响。在客户关系管理的各个环节中，注重资源节约和效率提升。通过优化业务流程、采用先进技术和实施精益管理，减少资源浪费，提高资源利用效率。在客户关系管理中，积极履行社会责任，遵守相关法律法规和环保标准。通过合法合规的经营行为，赢得客户和社会的信任和尊重。

（二）绿色客户关系管理的作用

客户关系管理一方面通过对业务流程的全面整合达到企业优化资源配置、降低运营成本的作用，另一方面通过改善产品和服务质量保持和吸引更多的客户，增加了市场占有率。绿色客户关系管理的全方位作用主要体现在以下几点。

1. 提高企业客户管理能力

客户关系管理的对象是客户，主体是企业，创造稳定的客户关系是绿色客户关系管理的出发点，也是重要目标。与客户建立稳定关系的前提是在众多客户中明确企业的目标客户、关键客户、一般客户和应淘汰的客户，以及这些客户不同的个性特征和需求偏好，如价格倾向、消费地点、消费方式等，这些都是影响绿色客户关系的因素。通过绿色客户关系管理，企业能够根据客户的行为变化在第一时间调整，牢牢位于客户关系管理的主动地位，稳定客户关系。

绿色客户关系管理借助大数据、人工智能等先进技术，对绿色客户信息进行深度挖掘和分析。这有助于企业更精准地了解客户需求和偏好，制定个性化的营销策略和服务方案，提高营销效果和客户满意度。并通过对客户数据的分析，企业能够及时发现运营过程中存在的问题和不足，并据此制定优化措施和改进方案。这有助于企业提高运营效率和质量，降低运营成本和风险。

2．整合企业内部资源

在企业内部，管理通常比较分散，很少有部门可以掌握客户的全貌，如销售部门掌握着客户基本状况和消费信息，财务部门掌握资金信息，生产和物流部门则根据订单或运输单进行生产和配送，各部门间沟通有限，客户资源和信息通常不会积极共享。客户关系管理的首要作用就是打破部门间的信息壁垒，整合原本属于各部门间分散的客户信息，将它们通过 CRM 系统整合至同一个信息中心，这个中心能够为一线员工和客服人员提供业务指导、技术支持和信息保证，为各部门提供全面的共享信息，协调部门行为，使企业各部门真正成为一个整体，实现内部整合和资源优化配置。

3．实现企业长远发展

从表面来看，客户关系管理主要能够使企业与客户维持良好的关系，从而使企业扩大销售，获得更多的利润。但从深层次来看，客户关系管理所起的作用绝不仅仅是帮助企业多发展几个新客户、多留住一些老顾客这么单一。绿色客户关系管理的独特优势在于，它实现了前端绿色供应商管理与后端绿色客户服务的有机整合。在前端，企业与供应商协同推进绿色供应链建设，确保原材料的采购、生产过程符合环保标准；在后端，为客户提供绿色产品和服务，满足其日益增长的绿色消费需求。通过这种全方位的管理，企业能够与上游供应商和下游客户形成多方良性互动。

在维护和发展绿色客户关系的同时，企业还能与业务伙伴和供应商建立稳固、长期的绿色合作关系。这种合作模式有助于企业最大限度地挖掘和协调内外部资源，拓展生存空间。例如，企业与供应商共同研发环保新材料，不仅能降低生产成本，还能提升产品的绿色竞争力；与客户紧密合作，了解其绿色需求变化，及时调整产品和服务策略，增强客户黏性。通过这些举措，企业能够有效提升核心竞争力，为实现长远可持续发展奠定坚实基础。

4．提升企业形象

通过实施绿色客户关系管理，企业能够展现其对环境保护的承诺和行动，从而树立良好的绿色形象。这种形象有助于增强客户对企业的信任和好感，提升企业的品牌价值和市场竞争力。绿色客户关系管理强调企业在追求经济效益的同时，积极履行社会责任，关注环境保护和可持续发展。这种责任感的展现能够赢得社会各界的广泛赞誉和支持。

5．增强企业市场拓展与竞争优势

随着绿色消费趋势的兴起，绿色市场逐渐成为企业竞争的新焦点。通过实施绿色客户关系管理，企业能够抢占绿色市场先机，拓展新的业务领域和市场空间。绿色客户关系管理能够显著提升企业的环保绩效和社会责任感，从而增强企业的竞争优势。这种竞争优势有助于企业在激烈的市场竞争中脱颖而出，实现持续稳定的发展。

（三）客户组合、分析与筛选

1. 客户组合的确定

在客户关系管理中，“二八法则”告诉我们：企业80%的利润来自20%的优质客户；80%的麻烦来自20%的问题客户。因此，企业应对客户加以区分，找出最有价值的优质客户，然后再将有效的资源进行合理分配，提供更能满足客户需求，创造更大利润的产品或服务。

企业对不同客户加以区分的过程就是客户划分的过程，企业可以根据不同标准将客户划分为不同类型，如依据客户所处位置、偏好的商品类型、消费金额、客户的收入等划分。在划分客户的基础上，企业所选择的客户类型便构成了企业的客户组合，在确定客户组合时，通常有三种基本策略可供选择。

（1）统一策略

统一策略要求企业对市场上所有的客户不进行任何区分，当作一个统一的整体看待。这一假设的基础是：所有的客户都能为企业创造相同的价值。要想采用统一策略，企业必须具备一定的条件：低成本生产或者拥有较容易获取、发展和维护客户关系的技术。这种策略适合大市场物品，如食用盐，每家每天都需要，企业无须划分客户层次；同时，这种策略也适合极为狭窄市场的客户关系，如生产专门医疗设备的企业面对的客户群十分特定，也无须划分客户层次。

（2）区分策略

区分策略指企业要把精力集中于能带来更大总体收益的特殊区域或具备某种特点的客户群上。与统一策略相比，这样的策略虽然需要放弃一部分客户，但能使企业更加专注于目标客户的需求，长远来看会获得更大收益。选择此种策略，要求企业应在某一产品或服务上有明确的客户群，并且精于此领域的生产经营。例如，目前进入中国市场的外资银行，就专注于为国内高收入人群提供理财等金融服务。

（3）统一与区分相结合策略

当所面对的客户对企业产品有普遍需求，但需求的层次不相同时，就可以选择统一与区分相结合的策略。以牛奶市场为例，蒙牛公司生产的普通袋装牛奶就面向市场的绝大多数客户，不用加以明确区分，但同时为了满足一小部分收入高、对生活品质要求高的客户需求，又推出了“特仑苏”这种高档牛奶，以此高端产品为企业带来更大收益。

2. 客户分析

许多企业拥有先进的设备、优质的产品和服务，却不能在市场上赢得一席之地，究其原因往往是因为没有对获得的客户资料进行细致的分析，从而导致没有选对目标客户和市场。因此，在获得客户资料后企业应进行有效分析并对客户作出合适的选择。

（1）客户的界定

对客户进行分析之前，首先应确定谁是自己的客户以及客户的性质。一般来说，依据与企业关系不同，客户可以划分为以下几类。

①个人客户，是指购买最终产品与服务的零售客户，通常是个人或家庭，大多数人充

当的都是个人客户的角色。

②集团客户，通常是另外的企业形成的购买主体，其批量购买企业产品后用于自己再加工或生产，如肯德基就是曼可顿面包公司的集团客户，它从曼可顿公司采购面包坯作为加工汉堡的原料。

③渠道客户，主要是指企业的代理商或经销商，他们不直接为企业工作，而是购买企业产品在分销中获利，如法雅体育卖场就是耐克、阿迪达斯、彪马等名牌体育用品公司的渠道客户。

（2）客户分析的方法

客户不是越多越好，而是越准确越好，每一位客户群的增加都需要成本投入，所以企业应采用科学的方法对客户进行分析和慎重选择，适当限制客户范围以提高经营效率。客户分析方法主要包括客户类别分析和客户差异分析。

1）客户类别分析

企业要能够对客户进行归类分析，抓住其共性和个性特征。客户类别可以做以下划分：按客户的性质划分，可以分为政府客户（以政府采购为主）、公司客户、渠道客户和个人客户；按交易程度划分，可以分为潜在客户、现有客户和曾有合作关系的客户；按交易数量和市场地位划分，可以分为主力客户、一般客户和零散客户；按地区划分，以我国为例可以划分为东北、华北、华中、西北、西南、华南等区域客户。按产品特点划分，如某生产汽车机油泵的企业，客户可以分为军用客户和民用客户两种。

按照不同的标准划分出的不同类型的客户，其需求特点、需求方式、需求量也各不相同，所以对其管理也要采用不同的方法。企业需要注意客户类别的变化，特别要关注客户中出现的新类别，时刻把握市场时机。

2）客户差异分析

不同客户之间的差异归纳起来主要有两点：对企业的价值贡献不同和对产品或服务的需求不同。对客户进行有效的差异分析可以帮助企业更好地配置资源，使商品或服务的改进更有成效。

对于客户对企业的价值，可以用每位客户的平均收益率、较高利润的产品或服务的使用百分比、销售或订单的增降趋势以及客户或服务支持的成本等计算值来评估。如企业年末做财务分析时，按照不同客户做出的毛利率就可以作为企业评价客户的一个标准。

在衡量价值时，企业也应当看到，客户的个性化需求是造成客户差异化的原因。越来越多的市场选择为客户提供了个性化需求的空间，反过来这些客户对企业提出了更高的要求，企业为满足这些需求，就要在力所能及的范围内为客户提供更多的选择——这构成了一个企业和客户之间互相提升的个性化需求循环。在这个循环中，企业要清楚地了解每位重要客户的现实和潜在需求，这样才能维系客户，得以生存。

同时，由上我们不难联想到，在分析客户价值与满足客户需求时，企业还必须考虑二者之间的平衡问题，也就是说不能一味为了满足高价值客户的需求而放弃关注其他客户的需求，因为这样可能忽略潜在的重要客户；同时，企业也不能一味为了满足客户需求而忽略了对高价值客户的重点关注。因此，企业在分析客户差异性时，要好好把握这个平衡点。

3．客户筛选

客户关系管理是一种动态的管理，因为企业所面对的客户是不断变化的，一位大客户可以在很短的时间内失去价值，而一位普通的客户也可以在一定条件下转变成企业利润的主要来源，因此企业应该不断地对客户进行准确、有效的筛选。客户筛选是将重点客户或具有发展潜力的客户保留，而淘汰无利润、无发展潜力的客户。在筛选时，可以参考以下标准。

①客户一定时期内的购买额。可以将其各阶段购买量加总，进行排列、比较和分析。同时还应做趋势分析，避免忽略那些虽然当前购买量有限，但购买一直呈上升趋势的潜力型客户。

②收益性。收益性是衡量客户价值的重要指标之一，企业需重点关注客户对企业毛利额的贡献大小。在绿色经济背景下，企业不仅要考虑客户当前的购买金额，还要评估其购买的产品或服务是否符合企业的绿色发展战略，以及这些产品或服务为企业带来的实际利润。例如，一些客户可能更倾向于购买高附加值、环保型的绿色产品，这类客户对企业的毛利贡献往往更大。

③安全性。安全性主要包括此客户是否能够严格按照合同规定的信用期限准时、足额付款，同时对于中间商客户，还要看其会不会对企业发生“倒戈”行为。

④未来性。企业要深入了解客户在同行中的地位及经营方法，以分析和预测其发展前途。在绿色发展浪潮下，那些积极践行环保理念、注重可持续发展的客户，往往具有更强的竞争力和发展潜力。例如，一些企业通过采用绿色生产技术、推出环保产品，在市场上获得了良好的口碑和竞争优势，这类客户未来有望成为企业的优质合作伙伴。

⑤合作性。企业要综合评价客户在交易过程中的表现，看其是否能和企业良好配合，不故意对企业的产品和服务吹毛求疵。在绿色合作中，良好的合作性有助于双方共同推进绿色项目的实施，实现互利共赢。例如，在绿色能源项目中，客户与企业密切配合，共同解决技术难题，将有助于项目顺利推进，提高双方的收益。

针对上述衡量指标，企业要对其分别赋予不同权重，然后根据客户的实际情况逐一打分，进行比较、筛选，剔除低价值客户，找出未来需要关注的重点客户。

（四）客户等级管理

“市场永远是不均衡的，企业 80%的利润来源于 20%的优质客户”，这就是著名的帕雷托“80/20 法则”，此理论说明一小部分客户为企业创造了绝大部分利润。例如，英国航空公司 35%的顾客创造了 65%的利润；哥伦比亚第一银行的全部利润是由 10%的优质客户创造的，而另外 80%的顾客却只让银行赔钱。由此可以看出，并不是所有的客户都是企业需要关注和满足的客户，企业的产品也不可能同时满足所有客户的需求。企业应当将客户进行细分，甄选出最具价值的客户，按照不同的价值等级，有的放矢地提供相应的产品和服务，实施相应的价格政策、服务政策和信用政策。

1．客户等级划分

企业依据对客户进行的调查和评价确定客户的等级，目的在于确定企业对客户的销售战略，做到重点突出，以提高销售效率。客户等级划分可以按照国际通行的“ABC 法”进行。

“ABC 法”主要说明企业在对某一产品的顾客进行分析和管理的时候，可以根据购买数量将客户分为 A 类顾客、B 类顾客和 C 类顾客。由于 A 类顾客数量较少，购买量却很大，企业一般会对 A 类顾客建立专门的档案，指派专门的销售人员负责对这类客户的销售业务，提供良好的销售折扣和付款条件并由销售人员定期走访。而对于数量众多但购买量有限、分散分布的 C 类顾客，企业多选择利用中间商间接完成销售，对其的维护也不会花费大量精力。“ABC 法”对客户进行分类的具体操作如下：

①将客户连续多个月的每月销售额累计后计算平均销售额。

②将月平均销售额按从多到少排序。

③以几个选定的数值作为衡量标准，将全部客户划分为若干等级。如以月销售额 50 万元作为 A 级标准额，则凡在此标准额之上的客户均为 A 级客户。以此类推，相应确定 B 级、C 级客户。

如美国西北航空公司通过乘客的旅行历史记录和通过调研评定的未来乘坐本航空公司旅行的预期记录，将客户有效地划分为“白金级”“黄金级”“白银级”等不同级别，从而采用不同的营销、服务方式来吸引客户，增加客户忠诚度。

除了以销售额作为等级划分标准，企业还可以基于自身需要，按照客户综合价值进行分级，也就是将一系列与客户相关的评定指标赋予相关权数，并相对客观地为每位客户的各项表现打分，然后计算加权平均值，依此得分划分客户级别。

2. 客户差别化管理

企业将全部客户分级，目的是要更加明确客户需求，进行差别化管理。企业针对不同客户，可以从以下几方面对不同价值级别的客户进行科学管理。

（1）名册登记

分级后企业首先要将客户资料分列成册，既可以按照客户开拓的先后顺序，排出客户名册，也可以按照客户的信用或规模等状况排出客户等级分类表。不仅方便信息查询，更能使重要客户得到更多关注。例如，在绿色供应链管理中，对于信用良好且规模较大的绿色供应商客户，企业可将其列为重点合作对象，在资料登记时详细记录其环保资质、绿色产品供应能力等信息，以便后续深入合作。

（2）阶梯式销售折扣

依据客户级别不同，企业可以制定不同幅度的销售折扣作为优惠条件。对于 C 级客户，销售折扣相对较少，对于有实力的 A 级客户，应给予更多的销售折扣，这样不仅能使 A 级客户获得鼓励，更能令 B 级、C 级顾客看到增加业务量的预期好处，能够一定程度上激励其加强与企业的合作，努力成为 A 级顾客以获得更大的销售折扣。以绿色家电企业为例，对于长期大量采购环保节能家电的 A 级经销商，可给予更高的折扣，鼓励其进一步扩大销售规模，同时也能激励其他经销商加大采购力度，推动绿色家电的市场普及。

（3）差异化付款条件

一般来说，A 级客户规模较大，资金实力雄厚，信用相对较好，对于这样的客户，企业可以适当采用较为宽松的付款条件，如对 B 级、C 级客户，企业要求在半个月和一周内付款，对于 A 级客户，可以适当延长付款期限，如在 20 天内付款即可。但由于往往 A 级客户与企业间的业务量大，资金占用量大，企业也不能忽略风险，应当对其付款进行有效控制，因为一旦此类客户出现付款问题，对企业将会产生巨大影响，有时候甚至是致命的影响。

（4）具有针对性的服务

不同的客户对企业的服务要求不同，对于一般客户，企业要保证日常服务的质量，对于A级客户，企业要合理满足其较高的服务要求，让其有VIP的感觉。如一些企业为了令服务有针对性，专门设立了先进的客户服务平台，只要客户致电客服中心，此服务平台就会根据预先的设定立即自动识别出客户的级别，从而准确地将电话转至相应部门接听，高级别的客户，电话会被直接转接至VIP客服，从而令客户享受最为适合的服务。例如，在绿色旅游行业，高端绿色旅游客户对旅游服务的品质和个性化要求较高，旅游企业可通过客户服务平台快速识别这类客户，为其安排专属的旅游顾问，提供定制化的绿色旅游线路和贴心的服务，提升客户的满意度和忠诚度。

由上不难看出，客户的等级管理不仅能满足不同客户的需求，还能为企业节约服务成本。从另一个角度看，B级、C级客户看到A级客户享受到更为优厚的待遇，也会努力发展与企业的业务，争取成为A级客户，在此过程中，A级客户无疑发挥了很好的示范作用，客观上起到了帮助企业拉动业务发展的作用。

（五）客户投诉管理

在产品或服务的销售过程中，无论企业多么努力，销售人员都不可避免地会遇到客户不满意的情况，甚至会对企业或销售人员进行投诉。任何一位销售人员都必须随时做好思想准备，善于分析和处理客户投诉的问题，力争使问题得到圆满解决，留住客户并使客户满意。

1. 客户投诉的原因和内容

许多企业都有过这样的经历：客户怒气冲冲地将电话打至客服人员处，对企业的产品或服务表示强烈的不满，声称再也不会选择和企业合作了。

客户为什么会投诉呢？简言之，就是客户获得的产品或服务和预期相比有了明显的差异，而这个差异又超过了其可容忍的范畴，令其产生强烈的不满。造成客户投诉，既有企业的原因，又有客户自身的原因。

（1）企业方面的原因

1）产品或服务质量缺陷

造成客户投诉最主要的原因是企业提供的产品或服务有明显的质量缺陷，客户在购买后需求无法得到满足，甚至会因质量问题陷入更多麻烦，此时客户情绪会十分低落，便采取投诉的方式诉说心中的不满，以期待问题得到关注和解决。

2）宣传误导

为了赢得客户的关注，企业会运用各种手段广泛宣传产品，千方百计地凸显产品的优势，在这个过程中若宣传过头，则会误导客户，令其对产品产生过高的预期。当客户发现购买到的产品或服务与宣传承诺的不符时，便会产生被欺骗感，导致投诉。

3）企业管理不善

有机构研究客户投诉的原因，结论表明，只有 8%的客户投诉是由于产品或服务本身的质量问题引起的，而超过40%的客户投诉源于企业服务不佳和与客户沟通不畅。我们经常听到有客户抱怨说投诉企业并不是因为产品出现问题，而是问题出现后企业人员回应的态度实在令人忍无可忍，这说明实际是企业的管理不善放大了客户的不满，激化了矛盾，最终导致了投诉。

（2）客户方面的原因

客户投诉最基本的原因是对产品或服务不满，但投诉行动还与其经济承受能力、闲暇时间的多少、个性特征等有直接关系。

1）客户经济能力与投诉的关系

一般来说，客户会选择与其经济能力相适应的产品或服务，但有时候也会有低端客户选择高端产品，如有的学生会用很长时间积攒下来的零花钱购买高端的笔记本电脑。当低端客户选用高端产品时，其对产品的期望值往往会超过同样选择此类产品的高端客户，潜在的投诉可能也就大。

当一种产品或服务开始由高端市场向中低端市场普及时，往往会因为这个原因造成投诉量增加，如汽车、手机、数码产品等在近年来的投诉量居高不下。为此，企业在产品定位转型阶段满足市场需求的同时，也应加倍做好服务和投诉管理工作。

2）客户闲暇时间与投诉的关系

投诉是一件需要花费客户时间和精力的事情，相当多的客户放弃投诉是权衡了自己的时间价值后作出的选择。而有相当一部分不屈不挠坚持投诉的客户有大量的闲暇时间，是最耗费企业处理投诉精力的群体。

了解了客户闲暇时间与投诉的关系，企业应该注意到，许多客户没有投诉不代表其对企业的产品或服务满意，因此企业绝不能自行掩盖真实存在的矛盾，而是应当对这些客户的感受保持敏感，尽最大努力在日常服务中对不足予以弥补，从根本上解决问题。而对于具有充裕闲暇时间投诉的客户，企业人员也应保持理智，恰当地分辨合理投诉与过度投诉，高效地解决问题而不是纠缠其中耗费过多的精力。

3）客户个性特征与投诉的关系

性格温和的客户通常处理问题比较客观、冷静，即使因需求无法得到满足而投诉也会比较理智，一般不会使矛盾升级。而脾气相对暴躁的客户，往往不能容忍企业的失误，尤其难以容忍投诉得不到及时解决的状况，因此企业服务人员在面对这样的客户时，应及时、友善地处理投诉，用温和的态度对待他们，使他们首先冷静下来面对事情本身，而不是过度宣泄情绪。

综上所述，客户投诉既有企业的原因也与客户自身情况有关，客户投诉主要集中在以下几个方面。

①产品质量投诉。其主要包括产品在质量上有缺陷、规格不符、产品技术规格超出允许误差、产品故障等。如媒体曾经报道过的客户因汽车频频熄火、发动机故障不断而怒告奔驰公司这样的投诉就属于商品质量投诉。

②购销合同投诉。其主要包括产品数量、等级、规格、交货时间、地点、结算方式、交易条件等与原购销合同规定不符带来的投诉。

③货物运输投诉。其主要包括货物在运输途中发生损坏、丢失和变质或因包装、装卸不当造成损失等投诉。

④服务投诉。其主要包括对企业各类人员的服务质量、服务态度、服务方式和服务技巧等提出的批评。例如，客户通过咨询热线不能获得有关常规问题的解答，就有可能对客

服人员进行投诉。

2. 处理投诉的原则

有一家国际著名的汽车修理公司，他们有一条有意思的服务宗旨，叫作“先修理人，后修理车”，意思是客户的车坏了，他们肯定会十分沮丧，服务人员应当先关注这个人的心情，然后再关注车辆的维修。与这家企业的理念相比，日常工作中，许多客服人员往往只“修理车”，而不顾人的感受。所以，从这个案例引申至客户关系管理，我们需要强调，正确处理客户投诉的总原则应当是“先处理感情，再处理事情”。在此基础上，企业需要遵循下述原则。

（1）不与客户争辩

客户投诉企业，都处在心怀不满的状态，相应的情绪也会比较激动，此时与客户争辩只会让交流更为困难，往往掩盖了投诉的真正原因，不利于企业解决问题。同时，争辩还会使矛盾激化，令企业彻底失去客户。

（2）有章可循

企业在照顾客户情绪的前提下，要有专门的制度和人员来管理客户投诉，设计合理而完善的投诉解决流程并将其作为客户服务的重要内容之一，使客服人员能够在接到投诉后立即采取有效措施，将矛盾解决在萌芽阶段。

（3）及时处理

对于客户投诉，在专门人员的管理下企业各部门应通力合作，迅速作出反应，力争在最短的时间内全面解决问题，给客户一个圆满的答复。拖延的时间越久，越容易激怒投诉者，使客户关系进一步恶化。

（4）分清责任

在处理投诉时，不仅要分清造成客户投诉的责任部门和责任人，而且要明确处理投诉的各部门、各类服务人员的具体责任与权限，避免发生投诉后，企业内部互相推诿。

（5）留档分析

客户的投诉是对企业的提醒和教育，企业除应快速妥善解决投诉外，还应从其中捕捉到有利于提高内部管理能力的关键信息，因此企业对每一起客户投诉及处理结果都应做出详细的记录，包括投诉内容、原因、处理方式、过程、结果、客户满意度等。通过分析记录，企业需要吸取教训、总结经验，为以后提高产品和服务质量、改善客户关系提供参考。

3. 处理客户投诉的流程

正确处理投诉，流程很重要，完备和科学的流程可以指导客服人员在最短的时间内找到解决投诉的方法并将投诉妥善解决，帮助企业重新赢得客户。一般来说，客户投诉处理包括以下几个步骤。

（1）记录投诉内容

利用客户投诉记录表详细地记录客户投诉的全部内容。如投诉人、投诉时间、投诉对象、投诉要求等。

（2）判断投诉是否成立

了解客户投诉的内容后，客服人员要判定客户投诉的理由是否充分，投诉要求是否合理。如果投诉不能成立，即要以婉转的方式答复客户，取得客户的谅解，消除误会。

（3）确定投诉处理责任部门

根据客户投诉的内容，确定相关的具体受理单位和受理负责人。例如如果属运输问题，则交给储运部处理；如果属质量问题，则交质量管理部处理。

（4）投诉原因及责任部门分析

根据实际情况。要查明客户投诉的具体原因及造成客户投诉的具体责任人。

（5）提出处理方案

依据实际情况，参考客户的投诉要求，提出解决投诉的具体方案，如退货、更换、维修、折价、赔偿等。

（6）提交主管领导批示

对于客户投诉问题，企业应予以高度重视，主管领导应对投诉处理方案一一过目，及时作出批示，并根据实际情况，采取一切可能的措施，挽回已经出现的损失。

（7）通知客户，实施处理方案

投诉解决方案经批复后，企业应迅速通知客户并付诸实施，尽快取得客户的反馈意见。同时，对直接责任者和部门主管要按照有关规定进行处罚，依照投诉所造成的损失过小，对不及时处理问题造成延误的责任人也要进行追究。

（8）总结评价

对投诉处理过程进行总结与综合评价，吸取经验教训，提出改进对策，不断完善企业的经营管理和业务运作，以提高客户服务质量和服务水平，降低投诉率。

4．处理投诉的策略

许多企业和员工发现，处理客户投诉是他们最具压力的工作，其实无论多优秀和规范的企业都不能 100%地保证产品和服务没有任何瑕疵，无论多尽职和专业的员工，都不能保证 100%不遭投诉，因此，只要企业和员工能掌握处理投诉的一些策略和技巧，就不会觉得处理投诉是件十分棘手的事情了。一般处理投诉可以应用下列策略。

（1）耐心倾听

当客户对企业产生不满而投诉时，情绪一般都会比较激动，客服人员要保持冷静，耐心地倾听客户的抱怨而暂不要做任何解释，要让客户将不良情绪完全释放出来，待到其心情逐渐平静再开始询问细节问题，确认矛盾所在。

在倾听过程中，客服人员要有所回应，使客户感觉到自己正在被关注，如不时地点点头、亲切地称呼客户姓名、用目光与客户交流，都有利于稳定客户情绪，使客户对客服人员产生信任。

（2）同情客户

客户投诉，从本质上看是遇到困难了，需要通过投诉的途径得到帮助。因此，客服人员要对客户投入感情，把他们看作向自己求助的人，感同身受地理解客户。无论客户带有什么样的情绪开始沟通，都向他们报以温暖，这样做能更有效地拉近与客户的心灵距离，从而真正地发现问题。

一项心理研究结果表明，有的时候人们向别人抱怨，其实并不是需要对方能帮助自己真正解决问题，而只是希望能够获得理解和共鸣。同样的道理，有时客户投诉并不一定非要企业做什么，而只是希望在心理预期和实际情况产生差异时获得一些安慰，此时如果客服人员能够真正理解客户，并把这种理解准确地传递给客户，投诉有可能在此阶段就得到解决而无须企业在技术或其他层面进行额外的工作。

（3）探究客户的真正意图

解决客户投诉需要了解引起投诉的真正原因，只有这样企业才能对症下药。但是，客户由于情绪激动或是表达能力有限，通常不能把内心真实的想法准确地描述出来，这就需要客服人员在处理客户投诉时，善于抓住其表达中的关键点，掌握客户的真实意图。一般来说，以下方法可以帮助客服人员更好地理解客户意图。

1）注意客户反复重复的语言

客户有时候会出于某种原因不愿表达自己的真实想法，但其想法往往会在交流中不自觉地表露出来，常常表现为反复重复一些话语。客服人员不仅要注意到这些话语，更要着重理解这些话语的相关或相反含义。

2）注意客户的反问句和疑问句

客户的希望通常会在问句中反映出来，所以要留意其话语中的反问句和疑问句。

3）注意客户的表情和肢体语言

客服人员根据客户的表情和肢体语言也可以捕捉到很多信息。如果客户眉头紧皱则表示其不满仍然强烈，如果两手在谈话期间做出挥舞的动作，则说明其急于发泄情绪，并希望引起别人高度重视，此时客服人员应给予必要的安慰。

4）做好记录，归纳客户投诉的基本信息

在掌握了客户投诉的真正意图后，客服人员还应做好记录，包括投诉事实、要求、客户的姓名和联系方式等。一方面，让客户产生被重视的感觉，情绪得到安抚；另一方面，客服人员通过记录、询问和确认，将客户的注意力引向客观地描述和解决问题的过程，起到转移注意、化解矛盾的作用。

5）及时回应与答复

在对投诉回应中，无论错误是否在企业，客服人员都要首先向客户道歉和致谢，对耽误其时间表示歉意，对其对企业的关注表示感谢。这样可以令客户在态度上接受企业答复。

对于投诉问题，能立即解决的，应马上给予答复并征求客户意见；如果需进一步了解情况、研究解决方案的，应向客户说明并说服其同意接受企业承诺的解决时间；若承诺答复的期限内企业无法解决好问题，也应及时和客户联系，向其说明企业已付出的努力和事情的进展状况，求得其谅解。

6）投诉追踪

当投诉解决后，企业应当在合适的时间对结果进行追踪，一方面向客户了解问题解决的结果，另一方面也在客观上表达企业的诚意，表达企业对客户服务的重视。

（六）CRM 系统实施

CRM 系统是将客户数据库、客户服务、销售自动化以及其他信息技术紧密结合在一起建立的企业内部、企业与客户的沟通平台。CRM 系统是一个基于电子商务的面对客户的服务系统，为企业的销售和服务提供了自动化的解决方案。

1. CRM 系统的功能

CRM 系统的核心是客户数据的管理，一套 CRM 系统大多包括市场管理系统、销售管理系统、客户服务管理系统和商业智能系统四大模块。

（1）市场管理系统

市场管理系统能够提供完整的客户活动、事件、潜在客户和数据库管理，从而使企业的营销工作更加高效、合理。通过此系统，营销人员可以从任何一个地点快速获取所有关于企业市场营销活动的信息，通过利用专业的数据进行市场选择、客户细分。市场管理系统主要包含以下三方面的功能。

1）现有客户数据分析

CRM 系统能够按照共同属性实现对现有客户的分类，并对已分类的客户群体进行分析。

2）个性化的市场信息

CRM 系统在对现有客户数据进行分析的基础上，发掘最有潜力的客户，并对不同客户群制定具有针对性的市场宣传与促销策略，提供个性化的、有吸引力的产品情况说明。

3）销售预测功能

在对市场、客户群的历史数据进行分析的基础上，CRM 系统能够预测企业产品或服务的需求情况，同时还能帮助企业实现对潜在客户的跟踪。

（2）销售管理系统

该系统能够快速获取并管理日常销售信息，为提高销售人员工作效率提供直观的工作流程功能，同时保证了每位客户和每位销售人员之间能进行充分的沟通，另外，销售管理者也能够通过系统有效协调和监督整个销售过程。销售管理系统主要包含以下功能。

1）客户基本资料管理

其主要包括客户基本信息、与此客户相关的基本活动和活动历史、订单的录入和跟踪以及销售合同的生成等。

2）交易方式管理

CRM 在此模块下可以提供电话销售、网上销售等多种销售形式的管理，并在每一种销售形式中考虑了实时的订单价格、订单数量和交易安全性等方面的问题。

3）销售流程管理

其主要包括组织和浏览销售信息，如销售额、销售阶段、可能结束的时间等：生成销售业务的阶段性报告并给出评价；对销售进行策略支持；销售费用控制与管理等。

（3）客户服务管理系统

客户服务管理系统能够向企业服务人员提供完备的工具和信息，支持与客户的多种交流方式，可以帮助客户服务人员更有效、快捷、准确地解决客户的服务咨询，同时根据客户的背景资料和潜在需求向客户提供更合适的产品和服务建议。此系统主要包含如下功能。

1）客户自助式服务

当客户使用产品遇到困难时，可在网上获得技术支持。

2）客户服务流程自动化

若客户不能自行解决问题，可在系统上通过各种渠道联系企业售后服务部门，从收到客户服务请求开始，系统可以全程跟踪服务任务的执行过程，保证服务的及时性和准确性。系统还可以自动为客户派遣服务人员，分配服务任务，自动将客户信息、客户购买产品的交易信息等资料及时传递给相关人员。

3）客户关怀管理

此功能可以实现产品维修、养护等服务过程中的客户关怀，同时支持节日关怀，如我们在生日或节假日的时候，经常可以收到一些和我们发生过联系的企业发来的祝福短信，这些短信就是由 CRM 系统的这个模块生成的。

4）客户反馈管理

此模块主要能及时对服务反馈信息进行收集、整理和分析，做到及时响应客户反馈，同时为企业做产品分析提供数据资料。

（4）商业智能系统

商业智能系统能够根据现有数据和知识库充分寻找内在联系，进行分析、预测和判断。此模块能够帮助企业认清市场发展趋势、获取智能决策支持并得出商业结论。利用商业智能系统，企业可以收集和分析市场、销售、服务及整个行业的各类信息，对客户进行全方位的了解，从而理顺企业与客户需求之间的关系，提高客户的满意度和忠诚度。商业智能系统包含以下功能。

1）客户获得和客户动态分析

此功能可以实现新客户数量统计、新客户选择企业产品或服务的原因分析、客户来源统计、客户与企业交易量和客户与本企业达成交易量占总量的比例等统计和分析。

2）客户流失分析

客户流失是企业最不愿看到的事情，也是历来引起企业重视的领域，CRM 的商业智能系统能够帮助企业进行客户流失的管理，在系统分析的基础上做到对症下药。客户流失分析功能主要实现流失客户数量、比例统计，此模块可以帮助企业建立客户流失模型，按照时间、区域、年龄、性别、消费层次、客户职业等角度对流失客户数量、比例进行统计分析。同时还能帮助企业从业务种类、品牌及流失客户消费的历史记录等基本方面进行流失损失分析，最终在分析的基础上帮助企业进行未来流失率的预测。

3）客户利润贡献度分析

通过本功能，企业能清楚地了解到哪些客户是令企业获利的主要客户，哪些客户带来的利润平平，甚至哪些客户令企业亏损。了解了这些信息，企业可以将有限的资源更多地分配给那些贡献率更高的客户，降低在不能为企业贡献利润的客户身上所花费的成本，杜绝高风险客户。

4）客户满意度和忠诚度分析

此功能能够通过订单数量、合同数量、付款情况、业务往来年限、业务历史记录、信用状况等参数计算客户的满意度和忠诚度指数，帮助企业分辨哪些客户是忠诚客户，哪些暂不是，以方便企业对其采取不同策略。

一个完整的 CRM 系统，除了上述一些常用的主要功能模块外，通常还包括集成电话中心、呼叫中心、与 ERP 外部系统整合等功能模块。

2. CRM 实施步骤

CRM 提供了多种途径架设企业与客户的桥梁，为企业提供多种技术手段实现了个性化服务和与客户的全方位交互，那么企业该如何实施 CRM 的建设呢？主要可以从以下步骤做起。

（1）明确计划

企业要清楚地认识到自身对 CRM 系统的需求，以及系统将如何影响自己的商业活动。明确需求时，企业应组织员工，尤其是各业务部门前端与客户接触的员工参与，先明确本部门的工作流程和对系统的需求，再在此基础上找到部门间合作点上的需求，由专门负责人员在各部门准确把握和描述应用需求的基础上，将各需求整合，剔除不合理部分和重复部分，增补遗漏部分，最终制订出一份最高级别的企业业务需求计划，力争实现合理的技术解决方案与企业资源的整合。

（2）建立 CRM 团队

企业在项目开立之后，应当及时组建一支有力的团队，在得到企业高层认可的基础上可以选用各部门的得力代表，参与系统建设培训和 CRM 基本概念推广。

（3）分析客户需求、开展初步建设

此步骤要求项目团队在深入了解客户需求和与企业业务接触点的基础上做好客户信息的收集工作和信息系统的初步建设，即建立客户主文件，一般应包括客户原始记录、统计分析资料和企业投入资料等。

（4）评估业务过程，明确企业应用需求

我要的客户数据为什么不能按这个标准整理出来？我们部门为什么不能和客服部门的信息实时共享？这件事耗费了很多精力，效果还不明显，能不能不这么做？在建设 CRM 系统的这个阶段，需要把工作中的不便、不科学、不合理的地方罗列出来。在充分了解客户需求的情况下，CRM 团队开始对企业原有业务处理流程进行分析、评估和重构，并开始制定规范合理的新业务流程。为此，需广泛地征求员工的意见，了解他们对销售、服务过程的理解和需求。

充分了解企业的业务运作情况后，接下来需要从各部门应用的角度出发，确定所需功能，并令最终使用者寻找出对其有益的及所希望的功能。例如，销售部门的管理人员对销售预测、渠道管理及销售报告较为感兴趣，而一般销售人员则希望系统迅速生成精准的销售额统计、销售建议和客户资料等。

（5）选择合适的方案进行开发部署

企业在选择应用软件或全面解决方案时，要考虑软件供应商是否对企业需求有充分的理解，要将供应商提供的方案和自己的需求相比较。同时，由于 CRM 功能众多，企业需要投入与自身规划和承受能力相当的财力、人力等资源，推进 CRM 在企业的安装、调试和系统集成。为了发挥系统的最大作用，企业还应当先部署当前最为需要的功能，然后可以分阶段不断向其中增加新的功能，逐渐完善整个系统。

（6）组织培训，实现系统正常运转

在构建好 CRM 系统后，企业应针对系统方案确立相应的培训计划，计划应面对内部所有可能使用系统的员工，同时在系统运行过程中，要根据员工的使用体验和反馈进行有针对性的培训，使员工尽快掌握系统的各功能和使用方法，实现人与系统的快速磨合。

（7）系统评估和改进

在系统应用一段时间后，企业还应当与供应商共同对其评估，估算应用的成功率。同时为确保系统产生预期的效果，双方还需在对内部使用员工进行调研的基础上对不足的模块进行改进，直到满足需求。

二、客户信用管理

（一）企业所面临的信用风险

信用是有风险的。收益和风险对等，收益越高，风险越大。企业利用信用来扩大销售，增加收益的同时也增加了风险。企业之间，尤其是国有企业之间的相互拖欠货款，逾期应收账款居高不下，已成为经济运行中的一大顽症。企业所面临的信用风险主要包括以下三个方面。

1．客户拖欠的风险

正如信用交易是普遍存在的交易形式一样，拖欠也是普遍存在的现象。实际上，对于赊销产品的授信方，客户拖欠货款的风险总是存在的。然而，很多企业对拖欠风险的危害性认识有所忽视，甚至认为它是一种正常现象。这一方面是由于拖欠普遍存在、习以为常；另一方面是因为客户拖欠货款所造成的损失是隐性的，即使是非常有经验的赊销企业经理人员也会有所忽视。

企业赊销的实践证明，客户拖欠货款对企业造成的损失比坏账还要大。在众多的企业交易中，不同的企业对于拖欠问题也有着不同的态度，这也反映了不同企业的经营风格和经营理念。按照不同的付款行为，客户可以分为收到货很快付款、快到期才付款、经提醒后才付款、受到强力催款压力后才付款、赖账不付款等几类。

2．客户赖账的风险

赖账是指客户恶意拖欠货款的行为，最终结果可能是不还款。赖账是指有能力还款但拒绝还款。赖账是产生赊销坏账的主要原因之一。从性质上讲，赖账是欺骗行为的前兆，是一种恶劣的商业行为。为了减少客户赖账的风险，信用管理工作的重点在于事前防范，具体的手段是选择与品质优良的客户进行交易，尽量避免与品质恶劣的客户打交道。

3．客户破产的风险

客户破产意味着欠账的客户可以免除所有的对外负债，而提供信用的企业将有可能损失全部的赊销款。这是企业赊销贸易中比较严重的风险之一。已经破产或已在破产过程中的客户将停止对外付款，赊销企业只能通过清算程序收回欠款。为了防范客户破产风险，企业在信用管理中除了要有事前防范措施，还要有必要的风险分散机制，如抵押或优先还款协议等。所以企业信用管理的目标就是力求企业在实现销售最大化的同时，将信用风险降至最低，使企业的效益和价值得到最大限度地提高。通过信用销售，企业可以扩大销售，提高盈利水平，但与此同时，信用销售产生的应收账款每天都在消耗企业的利润，企业预期利润损失是巨大的。由此可知，企业应收账款的最终管理目标是实现销售最大化，同时保持信用风险特别是坏账损失最低。

企业信用管理的实质是在收益与风险之间寻求平衡。企业采取信用的模式还是采用收现的模式进行销售并没有固定的模式可以遵循。也不是说在信用社会，信用模式就一定优于收现的模式。这完全取决于企业对风险的偏好，在市场中的地位和市场竞争环境。信用管理只是手段不是目的，通过有效的信用管理可以获得价值增值。从成本、收益与风险的角度来看，企业信用管理是一门科学。

（二）信用管理的内容

1．收集客户资料

“知己知彼，百战不殆”，军事斗争中的成功经验同样适用于现代商业社会。买方市场形成后，由于客户资源有限，企业销售已经转变为一种竞争性的销售，赊销方式普遍流行。在这样的情况下，了解客户、合作伙伴和竞争对手的信用状况对于企业防范风险、扩大交易、提高利润、减少损失尤为重要。

2．评估和授信

评估客户的信用，决定给予客户怎样的信用额度和结算方式，是企业控制信用风险的重要手段。传统的信用评估是建立在经验基础上的，很难保证评估的准确性和科学性。科学的信用评估应该建立在经验和对信用要素科学分析的基础之上。首先要对信用要素进行详细分析，然后综合本企业的经验以及不同行业、不同企业的经验，经过比较权重量化指标，最终形成一个统一的评价标准。

信用评估系统通过大量的实践案例，分析出濒临破产企业、劣等企业、优良企业所具有的特征，再将这些特征分成各种项目和细目并授予不同的权重，力求最大限度地体现客户的信用特征。

3．保障债权

债权保障的工作主要有：信用管理人员和法律专家审核合同条款，排除可能造成损失的漏洞；严格审查单证票据，防止各种结算方式的欺诈；提出债权保障建议，包括保理信用保险、银行担保、商业担保、个人担保等手段转嫁信用风险，减少信用损失。

合同条款明确、清晰，贸易文件齐备，为了使客户不会在以后就合同不明晰的条款对付款有争议，应该事前为客户解释清楚合同的有关具体规定，介绍规定的交付条件、赊销期限以及保护债权的条款；明确合同内容，将一切协议正式地、明确地落实在书面上由双方确认；整理有关贸易文件。

按照合同要求，提供客户所需的货物或服务，完备售后服务；及时解决客户提出的意见或抱怨，协助客户销售盈利，以高品质的售后服务换取客户的快速回款及新的更大的订单。

4．账款追收

只要是从事商业活动的企业，就有可能出现逾期应收账款。企业必须认真分析每笔应收账款逾期的原因，找到最佳处理对策，并马上实施追收。处理逾期应收账款最忌讳的就是拖延，很多本来能够收回的账款，随着时间的流逝变为坏账。所以当货物发出后应积极联系客户，部分客户有时需要催逼才会付款。

（三）客户信用调查

客户信用调查是通过对客户信用状况进行调查分析，从而判断应收款项成为坏账的可能性，为防范坏账提供决策依据。几乎所有成功的企业，都非常重视客户信用调查。通常对客户进行信用调查的方法有三种。

1．通过金融机构或银行对客户进行信用调查

这种方法可信度高，所需费用少。不足之处是很难掌握客户全部资产情况和具体细节，

因可能涉及多家银行，所以调查时间较长。

2．利用专业资信调查机构进行调查

这种方法能够在短期内完成调查，费用支出较大，能满足企业的要求。同时调查人员的素质和能力对调查结果影响很大，所以应选择声誉好、能力强的资信调查机构。

3．通过行业组织进行调查

这种方法可以进行深入具体的调查，但往往受到区域限制，难以把握整体信息。可以询问同事或委托同事了解客户的信用状况，或从新闻报道中获取客户的有关信用情况。这种方法既可以针对全面情况进行调查，也可用于具体债务项目的信用和风险分析。分析内容包括人的因素、欠款意图、还款因素、保障因素、企业前景五个因素。

调查完成后，编写客户信用调查报告。对于信用状况恶化的客户，要采取措施，如要求客户提供担保人和连带担保人，增加信用保证金，或将交易合同取得公证，减少供应量或实行发货限制，或者接受抵押等。

（四）客户信用评价

根据客户的实际情况，制定相应的信用额度。对于A级客户，信用额度可以不受限制；对于B级客户，可先确定出信用限度的上限，以后视情况逐渐放宽或收缩；对于C级客户，则应仔细审核，只能给予少量的信用限度。

信用评价主要依据回款率（应收款额）、支付能力（还款能力）、经营同业竞品情况三项指标确定。根据这些指标可以将客户按照信用程度从高到低分为A、B、C、D。

1．回款率（应收款额）

A级客户的回款率必须达到100%，如果回款率低于100%则信用等级相应降级。评价期内低于5%，降为C级或D级。

2．支付能力（还款能力）

有些客户尽管回款率高，但由于其支付能力有限而必须降低信用等级。如某客户尽管不欠你的货款，但欠其他厂家的货款甚巨，这样的客户最多只能认定为C级客户。确定客户的支付能力主要看以下几项指标。

①客户的资产负债率。如果客户的资产主要由贷款和欠款形成，则资产负债率较高，信用自然降低。

②客户的盈利能力。如果客户的盈利能力差，长期亏损，则支付能力自然下降。

③客户、员工、供应商的满意程度。如果均有不满，则信用度降低。

④是否有风险性经营项目。如果客户投资于房地产，由于房地产风险较高，资金占用量大，投资周期长，则信用降低；如果客户从事期货、股票交易，则风险更大，信用更低。

3．经营同业竞品情况

凡经营同业竞品（指竞争对手产品）者，信用自然降低为C级；凡以同业竞品为主者，信用等级为D级。

4．绿色表现

评估客户在生产经营过程中是否遵守环保法规，是否采取有效措施减少污染排放，是否积极参与环保活动等。考察客户在资源利用方面的效率和节约程度，如能源消耗、水资源利用、废弃物处理等。评估客户在履行社会责任方面的表现，如是否关注员工福利、是否参与公益事业、是否遵守商业道德等。评估客户的长期发展战略是否符合可持续发展的要求，是否注重技术创新和产业升级，是否关注环境保护和社会责任等。

上述四项因素，信用等级最低的一项为该客户的信用等级。除了依据上述主要因素进行信用等级评价外，还需根据对企业产品的重视程度、执行企业销售政策情况、送货和服务功能、不良记录等多项因素对信用等级进行修正。

（五）客户信用等级分类

信用评价不是最终目的，最终目的是利用信用等级对客户进行管理。企业和办事处应针对不同信用等级的客户采取不同的销售管理政策。

对 A 级客户，在客户资金周转偶尔有一定困难，或旺季进货量较大，资金不足时，可以有一定的赊销额度和回款宽限期。但赊销额度以不超过一次进货量为限，回款宽限期以不超过 10 天为限。

对 B 级客户，一般要求现款现货。但在处理现款现货时，应该讲究艺术性，不要过分机械，不要让客户难堪，应该在摸清客户确实准备货款或准备付款的情况下，再通知企业发货。

对 C 级客户，一般要求先款后货，如对一家欠债甚巨的客户，业务员要坚决要求先款后货，丝毫不能退让，而且要考虑好一旦这个客户破产倒闭后在该区域的补救措施。C 级客户不应列为企业的主要客户，应逐步以信用良好、经营实力强的客户取而代之。

对 D 级客户，坚决要求先款后货，并在追回货款的情况下逐步淘汰该类客户。

客户信用是不断变化的，有的客户信用在上升，有的则在下降。如果不对客户信用进行动态评价，并根据评价结果调整销售政策，就可能由于没有对信用上升的客户采取宽松的政策而导致不满，也可能由于没有发现客户信用下降而导致货款回收困难。客户信用评价一般一个月一次，时间最长不能超过两个月一次。业务员对客户的信用评价结果必须及时通知办事处主管、销售经理。

（六）应收账款管理

应收账款是企业流动资金的重要组成部分，对于一个企业来说是至关重要的，加强管理是实现资金良性循环、增强企业竞争能力、提高经济效益的重要环节。所谓应收账款是指企业因销售产品、提供劳务等而应向购货或接受劳务单位收取的款项。随着市场经济体制的确立，企业竞争越来越激烈，应收账款的管理已成为企业经营活动中日益重要的内容，它直接关系到企业的资金能否顺畅流通。

应收账款的作用主要体现在企业生产经营过程中。主要有以下两个方面：第一，扩大销售。在市场竞争日益激烈的情况下，赊销是促进销售的一种重要方式。企业赊销实际上是向顾客提供了两项交易：向顾客销售产品以及在一个有限的时期内向顾客提供资金。赊销对顾客来说是十分有利的，所以顾客在一般情况下都选择赊购。赊销具有比较明显的促销作用，对企业销售新产品、开拓新市场具有更重要的意义。第二，减少库存。企业持有产成品存货，要追加管理费、仓储费和保险费等支出；企业持有应收账款，则无须上述支出。因此，当企业产成品存货较多时，一般都可采用较为优惠的信用条件进行赊销把存货转化为应收账款，减少产成品存货，节约相关的开支。但是应收账款管理不善也会带来许多问题。

1. 应收账款对企业的影响

（1）降低了企业的资金使用效率，使企业效益下降

由于企业的物流与资金流不一致，发出商品，开出销售发票，货款却不能同步回收而销售已告成立，这种没有货款回笼的销售收入，势必产生没有现金流入的销售业务损益、销售税金上缴及年内所得税预缴，如果涉及跨年度销售收入导致的应收账款，则可产生企业流动资产垫付股东年度分红。企业因上述追求表面效益而产生的垫缴税款及垫付股东分红，占用了大量的流动资金，久而久之必将影响企业资金的周转，进而导致企业经营实际状况被掩盖，影响企业生产计划、销售计划等，无法实现既定的效益目标。例如，戴尔和康柏相比，他们的存货周转期和应付账款周转期相差无异，但是由于戴尔采用了直销的方式，应收账款周转期甚至为负，这就导致了戴尔的资金积压期大幅小于康柏，约为康柏的1/2，表现在市场上，戴尔的股价是康柏的 2 倍。

（2）夸大了企业经营成果

由于我国企业实行的记账基础是权责发生制（应收应付制），发生的当期赊销全部计入当期收入。因此，企业账上利润的增加并不表示能如期实现现金流入。会计制度要求企业按照应收账款余额的百分比来提取坏账准备，坏账准备率一般为 3%～5%（特殊企业除外）。如果实际发生的坏账损失超过提取的坏账准备，会给企业带来很大的损失。因此企业应收款的大量存在，虚增了账面上的销售收入，在一定程度上夸大了企业经营成果，增加了企业的风险成本。

（3）加速了企业的现金流出

在现代社会激烈的竞争机制下，企业为了扩大市场占有率，不但要在成本、价格上下功夫，而且必须大量运用商业信用促销。根据有关部门调查，我国企业应收账款占流动资金的比重为 50%以上，远高于发达国家 20%的水平。企业之间尤其是国有企业之间相互拖欠货款，造成逾期应收账款居高不下，已成为经济运行过程中的一大顽症。据专业机构统计分析，在发达国家市场经济中，企业逾期应收账款总额一般不高于 10%，而在我国这一比率达 60%以上。这导致企业没有足够的流动资金去更新技术和设备，提高产品本身的竞争力。产品本身的竞争力不足又导致企业为了账面的利润不得不采用赊销策略去争夺市场。这样的恶性循环必将影响企业资金的周转，使营业周期延长，使大量的流动资金沉淀在非生产环节上，致使企业现金短缺，影响工资的发放和原材料的购买，严重影响企业正常的生产经营，无法实现既定的效益目标，甚至使得企业经营不下去。

赊销虽然能使企业产生较多的利润，但是并未真正使企业现金流入增加，反而使企业不得不运用有限的流动资金来垫付各种税金和费用，加速了企业的现金流出，主要表现如下。

①企业流转税的支出。应收账款带来销售收入，并未实际收到现金，流转税是以销售为计算依据的，企业必须按时以现金缴纳。企业缴纳的流转税，如增值税、营业税、消费税、资源税以及城市建设税等，必然会随着销售收入的增加而增加。

②所得税的支出。应收账款产生了利润，但并未以现金实现，而缴纳所得税必须按时以现金支付。

③现金利润的分配，也同样存在这样的问题，另外，应收账款的管理成本、应收账款

的回收成本都会加速企业现金流出。

（4）对企业营业周期有影响

营业周期是指从取得存货到销售存货，并收回现金为止的这段时间，营业周期的长短取决于存货周转天数和应收账款周转天数，营业周期为两者之和。由此看出，不合理的应收账款的存在，使营业周期延长而影响企业的资金循环，使大量流动资金沉淀在非生产环节上，致使企业现金短缺，影响工资的发放和原材料的购买，严重影响企业正常的生产经营。

（5）增加了信用成本

应收账款的信用成本包括机会成本、管理成本、坏账成本。机会成本指因资金投放在应收账款上而丧失的其他收入。管理成本是对应收账款进行日常管理而耗费的开支，主要包括对客户的资信调查费用、应收账款账簿记录费用、收账费用等。坏账成本包括所有应收账款无法收回而给企业带来的损失。

假设一个企业平均税前利润是5%，如果它有10万元的货款因为管理不善等而成为坏账的话，为了弥补损失，需增加多少销售额才能弥补亏损呢？答案是200万元。在利润率较低的今天，别说是坏账这个无底洞，就连货款拖延造成的资金成本，也同样能吞噬掉企业几个月的利润。例如，北京中关村仪科慧光公司倒闭案就很能够说明问题。仪科慧光公司的财务状况非常糟糕，一直是负债经营，而且为了营业额好看不惜高价进货，低价销售，窟窿越来越大。从信用管理角度来看，这是一家“高风险”公司，不能与其做生意，更不能赊销了，可是包括联想、方正、紫光等上百家公司将货物赊销给仪科慧光公司，竟然没有一家公司认真、定期考核其信用状况。结果，仪科慧光公司倒闭了，拖欠货款3 000多万元，使上百家公司蒙受巨大损失。

企业面对庞杂的应收款账户，核算差错难以及时发现，不能及时了解应收款动态情况以及应收款对方企业详情，造成责任不明确，应收账款的合同、合约、承诺、审批手续资料的散落、遗失有可能使企业已发生的应收账款该按时收回的不能按时收回，该全部收回的只有部分收回，能通过法律手段收回的，却由于资料不全而不能收回，直至最终形成企业单位资产的损失。对于一家企业来讲，应收账款的存在本身就是一个产销的统一体，企业一方面想借助于它来促进销售，扩大销售收入，增强竞争能力；另一方面又希望尽量避免由于应收账款的存在而给企业带来资金周转困难、坏账损失等弊端。如何处理和解决好这一对立又统一的问题，便是企业应收账款管理的目标。

应收账款管理的目标，是要制定科学合理的应收账款信用政策，并在这种信用政策所增加的销售盈利和采用这种政策预计要担负的成本之间做出权衡。只有当所增加的销售盈利超过运用此政策所增加的成本时，才能实施和推行这种信用政策。同时，应收账款管理还包括企业未来销售前景和市场情况的预测和判断，以及对应收账款安全性的调查，如企业销售前景良好，应收账款安全性高，则可进一步放宽其收款信用政策，扩大赊销量，获取更大利润；相反，则应严格其信用政策，或对不同客户的信用程度进行适当调整，确保企业获取最大收入的情况下，又使可能的损失降到最低点。

企业应收账款管理的重点，就是根据企业的实际经营情况和客户的信誉情况制定企业合理的信用政策，这是企业财务管理的一个重要组成部分，也是企业为达到应收账款管理目的而必须合理制定的方针策略。

2．应收账款的处理方法

加强应收账款的管理，避免或减少损失的发生，保证企业经营活动的正常进行，提高企业的经济利益，是十分必要和重要的。应收账款的处理方法如下。

（1）设置应收账款明细分类账

企业为加强对应收账款的管理，在总分类账的基础上，又按信用客户的名称设置明细分类账，来详细地记载与各信用客户的往来情况。

对于应收账款明细分类账的设置与登记通常应注意以下几点。

①全部赊销业务都应正确、及时、详细登入有关客户的明细分类账，随时反映每位客户的赊欠情况，根据需要还可设置销货特种日记账以反映赊销情况。

②赊销业务的全过程应分工执掌，如登记明细账、填制赊欠客户的赊欠账单、向赊欠客户交送或邮寄账单和处理客户收入的现金等，都应分派专人负责。

③明细账应定期同总账核对。

（2）设置专门的赊销和征信部门

应收账款收回数额的多寡及时间的长短取决于客户的信用。坏账将造成损失，收账期过长将削弱应收账款的流动性。所以，企业应设置赊销和征信部门，专门对客户的信用进行调查，并向对企业进行信用评级的征信机构取得信息，以便确定要求赊购客户的信用状况及付款能力。

（3）实行严格的坏账核销制度

应收账款因赊销而存在，所以，应收账款从产生的那一天起就冒着可能收不回来的风险，即发生坏账的风险，可以说坏账风险是赊销的必然结果。坏账核销主要包括以下三个方面。

①准确地判断是否为坏账，坏账的核销至少应经两人之手。准确地判断坏账及其多寡并不是一件容易的事情，而两人及以上以经手为防止舞弊的发生，如某位销售员对已收回的应收账款装入自己的口袋而向上级申报为坏账。

②在应收账款明细账中应清晰地记录坏账的核销，对已核销的坏账仍要进行专门的管理，只要债务人不是死亡或破产，只要还有一线希望，我们都不能放弃。同时还为以后的核对及审查留下信息。

③对已核销的坏账又重新收回要进行严格的会计处理，先做重现应收账款的会计分录，后做收款的会计处理。这样做有利于管理人员掌握信息，客户希望重塑良好形象的愿望。

④实行严格的内审和内部控制制度。应收账款收回数额及期限是否如实关系到企业流动资金的状况、企业生产的决策、信用客户的形象和内部控制对贪污及挪用企业款项的抵制等。

⑤合理地使用销售折扣。销售折扣会减少应收账款的风险，但是，在使用中我们还应注意使用的对象（客户、使用的方式和提供折扣的范围），否则，销售折扣就不能取得我们所希望的结果。例如，现金折扣一般不用于普通客户，而商业折扣尽量少用于赊销方式。

⑥充分利用应收账款进行融资。应收账款的持有一般不会增值，若考虑货币的时间价值，它的持有将会造成损失。因此，能充分利用应收账款，使其增值，为企业带来效益，将是一件重要的而且很有意义的事情。应收账款可以通过抵借或让售获得资金，用于生产

的再循环。

⑦准确地使用法律武器。企业的经济活动受法律的约束，同时，法律也会保护企业合法的经济活动，所以，维护应收账款的完整，我们不能离开法律这一有效的武器。

（4）应收账款的跟踪评价

应收账款一旦形成，企业就必须考虑如何按时足额收回欠款而不是消极地等待对方付款，应该经常对所持有的应收账款进行动态跟踪分析。加强日常监督和管理，要及时了解赊销者的经营情况、偿付能力，以及客户的现金持有量与调剂程度能否满足兑现的需要，必要时企业可要求客户提供担保。

（5）加强销售人员的回款管理

销售人员应具有以下习惯：货款回收期限前一周，电话通知或拜访客户，预知其结款日期；回收期限前三天与客户确定结款日期；结款日当天一定按时通知或前往拜访。企业在制定营销政策时，应将应收账款的管理纳入对销售人员考核的项目之中，即个人利益不仅要和销售挂钩，也要和应收账款的管理联系在一起。

（6）定期对账，加强应收账款的催收力度

要形成定期对账制度，每隔三个月或半年必须同客户核对一次账目，并对因产品品种、回款期限、退换货等原因导致单据、金额等方面出现的误差进行核实。对过期的应收账款，应按其拖欠的账龄及金额进行排队分析，确定优先收账的对象。同时应分清债务人拖延还款是否属故意拖欠，对故意拖欠的应考虑通过法律途径加以追讨。

（7）控制应收账款发生，降低企业资金风险

在购销活动中，要尽可能减少赊销业务。一般宁可采取降价销售，也不要选择大额的赊销，企业可选择购货方承兑汇票支付方案、货款回收担保方案及应收账款风险比较选择方案。总之，要尽量压缩应收账款发生的频率与额度，降低企业资金风险。一般情况下应要求客户还清前欠款项后，才允许有新的赊欠，如果发现欠款过期未还或欠款额度加大，企业应果断采取措施，通知有关部门停止供货。

（8）计提减值准备，控制企业风险成本

按照现行会计准则和会计制度的规定，企业根据谨慎性原则的要求，应当在期末或年终对应收账款和存货进行检查，合理地预计可能发生的损失，对可能发生的各项资产损失计提减值准备和坏账损失，以便降低企业风险成本。

（9）建立、健全企业机构内部监控制度

完善的内部监控制度是控制坏账的基本前提，其内容应包括：建立销售合同责任制，即对每项销售都应签订销售合同，并在合同中对有关付款条件作明确的说明；设立赊销审批职能权限，企业内部规定业务员、业务主管可批准的赊销额度，限额以上须经领导人审批的职级管理制度；建立货款和货款回笼责任制，可采取谁销售谁负责收款，并据以考核其工作绩效的政策。总之，企业应针对应收账款在赊销业务中的每一个环节，健全应收账款的内部控制制度，努力形成一整套规范化的应收账款的事前、事中、事后控制程序。

（10）重视信用调查

对客户的信用调查是应收账款日常管理的重要内容。企业可以通过查阅客户的财务报表，或根据银行提供的客户的信用资料了解客户改造偿债义务的信誉、偿债能力、资本保障程度是否有充足的抵押品或担保，以及生产经营等方面的情况，进而确定客户的信用等

级，作为决定是否向客户提供信用的依据。

（11）合理的收款策略

应收账款的收账策略是确保应收账款返回的有效措施，当客户违反信用时，企业就应采取有力措施催收账款，如这些措施都无效，则可诉诸法院，通过法律途径来解决，但是，轻易不要采用法律手段，否则将失去该客户。

除了以上几个方面的管理外，对于已经发生的应收账款，还有一些措施，如应收账款追踪分析、应收账款账龄分析、应收账款收现率分析和建立应收账款坏账准备制度，也属企业应收账款管理的重要环节。

案例分析　浦发银行：推进绿色转型，擦亮“绿色银行”名片

绿色经济离不开金融“活水”的灌溉，以银行为代表的金融机构纷纷将绿色可持续发展理念与业务经营相结合，积极开拓绿色金融业务，发挥金融对社会资源的引导和调配作用，支持低碳经济和绿色发展。

浦发银行是国内较早探索绿色金融实践之路的商业银行。2008 年，该银行在业内率先推出《绿色信贷综合服务方案》，将支持绿色可持续发展融入企业基因，并先后与法国开发署、国际金融公司、亚洲开发银行、世界银行等国际机构开展合作。一路走来，浦发银行持续创新、丰富绿色金融产品和服务，为环境改善、应对气候变化和资源节约高效利用等经济活动提供了源源不断的金融支持。截至今年 9 月末，该行绿色信贷余额超过 3 000 亿元，同比增长超过 60%，居股份制银行前列。

近日，浦发银行再次全面升级绿色金融服务体系，以绿色银行理念为引领，从前瞻研究、创新产品、服务实践等方面推出一系列举措。包括发布《金融助力碳中和发展与实现》蓝皮书，对金融机构采取气候行动提出实操性建议；率先推出适用于企业和个人的碳账户体系；发布国内首只标普认证覆盖海内外 ESG（环境、社会责任、公司治理）资产的多资产量化指数，发行浦发银联绿色低碳主题信用卡；与国家绿色发展基金股份有限公司、上海环境能源交易所股份有限公司签署战略合作协议，共同推动绿色可持续发展等。

一、助力“双碳”目标，浦发银行再迈一步，强化设计，多维度打造绿色银行模式

浦发银行董事长郑杨表示，浦发银行已经将发展绿色金融写入公司“十四五”战略规划当中，明确要顺应“绿色”转型，服务产业转型升级，打造“绿色银行”。

据了解，为了构建助力产业升级转型、资源节约高效利用、服务生态保护和绿色发展的“绿色银行”模式，浦发银行集全行之力，从强化设计、加大资源倾斜、推进绿色转型等多个维度切入，持续深入推进绿色金融业务开展。

2020 年，浦发银行制定了《绿色金融管理办法》，严格落实各项监管要求，明确内部职责分工，夯实行内绿色金融设计。目前，该行已成立由总行主要领导负责的绿色金融业务推进委员会，同时设立绿色金融中心统筹推进全行绿色金融业务发展。在此基础上，该行也在逐步建立并完善集团化、立体式的绿色金融服务体系，为客户提供一站式综合性服务方案。

浦发银行还对绿色金融业务发展实行差异化的考核、激励政策，鼓励经营机构大力支

持绿色金融供给，发挥金融对社会资源的引导和调配作用。加快绿色业务融合，绿色资产持续增长，业务品种覆盖对公、零售以及集团下属租赁、信托、基金，业务范围覆盖国内、国际绿色金融资产，浦发银行“绿色金融超市”产品覆盖面持续拓展。

浦发银行持续推动资产负债结构、产品服务模式、企业文化等向绿色转型。在自身运营、资产组合等方面制订实施该行碳中和行动计划，建立碳足迹核查和分析框架，在业务发展中贯彻节能减排、环保低碳的各项要求，持续完善业务流程、管理制度和信息披露机制。

二、响应“双碳”目标，汇聚资源，发力碳金融创新

据了解，浦发银行在推进自身绿色银行建设的过程中，也积极与高校、专业研究机构进行合作，跟踪最新行业动态，围绕“碳达峰、碳中和”目标对行业、企业的影响等开展课题研究。

为响应“碳达峰、碳中和”目标，浦发银行联合复旦大学绿色金融研究中心、上海环境能源交易所等专业机构，对我国金融机构应对碳中和的路线图进行研究，并于日前发布了《金融助力碳中和发展与实现蓝皮书》，为金融机构应对气候变化和助力碳中和提出具有实操性的行动建议。

在这份蓝皮书中，丰富而深入的实例分析对金融助力碳中和做了分析与展望，指出金融支持碳中和应主要遵循“金融发展→经济发展→碳减排”，或者“金融发展→财政支出→经济发展→碳减排”的发展路径，即通过金融发展促进产业结构优化升级，实现碳中和。

浦发银行行长潘卫东谈及这份蓝皮书对金融机构的启示时表示，金融机构应汇聚丰富的金融资源和专业力量，为绿色金融的发展及国际化水平的提升创造新的路径。

以浦发银行在碳金融领域的创新实践为例，该行近期推出了国内首只经标普认证的覆盖海内外 ESG 资产的多资产量化指数“浦银-北极星 ESG 指数”。这一指数精选全球八个认可度高、流动性佳的股票或债券 ESG 宽基指数，除中国市场外，还覆盖美洲、亚洲、欧洲等多个地区的优质资产。其具有“稳健”的特色，追求的是全球经济长期发展产生的稳健收益，并经标普机构认证，更具国际公信力。该产品面向个人和机构投资者发售，使个人客户和企业客户均能以投资的方式参与到国家绿色发展的进程中。

三、倡导绿色生活，碳账户体系加载丰富权益

可以预见的是，在“双碳”目标下，我国经济增长将与二氧化碳排放加速脱钩。低碳城市建设是节能减排、发展低碳经济的重要载体，如何鼓励企业、市民在日常生活与办公中能有更多“举手之劳”的低碳行为？

浦发银行坚持倡导绿色低碳生活，并于近日推出一套面向企业和个人客户的立体式碳账户体系。碳账户以碳积分的形式，对企业及个人客户的减碳行动进行倡导和鼓励。

据了解，企业碳账户的碳积分来源于企业在浦发银行绿色金融业务所对应的二氧化碳减排量。企业在浦发银行办理的绿色信贷、绿色债券等业务，都可以形成对应的碳积分。基于碳积分累积量，企业的碳账户有着不同的等级，并对应着不同的权益。

值得一提的是，未来企业碳账户的不同等级将会带来多种多样的定制权益体系。权益服务从基础费用减免到快速审批通道，从绿色金融资讯到绿色财务顾问，鼓励更多企业节能减排，不仅有利于企业可持续发展，也有利于企业降低融资成本。

浦发银行相关业务负责人表示，企业碳账户旨在探索将企业碳排放表现纳入银行绿色金融业务体系，是银行业推动信贷资源向绿色低碳产业倾斜的重要举措。

此外，个人碳账户将视线聚焦于客户的日常生活，从小事做起、从身边事做起，点滴积累，践行绿色生活。个人客户可通过线上生活缴费、线下绿色出行等累计积分，获得相应的权益等级及礼品兑换，得到真正的实惠。

伴随碳账户体系日益完善，浦发银行倡导和号召更多的客户一起加入共建青山绿水家园和保护生物多样性的行动中。

绿色发展是长远之策。多年来在绿色金融领域内的实践，让浦发银行逐步探索出了一条具有特色的商业银行绿色发展之路。"十四五"期间，浦发银行将把握国民经济低碳转型、降碳发展的历史性机遇，完善绿色银行建设，创新驱动业务向"绿色"转型，为我国积极应对气候变化和绿色金融的可持续发展贡献浦发力量。

资料来源：推进绿色转型，浦发擦亮"绿色银行"名片，https: //news.spdb.com.cn/about_spd/media/2021/t2021/108_5299229.shtml。

问题讨论：

1. 试分析浦发银行是如何进行客户关系管理的？
2. 试分析浦发银行的绿色金融业务推广是如何进行的？

实训任务四　管理绿色客户

【任务目标】

熟练掌握绿色客户关系处理方法和客户信用管理方法。

【任务内容】

1. 企业基本情况

赤峰通嘉电梯安装有限公司成立于 2021 年，主要经营范围包括电气安装服务、特种设备安装改造修理、特种设备销售、商务代理代办服务等，是一家专注于建筑智能化物联网领域，集产品研发、生产、销售、售后于一体的高新技术企业，致力于智慧社区综合服务。公司先后推出了电梯刷卡系统、蓝牙梯控、手机门禁、人脸识别门禁等多个划时代产品，研发主要以物联网、云计算为核心技术的云对讲、云门禁、云梯控等系列物联网产品，为智慧园区、智慧大厦、智慧小区、智慧酒店、机器人通行等提供出入口通道管理解决方案，为旧楼物业打造智慧社区提供加装改造及物业增值共享电梯解决方案，为增加社区安全、提高通行效率、提升经营效益贡献自己的智慧。

电梯企业的绿色供应链是一套综合性的管理体系，旨在确保电梯产品在整个生命周期中对环境的影响最小化。这个管理体系涵盖了原材料采购、生产、包装、物流、回收等各个环节，以及与供应商的合作和管理。在绿色供应链中，电梯企业需要选择符合环保要求的供应商，采购环保、节能、可再生的原材料和零部件。同时，在生产过程中，电梯企业需要采取一系列节能减排的措施，如优化生产工艺、提高能源利用效率、减少废物产生等。此外，电梯企业还需要关注产品的包装和物流环节，采用环保的包装材料和运输方式，减少对环境的影响。除了以上措施，电梯企业还需要建立绿色供应链管理体系，包括制定绿色供应链管理标准、建立绿色供应链管理流程、开展绿色供应链管理培训等。这些措施可以帮助电梯企业更好地管理供应链，确保整个生命周期中对环境的影响最小化。通过采取一系列措施，电梯企业可以实现经济效益、社会效益和生态效益的协调优化，推动电梯行业的绿色发展。

电梯企业的服务管理是一个涵盖多个方面的综合性过程，旨在确保为客户提供高质量、及时和专业的服务。通过加强售前咨询、安装与调试、售后服务、客户关系管理、培训与教育以及质量管理体系建设等方面的工作，电梯企业可以不断提高服务水平，满足客户的需求和期望。

在电梯销售之前，企业需要为客户提供详细的产品介绍、技术咨询和解决方案，以满足客户的特定需求。这包括了解客户的建筑特点、使用场景和预算，然后推荐最适合的电梯产品和配置。

电梯的安装和调试是服务管理的重要环节。企业需要确保电梯的安装过程符合安全标准和质量要求，调试后电梯的运行稳定可靠。这通常涉及专业的安装团队和调试工程师。

电梯企业需要提供全面的售后服务，包括维护和保养、故障维修、紧急响应等。企业应该建立高效的维修体系，确保在电梯出现故障时能够迅速响应，并及时修复问题，以保证电梯的正常运行。

电梯企业需要建立和维护良好的客户关系，与客户定期沟通，了解客户的使用情况和需求反馈。企业可以通过建立客户档案、定期回访和提供定制化服务等方式来加强与客户的关系。

电梯企业需要为客户提供相关的培训和教育，帮助客户了解电梯的正确使用方法和注意事项，提高客户的安全意识和操作技能。为了确保服务质量，电梯企业需要建立完善的质量管理体系，包括制定服务标准、设立质量控制点、进行质量评估等。企业可以通过引入国际质量管理体系认证（如 ISO 9001 等）来提高服务管理的水平。

目前，赤峰通嘉电梯安装有限公司在全国各地拥有 20 多个大型中标项目，在研发、生产、品控、市场、工程、售后服务环节打造了完整的服务体系，为客户提供高品质的解决方案、产品和服务；赤峰通嘉电梯安装有限公司在自身快速发展的同时，始终不遗余力地进行技术创新，并在开发节能降耗领域取得了不错的成绩。未来，赤峰通嘉电梯安装有限公司将以绿色科技、节能减排作为行业的发展方向，加大在研发绿色电梯产品方面的投入，不断推出噪声更低、寿命更长、更节能环保的新产品。

2．实训任务

（1）各学习小组结合上述企业资料分析赤峰通嘉电梯安装有限公司是如何进行销售服务管理的。

（2）每个学习小组成立投诉小组，小组成员分成两部分，一部分同学作为公司客服，负责处理客户投诉问题，准备客户投诉问题的解决方案，布置会场；另一部分同学作为其他小组的投诉者。

【任务要求】

1. 每个小组需要布置会场。
2. 每个小组需要准备若干问题解决方案。

3. 活动开始后，要求每组有同学负责会场秩序和拍照、摄影。

4. 活动结束后，各组要认真总结会场情况，要求每组选出一名代表在课堂上叙述活动过程。

5. 准备时间为 10 分钟。

【任务组织】

1. 每个小组建立一个模拟公司，每个公司 4～6 个人。

2. 每个小组中一部分同学作为公司客服，负责处理客户投诉问题，准备客户投诉问题的解决方案，布置会场；另外一部分同学作为其他小组的投诉者。

3. 各学习小组同时进行模拟客户投诉训练，然后分别汇报结果。

4. 授课教师组织学生讨论活动过程中遇到的问题。

【任务评价】

评价指标	评价标准	分值	评估成绩
绿色客户管理训练效果	1. 客户等级划分的合理性	20	
	2. 处理客户投诉问题的技巧和流程	20	
	3. 能够灵活运用处理客户投诉问题的方法	20	
	4. 能解决在处理客户投诉中遇到的问题	20	
	5. 活动整体效果及小组复盘评估	10	
	6. 遵守活动时间，积极参与实训	10	

参考文献

安贺新. 销售管理实务[M]. 北京：清华大学出版社，2023.

包月姣. 绿色营销[M]. 郑州：郑州大学出版社，2018.

陈锋，曹丽丽. 销售管理[M]. 北京：中国人民大学出版社，2023.

陈启杰. 绿色市场营销学[M]. 北京：中国财政经济出版社，2004.

陈涛，孙伟. 销售管理[M]. 北京：机械工业出版社，2016.

戴维•乔布，杰夫•兰开斯特. 销售与销售管理[M]. 李先国，焦腾啸，译. 北京：中国人民大学出版社，2020.

杜琳，邹惠芬，卢晶，等. 销售管理实务[M]. 北京：清华大学出版社，2019.

杜泉. 销售管理[M]. 北京：中国人民大学出版社，2020.

杜向荣. 销售管理[M]. 北京：清华大学出版社，北京交通大学出版社，2010.

范厚华. 华为铁三角工作法：成就华为 8900 亿战绩的销售管理法则[M]. 北京：中信出版社，2021.

方亮，唐琦，杨学分. 销售管理[M]. 青岛：中国海洋大学出版社，2018.

福特雷尔. 销售管理：团队，领导与方法[M]. 刘寅龙，译. 北京：机械工业出版社，2004.

顾金兰，肖萍，尚德萍. 销售管理[M]. 大连：东北财经大学出版社，2019.

海特等. 管理销售人员：一种关系管理方法[M，张永伟，译，北京：中信出版社，2003.

胡娜. 销售技巧[M]. 北京：中国人民大学出版社，2020.

黄德华，张大亮. 销售队伍管理[M]. 北京：清华大学出版社，2014.

黄沛. 销售管理[M]. 武汉：武汉大学出版社，2000.

拉尔夫•W. 杰克逊. 销售管理[M]. 李扣庆，译，北京：中国人民大学出版社，2001.

李国彦，刘逸，客户关系管理实务[M]. 西安：西北工业大学出版社，2012.

李先国，杨晶，梁雨谷. 销售管理[M]. 北京：中国人民大学出版社，2019.

李先国，杨晶，宋明蕊. 销售管理[M]. 北京：中国人民大学出版社，2022.

李先国，杨晶. 销售管理[M]. 第 4 版. 北京：中国人民大学出版社，2016.

李先国，杨亮. 销售管理[M]. 北京：中国人民大学出版社，2017.

李先国. 销售管理[M]. 北京：中国人民大学出版社，2022.

李小红. 销售渠道设计与管理[M]. 重庆：重庆大学出版社，2006.

李垚，袁菲，刘明智. 中国绿色食品产业发展与绿色营销[M]. 北京：九州出版社，2019.

李祖武，汪飞燕，田玉来，等. 销售管理[M]. 北京：清华大学出版社，2015.

刘敏，唐文龙，辛德强. 绿色营销案例——行业绿色商机与实践[M]. 北京：清华大学出版社，2012.

刘锐. 销售区域管理[M]. 沈阳：辽宁人民出版社，2012.

罗伯特•J. 卡尔文. 销售管理[M]. 周洁如，译. 北京：中国财政经济出版社，2003.

罗国民，彭雷清，王先庆. 绿色营销——环境与市场可特续发展战略[M]. 北京：经济科学出版社，1997.

欧阳小珍. 销售管理[M]. 武汉：武汉大学出版社，2003.
任广新. 销售管理：技能与实务[M]. 北京：北京大学出版社，2013.
苏朝晖，客户关系管理实务[M]. 北京：中国经济出版社，2012.
孙玮林. 销售管理[M]. 杭州：浙江大学出版社，2004.
孙在国. 销售管理[M]. 重庆：重庆大学出版社，2002.
万后芬. 绿色营销[M]. 北京：高等教育出版社，2006.
汪秀英. 销售管理学[M]. 北京：中国人民大学出版社，2019.
王海滋，赵霞. 销售管理[M]. 武汉：武汉理工大学出版社，2014.
王建明，陈凯，盛光华，等. 绿色营销[M]. 北京：清华大学出版社，2023.
王建明. 新时代浙商绿色管理经验[M]. 北京：经济管理出版社，2020.
韦文. 销售管理[M]. 北京：华夏出版社，2004.
小约翰 •F. 坦纳，小厄尔 •D. 霍尼克特，罗伯特 •C. 厄夫迈耶. 销售管理——塑造未来的销售领导者[M]. 陶向南，译，北京：中国人民大学出版社，2010.
熊银解. 销售管理[M]. 北京：高等教育出版社，2006.
徐明祥，耿尚勋. 绿色营销典型案例集——云南企业的实践[M]. 北京：中国建材工业出版社，2024.
杨东旭，胡小华，吕亦方. 销售管理实务[M]. 杭州：浙江工商大学出版社，2013.
杨旻旻，梁宁，王亚娟. 绿色营销实务[M]. 北京：化学工业出版社，2021.
姚飞. 客户关系管理：销售的视角[M]. 北京：机械工业出版社，2014.
张传忠. 分销管理[M]. 武汉：武汉大学出版社，2000.
张广玲. 销售渠道管理[M]. 武汉：武汉大学出版社，2005.
张平淡. 销售管理[M]. 2 版，北京：企业管理出版社，2002.
张启杰. 销售管理[M]. 3 版. 北京：电子工业出版社，2013.
张维智. 销售管理[M]. 北京：北京燕山出版社，2012.
张晓娟，李桂陵. 销售管理[M]. 上海：华东师范大学出版社，2013.
张雄林，胡红青，朱德明. 销售管理[M]. 大连：大连理工大学出版社，2015.
赵云君. 中国企业绿色营销竞争力研究[M]. 北京：经济管理出版社，2010.
周贺来，陈国栋. 客户关系管理实用教程[M]. 北京：机械工业出版社，2013.
周洁如. 现代客户关系管理[M]. 上海：上海交通大学出版社，2014.